Johanne Ladner
Vaterbriefe

Dritter Band

AF236273

Vaterbriefe

Worte der Ewigen Liebe

durch die innere Stimme

des Geistes empfangen

von

Johanne Ladner

—————————— Dritter Band ——————————

Bibliografische Information der Deutschen Nationalbibliothek: Die Deutsche
Nationalbibliothek verzeichnet diese Publikation in der Deutschen National-
bibliografie; detaillierte bibliografische Daten sind im Internet über
http://dnb.dnb.de abrufbar.

Neuauflage 2022 der 1. Auflage von 1912, erschienen im Neu-Salems-Verlag
Herausgegeben von Klaus Kardelke
Herstellung und Verlag: BoD – Books on Demand, Norderstedt
Umschlagbild: Pixabay
ISBN 978-3-7543-7814-4

370. Über des Herrn Zweck bei diesen Kundgaben – eine wahre Gotteskinderschule damit zu gründen

Advent, 1. Dezember 1883

„Es war aber nahe der Juden Fest der Laubhütten; da sprachen Seine Brüder zu Ihm: Mache dich auf von dannen und gehe nach Judäa, auf das auch deine Jünger sehen die Werke, die Du tust. Niemand tut etwas im Verborgenen und will doch frei offenbar sein; tust du solches, so offenbare Dich vor der Welt." (Joh. 7,2)

Liebe Kinder! In diesen Worten, welche Meine irdischen Brüder gegen Mich aussprachen, liegt eine Entsprechung, ganz besonders für euch in der Jetztzeit; denn viele Menschen, welche von Meinen Worten, die sie durch euch erhalten, erbaut werden, meinen, es sollte mehr offenbar werden vor der Welt und den Weltmenschen, dass Ich abermals mit den Menschen in herablassender Weise verkehre. Denn viele wissen Meine Regierung, die stets göttliche Weisheit, Liebe und Langmut beobachtet, nicht zu fassen, sondern sie denken zu menschlich von Mir, und richten sich nach Ihrem eigenen Gefühle dabei, das Ich ihres Eifers wegen zwar segne, aber ihre Bitte um schnelle Ausbreitung des Evangeliums dieser Worte kann Ich nicht nach ihrem Sinn erhören, wohl aber diese Worte an ihnen selbst desto mehr segnen.

Es liegt eben auch weniger an der Zahl solcher Seelen beim Anfange und bei Grundlegung solcher Wahrheiten, als daran, dass durch diese Wahrheiten, wenn sie zur Richtschnur im Leben und Handeln genommen werden, wahre Kinder von Mir gebildet und erzogen werden; daher Ich hier auch alle andern (wunderbaren) Beweise unterlasse, weil durch dieselben zwar ein augenblickliches Aussehen und Bewundern erregt, aber nicht die Frucht dieser Lehre erzielt würde, was doch die Hauptsache ist, nämlich, das durch dieselbe solch glückliche Gotteskinder werden sollen, welche Meine Gebote und Anordnungen dankbar befolgen, weil sie nach und nach an sich erfahren, dass dieselben den Menschen bloß gegeben sind, um sie zu beglücken, und eben darum wird solch wahren Kindern die Befolgung Meiner Wahrheiten zur Freude und Seligkeit.

Nun fraget euch selbst, wie könnte ein Wunder glückliche Menschen für Zeit und Ewigkeit machen? Wohl helfe Ich oft durch wunderbare Führung einer einzelnen Seele zur Wahrheit; aber um den Glauben an diese Wahrheiten hervorzurufen, dazu gehören nicht Wunder, sondern die Gnade, welche da ist die Kraft des Heiligen Geistes, der mit Seiner Erleuchtung all denen zu Hilfe kommt, die nach Mir fragen und Mich suchen, aber freilich oft auf ganz verkehrtem Wege. Da gelten stets die Worte: *„Meine Kraft ist in den Schwachen mächtig!"* (2. Kor. 12,9)

Wenn eine Seele das noch wahrnimmt, sei sie auf den Leidensweg gestellt, aber oft noch mitten im Weltgetümmel, so kann sie auf dieses Anklopfen (des Heiligen Geistes) aufmerksam werden. Denn Ich bin stets bereit, auch an den unbedeutendsten Zug nach Mir anzuknüpfen, und dieselbe mit väterlicher Liebe so zu leiten, dass sie oft noch im diesseitigen Leben ihr wahres Ziel erkennt, und nach demselben strebt.

Darum sagte Ich auch damals zu Meinen Brüdern: *„Meine Zeit ist noch nicht da, dass Ich Mich allgemeiner offenbare und als Den bezeuge, Der Ich bin"* (Joh. 7,6). Denn sie (die Menschen) glaubten noch nicht, und darum konnte Ich Mich noch nicht mehr annähern, aber „eure Zeit ist allwege"; denn Ich klopfte stets mit Liebe bei ihnen an, um sie aufmerksam zu machen, wie sehr sie noch mit der Welt harmonierten, und darum ließ Ich sie dort auch allein in den Tempel gehen, und die äußeren Zeremonien mitmachen; Ich aber ging nicht offenbar, sondern heimlich ihnen nach.

So geht es heutzutage noch! Viele gehen in die Kirche ohne Mich! Ich aber gehe ihnen nach und lehre sie, dass sie sich untereinander fragen: Wer ist der, der da lehret? Denn ein jedes hat eine andere Aufnahme vom Worte, weil Ich der Vermittler der Worte bin, und jedem nach dem Grade Seiner Liebe zu Mir den Segen davon zuteile; daher es auch kommt, dass von den gleichen Worten aber von derselben Predigt der eine gesegnet ist, während der andere es gar nicht fassen kann.

Darum sage Ich bald: „Meine Zeit ist noch nicht da", zu denen nämlich, die noch nicht angefangen haben Mich zu suchen, - und bald wieder zu den andern: *„Siehe! Ich bin bei euch alle Tage bis an der Welt Ende."* (Mt. 28,20)

Wer dieses Innewerden genießt, der wird weder Wunder noch Zeichen begehren, sondern allein Meine Liebe! Amen! Euer Vater in Jesu.

371. Ist der hier Sich offenbarende Jesus der wahre Gott?

8. Dezember 1883

„Gott ist ein Geist, und die ihn anbeten, die müssen ihn im Geist und in der Wahrheit anbeten." (Joh. 4,24)

Liebe Kinder! Ich nahte mich dem Samariter-Weibe, weil Ich wusste, dass es derselben Anliegen war, ihren Gott zu verehren, und dessen Wohlgefallen zu erlangen. Darum unterredete Ich Mich mit ihr, um sie auf den wahren Glauben hinzuleiten, und öffnete ihr das geistige Verständnis dafür, damit sie überzeugt wurde: Ich sei Christus, der verheißene Messias!

Sie erkannte Mich nicht allein an dem , dass Ich ihr sagte, wie ihr Lebenswandel war, sondern Mein Wort: *„Ich bin's, Der mit dir redet"* (Joh. 4,26), fand einen kräftigen Wiederhall in ihrem Innern, und dies ist das beste Zeugnis, welches Ich denen geben will, die da redlich suchen, aber noch zu ängstlich sind, Mich in Meinem neu geoffenbarten Worte als denselben Gott zu erkennen, Welchen sie von Jugend auf gelehrt worden sind, und welchem sie Treue geschworen haben.

Es muss denselben in ihrem Innern klar werden, dass Gott im Geiste und in der Wahrheit Sich ihnen nähern will, und nicht durch Wundermacht, obgleich dieselbe auch oft ganz in ihren Lebensgang verflochten ist. Denn alle, welche ernstlich suchen, und Mich dann auch gefunden haben, wissen im Rückblicke auf ihre Führungen etwas zu erzählen, worin sie die Gnade und wunderbare Führung preisen können, die sie Mir näher brachte, und zu solchen sage Ich dann: *„Ich bin's, Der (darin) mit dir redet!"* denn nicht von außen her kommt die wahre Erkenntnis und der (beiliegende) Glaube, sondern von dem Innewerden im Herzen, das erzeugt wird durch die Befolgung Meines Willens, (Joh. 7,17), welcher hauptsächlich den Christen kundgegeben ist, durch die Heilige Schrift und ihr Gewissen.

Es gibt heutzutage viele (solche) Samariter, die auf die Gelehrten und Leiter in demütiger Unterwerfung schauen, weil sie meinen, denselben sei ein Vorzug in der Gnade zuteilgeworden. Darum suchen sie im Stillen oder heimlich in den Besitz solcher Erleuchtung zu kommen. Diese suche Ich in unscheinbarer Wiese auf und spreche: *„Ich bin's, Der mit dir redet!"*

Und gleichwie das Weib zu Samaria noch vielen Leuten von Meiner Begegnung erzählte, und sie zum Prüfen und Forschen veranlasste, so dass viele Samariter vorerst um des Weibes (Zeugnis) willen glaubten; aber sich dann vom Geiste überzeugen ließen, und zu dem Glauben kamen: Dieser ist Christus, der Welt Heiland. Also wird Mein Rettungsplan für die arme Menschheit, solange die Erde stehet, fortgesetzt; teils durch Werkzeuge, welche Ich dazu berufe, und welche nicht von außen her, etwa durch ihren Reichtum und ihr Ansehen, zu erobern wissen, sondern durch das (innerliche) hören auf den Geist der Wahrheit, Der sie tüchtig macht, zu zeugen von Dem, Der Sich ihnen geoffenbart hat, auf das viele Menschen dadurch eingeladen werden, wie die Samariter: *„Kommet und sehet, ob er nicht sei Christus"* (Joh. 4,29), um dadurch zum wahren Glauben zu gelangen – an euren Vater in Jesu! Amen!

372. Über Freundlichkeit und Demut

16. Dezember 1883

„Er aber sprach: Die weltlichen Könige herrschen und die Gewaltigen heißt man gnädige Herren; ihr aber nicht also, sondern der Größte unter euch solle sein wie der Jüngste, und der Vornehmste wie ein Diener; denn welcher ist der Größte der zu Tische sitzt oder der da dient? Ist's nicht also, der zu Tische sitzt? Ich aber bin unter euch wie ein Diener!" (Lk. 22,25)

Liebe Kinder! Ehe Ich Mich von Meinen Jüngern durch den Tod trennen musste, gab Ich ihnen noch viele Belehrungen über das Verhalten auch in äußeren Dingen, welche oft für viele, die da meinen, dass sie in Verbindung mit Mir stehen, zu wenig beachtet werden, was sowohl für ihr eigenes Seelenheil, als für andere großen Nachteil bringt.

Es ist hauptsächlich die demütige Freundlichkeit gegen die Mitmenschen, welche gar viele gute Früchte bringt, wenn sie geübt wird!

Es kann z.B. ein Mensch im Innern sehr viel Liebe haben, für seine Mitmenschen und für dieselben fleißig beten; glaubt aber dieselben immer ernst und strenge behandeln zu sollen, weil auch seine äußere Stellung oft eine mehr glänzende ist, anstatt dass er mit Freundlichkeit und Demut sich mit solchen in Verkehr zu setzen sucht, die er als geistig Arme und oft auch als leibliche oder irdisch Arme bemitleidet, und da sage Ich euch:

Wenn der Mensch zuerst seine eigene Ehre und Überlegenheit solch arme Menschen fühlen lässt, und glaubte dann hintendrein noch geistigen Gewinn für Mich zu machen, so arbeitet er vergebens in Meinem Weinberge!

Darum habe Ich euch hierin in Meinem Erdenleben Beispiele gegeben, indem Ich sagte: *„Des Menschen Sohn ist nicht gekommen, dass Er sich dienen lasse, sondern dass Er diene."* (Mt. 20,28) und legte Meinen Jüngern die Frage vor: *„Welcher ist denn der Größte? Der zu Tische sitzt oder der da dienet? Ist's nicht also, der zu Tische sitzt? Ich aber bin unter euch wie ein Diener!"*

Ich wollte sie darauf aufmerksam machen, dass Meine Lehre sich von den Ansichten der Menschen unterscheidet. Denn auch in den äußeren Verhältnissen richten sich die Weltmenschen ganz verkehrt nach Ansehen und Ruhm; sie suchen dieselben durch ihr stolzes Auftreten zu erlangen, während Ich in die wahre Demut das größte Ansehen und die größte Macht legte – andere zu beeinflussen und sie zum Gehorsam zu bringen.

Beobachtet es nur in eurer Umgebung, ob ein herrschsüchtiges Wort so viel Liebe und Achtung erzeugt, als ein freundliches liebevolles Wort?

Z.B. der Diener, der da weiß, dass er nicht nur seinen wohlverdienten Lohn erhält, sondern auch noch liebevolle und freundliche Behandlung, wird gleichfalls suchen, nicht allein aufzumerken auf die Befehle, sondern er wird auch unausgesprochene Wünsche, welche ihm bekannt sind, zu erfüllen suchen; und wie gerne wird solch ein Diener sich belehren lassen über die Anschauungen, welche seinen Herrn zu solch herablassender Liebe veranlassen. Da wird es dem Herrn gelingen, seinem Diener auch eine geistige Erziehung angedeihen zu lassen, und so ist dann der Gebieter der „Diener in Meinem Namen" geworden!

Darum, welcher unter euch der Größte ist, der diene den andern, so wird auch euch das Reich beschieden, welches Mir der Vater oder die ewige Liebe beschieden hat. Amen! Euer Vater in Jesu.

373. Geistige Entsprechung unserer Zeit mit der Zeit von Christi Geburt

23. Dezember 1883

„Es begab sich aber zu der Zeit, dass ein Gebot vom Kaiser Augustus ausging, dass alle Welt geschätzet würde." (Lk. 2,1)

Liebe Kinder! In der Weihnachtszeit feiert die Christenheit das Andenken an Mein Kommen in die Welt, und viele sehnsüchtige Herzen fragen: Wann wird wohl der gute Jesus zum zweiten Male wiederkommen? Und Ich rufe ihnen zu: „Hebet eure Hände auf und sehet, dass die Zeit nahe ist!"

Denn die Zustände der Jetztzeit gleichen so sehr den Zuständen in der Zeit als Ich geboren wurde, wo zumeist finsterer Unglaube und Aberglaube unter dem Volke, Menschensatzungen und Herrschsucht unter den Pharisäern und Schriftgelehrten vorherrschten. Dazu kommt nun noch wissentliches und vorsätzliches Unterdrücken alles dessen, was die suchenden Seelen hätte mehr aufklären können – über die geistigen Dinge.

Weil aber die Pharisäer bei der Unwissenheit des Volkes ihren materiellen Wohlstand immer mehr erweitern konnten, so wurde das Volk hingehalten, mit dem zufrieden zu sein, was diese Vorgesetzten für gut fanden, ihnen mitzuteilen. Da aber infolgedessen gar kein geistiger Gewinn mehr für wert und wichtig gehalten wurde, so verstockten sogar die Leiter das Volk selbst, und das Volk verfiel dann nicht nur in Unglauben und Aberglauben, sondern in sittenloses Verderben, was sich auch an den äußeren Verhältnissen fühlbar machte, so das der Mensch den meisten Teil seines (geistigen) Übels verlor, und oft unter den Tieren stand, in Beziehung auf sein Tun und Treiben.

Ich bezeichnete diesen Zustand öfters im Neuen Testamente, und sagte Meinen Jüngern: *„Wenn dies alles sich vollends so gestaltet, so hebet eure Häupter auf und merket, dass die Zeit nahe ist, wo der Herr zum Gerichte kommt* (Lk. 21,28); aber ihr sollt dann gleich sein den klugen Jungfrauen, die Öl in ihren Lampen haben, oder welche die Liebe im Herzen tragen, mit welcher sie dem Herrn freudig entgegengehen können."

Auch euch gelten heutzutage die gleichen Worte: *„Hebet eure Häupter auf"* und blicket auf die geistigen Zustände um euch her, und ihr werdet erkennen, dass es nur noch durch Meine Hilfe und Mein Kommen möglich ist, aus dem Gräuel der Verwüstung (auf geist. Gebiet) wieder einen „Garten Gottes" zu machen, worin die Menschen ihren wahren Seelenadel wiedererkennen, und darnach streben denselben zurückzugewinnen; und wenn ihr dies erkennt, so glaubet fest, dass Ich es auch tun will, gleichwie zu jener Zeit, wo ebenfalls nur noch einige Seelen es waren, die um Abhilfe dieser Finsternis seufzten, und sich auf Mein Kommen freuten; aber um dieser wenigen willen werde Ich Mich abermals aufmachen, und den Weg der Errettung vieler anbahnen, und zwar abermals (zunächst) durch Vorkehrungen im Stillen, bis die Zeit erfüllet ist, wo Ich Einzug halten will, und Mir dann das ganze Volk ein Hosianna singen wird!

Einstweilen aber teilet ihr mit Maria euer Los, die bald freudig, bald traurig über ihre Verheißungen war; aber doch dabei stets zunahm im Vertrauen auf ihren Gott und Vater, bis sie zum seligen Schauen gelangte. Amen!

374. Ein zeitgemäßer Weihnachtsbrief

Christfest 1883

Meine lieben Kinder! Kommet herein in die Bethlehemsgrotte, und sehet was dort vorgeht; denn es ist ein unerforschliches Ereignis für den Menschenverstand.

Selbst diejenigen, welche in dieses Wunder mit verflochten waren, konnte nur die Liebe und der Glaube an ihren Gott und Herrn stärken, dass sie tüchtig wurden, den wahren Segen davon zu erhalten.

Während die Menschen Mich über allen Himmeln suchten und anflehten, lag Ich in ihren Armen, umgeben von Millionen von Geistern, die Mir Lob- und Danklieder darbrachten, dass sie Meine Diener sein durften.

Dieses Ereignis ist der Anfang zur Gründung eures Glaubens, und somit der Grundstein, worauf das ganze Lehrgebäude des Evangeliums ruht; es ist unerlässlich und nicht zu verleugnen von allen Dienern Meiner Kirche, dieser Beweis Meiner herablassenden Liebe, welche sich in Fleisch und Blut hüllte, um ihren geschaffenen Kindern dienen zu können; denn es ist ein Offenbaren Meines Wesens, welches in tiefster Erniedrigung und Demut dem Verlorenen nachgeht.

Und doch wird dieser Beweis heutzutage geleugnet, und gar wenige sind es, die noch glauben, dass Ich es nicht verschmähe, um Seelen zu retten, bald da bald dort das Organ eines Menschen zu benutzen, oder Mich abermals durch Fleisch und Blut kundzugeben.

Es ist dieses jetzt ebenso nötig, wie vor fast 2000 Jahren, weil die Menschen wieder in gleich versunkenem Zustande sich befinden, so dass sie nicht mehr allein durch die allgemeine Kirchenordnung, (welche nun eben meistenteils nur äußerlich gepflegt wird) angetrieben werden geistig zu suchen, zu forschen, und um den Heiligen Geist zu bitten, sondern ihre Gebete gehen meist nur dahin, Mich um ihr Wohlergehen im Äußern zu bitten.

Geistig arm sich Fühlende gibt es wenige, während doch beinahe alle Menschen sehr arm am Geiste geworden sind, was davon herrührt, dass die Beschäftigung mit dem Heiligen Geiste oder das innere Gespräch (Herzensgebet) fast gänzlich nun bei den Menschen aufgehört hat. Es sind nur noch einige Minuten oder wenn es hoch kommt, ist eine Stunde des Tages dazu bestimmt, zu Mir zu beten, und oft auch dies nur der Form nach; aber solches sind keine Werke, die Ich als eine Frucht der Liebe zu Mir segnen kann. Daher komme Ich jetzt zum zweiten Male, und zwar in eine noch viel dunklere Höhle, als es in Bethlehem der Fall war, wo doch zwei herrliche Lichter in Liebe und Glauben Mich umgaben, Maria und Josef.

Ich komme nun aber dessen ungeachtet doch mit vieler Liebe, wenn Ich nur wenigstens dann aufgenommen werde.

Darum schicke Ich nun auch überallhin himmlische Boten aus, die es den Menschen verkünden sollen (durch geistige Beeinflussung), dass Ich im Anzuge bin, damit dieselben sich bereiten können. Auch habe Ich Mir unter den Menschen Werkzeuge erwählt, gleichwie Ich es vor Meiner Geburt tat, indem Ich eine Elisabeth, einen Zacharias, Simeon, Maria und Josef zuvor ahnen ließ, was geschehen solle!

Wohl solchen, die es nicht allein bei ihrer Berufung bewenden lassen, sondern die sich selbst bestreben, Erstlinge zu werden, welche Mir mit Freuden entgegeneilen, um Mich zu empfangen! Ich werde dieselben segnen, gleichwie Ich Meine Pflegeeltern segnete – mit verborgener Liebe, welche sie ernst, stark und geistig groß machte, allen zu widerstehen, was Meinem Einzuge hinderlich war.

So nehmt auch ihr diese Winke als eine willkommene Weihnachtsgabe an von eurem treuen Vater Jesus. Amen!

375. Vertrauen

(Joh. 13)   29. Dezember 1883

Liebe Kinder! Ich muss mich öfters nach euch richten, wenn Ich bei euch schreibe. So wollen wir auch jetzt miteinander zurückblicken auf das Jahr, das nun beinahe verflossen ist, und die Frage an Meine Jünger wiederholen: *„Habt ihr auch je Mangel gehabt?"* (Lk. 22,25)

Ebenso könnt ihr mit diesen sagen: „Herr, nie keinen"; denn sowohl leiblich als auch geistig hat euch Meine Vaterliebe bedacht, und euch gezeigt, dass ihr euer Vertrauen nicht vergebens auf Mich setzet, obgleich es nicht immer nach eurem Verstande und eurer Berechnung geht. Das macht, dass euer Schauen noch lange nicht zureicht Meinen h. Reichsplan in seiner Größe zu erfassen. Daher will es euch auch manchmal bange werden, wenn ihr nicht gleich Meine Hilfe erblicket, so euch eine Niederlage droht.

Ihr sollt in solchen Zeiten mehr auf Meine Verheißungen bauen, die alle in Erfüllung gehen; und die Bedingungen, welche dabei erfüllt werden müssen, genau beobachten, so werdet ihr der inneren Ruhe stets teilhaftig, die da wartet, bis Ich es für gut finde, alles weiterzuführen, auch im Äußeren.

Es handelt sich bei euch darum, treue Arbeiter in Meinem Weinberge zu sein, d.h. nach Meinem Sinn; und da sollt ihr genau auf eure innere Stimme hören, ob dieselbe Eifer oder Geduld verlangt. Denn beides ist nötig, bald der Eifer, bald die Geduld, aber nur Ich weiß es, was im einzelnen Falle am besten ist, und darum sollt ihr zu Mir halten, wenn euch eure äußere Tätigkeit nicht recht entsprechen will, weil Ich nicht allein nach außen, sondern auch nach innen arbeiten lasse, nach außen für eure Mitmenschen, und nach innen an euch selbst.

So habe Ich durch Meine Liebe und Weisheit euch auch dieses Jahr hindurchgeführt, und will nicht, dass ihr euch selbst anklaget bei Mir, sondern dass ihr vertrauensvoll mit Zufriedenheit über die seitherige Führung mit Mir das neue Jahr antretet, und all eure Mitgeschwister Mir übergebet, damit Ich ihren Schwachheiten abhelfen, und sie stärken kann in der Liebe.

Ladet daher morgen alle zum Mahle der Liebe, im Geiste ein; ordnet euch zur Fußwaschung, Meiner Worte dabei gedenkend, damit ihr alle gesegnet werdet! Euer Vater!

376. Von Verheißungen und den Bedingungen dabei

(Lk. 9)   Neujahrsfest, 1. Januar 1884

Liebe Kinder! Am heutigen Tage, wo ihr euch bemühet, im vollen Vertrauen euch Mir zu übergeben, um sowohl eure Berufung, als euer Schicksal von Meiner Hand leiten zu lassen, weise Ich euch hin auf Meine ersten Jünger, wie Ich dieselben aussandte, welche Verheißungen Ich ihnen gab; aber auch welche Bedingungen dabei! –

Es war dies nötig für dieselben, weil sie um Meinetwillen alles verließen, und so hatten sie heimlich doch mit der Sorge um ihre irdischen Bedürfnisse zu kämpfen, weil auch sie noch nicht stark genug im Glauben waren, dass Ich mit Meiner Macht sie überallhin begleiten würde. Denn ihr Sinn war redlich und gut, und sie glaubten, mehr Nachfolger für Mich zu gewinnen, wenn sie, statt von ihnen Wohltaten anzunehmen, denselben Wohltaten oder vielmehr Gaben geben könnten.

Um Wohltaten ihren Schülern zu erweisen, rüstete Ich sie mit Geisteskräften aus. Darum bestanden diese in Heilung der Kranken und in reicher Lehre, deren Befolgung beglückt; aber materielle Güter würden ja ganz den Zweck Meiner wahren Nachfolge verfehlen. Denn gekaufte Jünger haben keinen Wert vor Mir, und können Meiner Verheißungen nicht teilhaftig werden!

Sehet, darum sollten Meine ausgesandten Jünger durch ihr Erscheinen und Auftreten jedem sogleich klar machen, dass hier wenig für das Materielle, desto mehr aber an geistigen Gütern erobert werden könne.

Darum muss Ich es auch fast überall bis auf den heutigen Tag ebenso mit solchen halten, die Mir aus Liebe dienen. Meistens sind sie in ihren äußeren Verhältnissen so gestellt, dass diejenigen, welche bloß suchen, an solchen Meinen Dienern sich im

Äußeren zu bereichern und deren Liebe auszunützen, welche ihnen angeboten wird, wenig dabei finden; und dies ist gleichsam die Bewahrungsmauer für Meine wahren Diener, weil sie die Herzen nicht ergründen können, und oft erst durch traurige Erfahrungen dieselben kennen lernen, was freilich öfters vorkommt; aber doch nicht so häufig, als es mit dem Missbrauche der Fall wäre, wenn dieselben durch materielle Güter ihre Liebe andere fühlen lassen könnten.

Sowohl für Meine Diener selbst, als auch für ihre Schüler hat darum Meine Weisheit gesorgt, dass sie treu bleiben in der Lehre. Deshalb können aber die Worte der Aussendung nicht darauf bezogen werden, als ob Ich eine ganz besondere persönliche Aufopferung und Armut Meinen Jüngern auferlegen wollte, sondern es war eben nötig in jenem Zeitgeiste, wo alles nach Materiellem suchte und jagte, auch durch die äußere Armut dieselben nicht stören kann.

So sind diese Worte auch euch als Winke gegeben, warum Ich oft gegen Meine Liebe eure Bitten nicht erhören kann, wenn ihr zu Mir kommet und um schnelle Ausbreitung Meiner Wahrheit bittet.

Ich regiere stets ordnungsmäßig; oft verziehe Ich lange, weil es die Verhältnisse der geistigen Zustände so erfordern; aber oft mache Ich Mich auch schnell auf, über alles Hoffen und Erwarten.

Darum, Meine Lieben, die ihr Mir dienen wollt, werfet euer ganzes Vertrauen auf Mich. Ich werde alles zu eurer Freude und zu Meiner Ehre hinausführen; auch in künftigen Zeiten. Amen! Euer Vater in Jesus.

377. Verhaltensregeln gegen die Priester und Lehrer

6. Januar 1884

„Auf Moses Stuhle sitzen die Schriftgelehrten und Pharisäer. Alles nun, was sie euch sagen, dass ihr's halten sollt, das haltet und tuet es; aber nach ihren Werken sollt ihr nicht tun; sie sagen es wohl, und tun's selbst nicht." (Mt. 23,2)

Liebe Kinder! In diesem Kapitel habe Ich Meinen Jüngern weitere Verhaltensregeln gegeben, wie sie sich gegen die Volksleiter verhalten sollen, welche ganz genau die Pflichten dem

Volke vorzuschreiben wissen; aber wenig daran denken, selbst mit gutem Beispiele voranzugehen.

Sehet deshalb nicht auf dieselben, sondern bleibet bei dem Worte, das sie euch verkündigen; denn es ist Mein Wort, und denen, die um Meinetwillen es anhören, will Ich den Segen dazu geben, damit sie von innen unterscheiden lernen, wie viel menschliche Anschauungen darunter gemengt sind.

Ich musste in damaliger Zeit Meine Jünger auf das Treiben der Pharisäer und Schriftgelehrten aufmerksam machen, und auf die große Heuchelei derselben, um sie zu warnen, dass sie einst das ihnen anvertraute Amt besser verwalten, und sich hüten vor Überhebung über andere. *„Ihr sollt euch nicht Rabbi nennen lassen; denn Einer ist euer Meister, Christus; ihr aber seid alle Brüder und Schwestern, und sollt niemand Vater heißen auf Erden; denn Einer ist euer Vater, der im Himmel ist."* (Mt. 23,8)

Wie nötig es war, noch ganz deutlich ausgesprochene Verhaltensregeln auch in der äußeren Ordnung zu geben, das könnt ihr aus der Geschichte sehen. Leider aber auch, wie wenig diese Worte befolgt worden sind, und wie ganz schnurgerade dagegen gehandelt wurde; denn wie viel Überhebung herrscht nun wieder in der christlichen Kirche! Wie hat sie sich auf Erden den „heiligen Vater" (Papst) eingesetzt, und wie befriedigt sich der größte Teil (der Katholiken) mit dessen Gunst, ohne nach Mir sich zu richten. Sie vergessen dabei, warum Ich Gebote gegeben habe, nämlich nicht um Meinetwillen, sondern um euch selbst dadurch zu beglücken.

Darum seid wachsam und prüft stets, ob die menschlichen (kirchlichen) Ordnungen von Mir abziehen oder zu Mir führen? Sehet aber nicht auf das Beispiel, sondern machet die Erfahrungen an euch selbst!

Vor allem aber bleibet in der Demut dabei; denn es kommt für jedes Einzelne die Zeit, wo Ich Mittel anwende, um es zu demütigen, wenn es nicht selbst nach Demut strebt.

Ihr könnt euch aber durch redliches Streben darnach manche Zuchtrute ersparen, sowohl die einzelne Seele, als eine ganze Gemeinschaft. Denn auch bei den Gemeinden muss Ich Heimsuchungen eintreten lassen, um sie dem völligen Verderben zu entreißen; bald da, bald dort. Ja, über ganze Völker und

Länder muss Ich die Zuchtrute schwingen, damit sie nicht vollends ganz gottlos werden; weil Ich und die Überhebung, oder Stolz entgegengesetzte Dinge sind.

Wollt ihr in dieser Zeit einen Blick in die Zukunft tun, so beobachtet die Überhebung der Einzelnen und der Völker, und ihr werdet bald erkennen, dass nur noch Meine Langmut Aufschub macht, ansonsten Ich überall zum Gerichte erscheinen würde; darum kann in der Jetztzeit dieses 23. Kap. Matthäi bei der Mehrzahl angewendet werden.

Darum hebet eure Häupter auf und sehet, dass die Zeit nahe ist, wo Ich wieder erscheinen werde.

Wohl denen, deren Herz durch die Demut gewürdigt ist, Mich aufzunehmen. Wohl solchen Kreisen, die im Stillen zu Mir halten und um Meinetwillen schweigen, wenn sie von außen her durch allerlei böse Gerüchte verfolgt werden. Ich will Mich ihrer annehmen und sie herrlich machen vor Mir. Doch nicht gebe Ich, wie die Welt gibt, sondern unvergängliches Gut, das ewig besteht, soll ihr Lohn sein! Amen! Euer alleiniger Vater!

378. Winke über unsere Zeit und Lebensregeln

13. Januar 1884

„Himmel und Erde werden vergehen; aber Meine Worte werden nicht vergehen! Gleichwie es aber zu der Zeit Noahs war, also wird auch sein die Zukunft des Menschensohnes; denn gleich wie sie waren in den Tagen der Sündflut, sie aßen, sie tranken, sie streiten und ließen sich freien, bis an den Tag da Noah zu der Arche einging und sie es nicht achteten, bis die Sündflut kam und nahm sie alle dahin, also wird auch sein die Zukunft des Menschensohnes!" (Mt. 24,35-37)

Liebe Kinder! Die Tage, welche Ich einst Meinen Jüngern genauer bezeichnete, wiederholen sich von einer Generationsperiode zur andern immer wieder; denn der Feind ist immer wieder beschäftigt, Unkraut unter den reinen Samen zu streuen. Es ist bei jeder einzelnen Seele schon der Fall, dass sie bald mehr geistig angeregt zu streben und voll Glauben und Zuversicht ist, und bald wieder in Zweifel, Unglauben, Trägheit und allerlei Verstrickungen kommt, es ist ein fortwährender Kampf zwischen dem Ergreifen des Guten oder Bösen.

So geht es auch im großen Ganzen auf dem Religionsgebiete. Es gibt Zeiten, wo alles sich wieder mehr nach etwas Besserem sehnt, und diese Sehnsucht ist die Gegenwirkung gegen das Böse; aber in solchen Zeiten weiß auch Mein Gegner, dass er wenig Zeit hat, für sich etwas zu erobern, und macht sich deshalb mit seiner Gewalt bemerkbar.

Daher kommen in solchen Zeiten so viele Gräuel und Verbrechen vor. Es sind dies mehr vom Fürsten der Finsternis herrührende Fälle, welche er an Menschen ausübt, welche es überhaupt gleichgültig mit dem Leben nehmen, weil sie zu wenig den Wert desselben kennen.

Wenn es in unserem heutigen Kapitel heißt: *„sie aßen, sie tranken, sie freiten, und ließen sich freien"* (Mt. 24,38), so ist dieses, infolge einiger aus dem Grundwerke weggelassener Worte, schwer zu verstehen; denn da sollte es heißen: Im Essen und Trinken, wie im ehelichen Leben werden die göttlichen Anordnungen nicht mehr beachtet, und daher ist dem Feinde die Türe geöffnet, dass er eingehen und alles verderben kann.

Ist er einmal Meister in einem Hause und in einer Familie, so wird er immer ärger regieren, bis er alles ins Verderben gestürzt hat. Ebenso wird er sich bei jeder einzelnen Seele immer mehr festsetzen, wenn dieselbe sich nicht auch in den täglichen Vorkommnissen und Bedürfnissen nach Meinem Willen richtet. Also liegt auch im Essen, Trinken und Freien eine große Wichtigkeit, alles nach Meinem Willen zu tun und so dem Feinde zu zeigen, dass er nicht beachtet wird.

Ich segne alle Nahrung und jeden Bund in Meinem Namen geschlossen, und beschütze solche Seelen, die stets wachen, dass sie Mir folgen. Sehet aber, wenn einmal darin Gleichgültigkeit gegen Mich herrscht, und man sogar vergisst, dass es einen Gott gibt, Der weise Gebote den Menschen gab, damit sie alles zu ihrem Wohle genießen können, so kann weder eine einzelne Seele noch eine ganze Gemeinschaft sich mehr auf Mein Anklopfen freuen, viel weniger auf Mein Kommen und Erscheinen im Fleische vor ihnen; denn es wäre dies ja ein gräuliches Gericht für alle diese. Und doch sind dann die Tage da, wo Ich Mich aufmache, im Geiste denjenigen zu erscheinen, die doch noch ihre Zuflucht in dieser argen Zeit zu Mir nehmen, um Abhilfe bittend.

Nur eines will Ich denselben noch sagen: Betet ganz besonders auch für euch, auf dass ihr bestehen möget, verstärket eure Wachsamkeit über euch selbst, und leget den Maßstab an euch an nach Meinen Worten, welche ihr erhaltet. Zerstreuet euch nicht zu viel im Überblicke über das allgemeine Verderben, denn sonst kommt auch euch der Feind mit seiner List nahe und verführt euch zur Überhebung, indem er euch eure Frömmigkeit vor Augen führt und euch zur Sicherheit verleitet.

Darum prüft euch mehr im stillen Kämmerlein, und Ich will euch dann schon aufdecken, welches Ziel ihr noch zu verfolgen hab. Ziehet euch jeden Tag mehr von der Weltgesellschaft zurück, und suchet dieselbe bloß auf, um für Mich zu werben; aber nicht zu eurer Zerstreuung.

Die Tage sind ernst, die Zeit ist noch kurz, wo Ich verziehe, darum ist jede Stunde noch eine Gnadenstunde für Meine Kinder, und der einzige Bergungsort für sie sind die einsamen Stunden, welche sie Mir widmen.

Es handelt sich nicht um äußere Niederlage; denn da werden die Gottlosen noch lange sich freuen über ihren Sieg, sondern um den Sieg im Geistigen, als Kinder Gottes angetan zu sein mit dem Harnische des Glaubens und der Macht der Liebe, und so das Reich der Welt einzunehmen zu Meiner Ehre!

Strebet daher im Stillen Meinen Vaterworten nachzukommen und überlasset Mir in kindlichem Vertrauen den Kampf nach außen. Amen! Euer Vater in Jesus.

379. Zur Wiederkunft des Herrn

20. Januar 1884

„Und die Menschen werden verschmachten vor Furcht und vor Warten der Dinge, die da kommen sollen auf Erden; denn auch der Himmel Kräfte sich bewegen werden. Und alsdann werden sehen des Menschen Sohn kommen in der Wolke, mit großer Kraft und Herrlichkeit!" (Lk. 21,26)

Liebe Kinder! Diese Worte werden in der Jetztzeit gar wenig beachtet; denn wenige glauben, dass die Zeit gekommen ist, in welcher dieselben in Erfüllung gehen, sogar Meinen wahren Kindern ist es noch nicht so ganz klar, dass sie schon in derselben leben.

Der Glaube an ein äußerliches Auftreten (Meinerseits) mit Pracht und materiellem Prunke ist zu sehr bei den Menschen eingewurzelt, weil ein großer Teil ihres Gottesdienstes in Zeremonien und Äußerlichkeiten besteht, so dass auch oft recht redliche Seelen da noch in der Irre sind, und meinen genug getan zu haben, wenn sie Mir große Opfer bringen. Sie stellen sich dadurch aber über Mich, weil Ich dann der Empfänger bin und sie die Geber sind. Durch diese Stellung Mir gegenüber ist es nicht zu vermeiden, dass Willkür herrscht, gleich wie ein Freier, der nirgends jemand etwas schuldig ist, sich weit mehr erlaubt, als jemand, den die Abhängigkeit drückt.

Meine Gebote haben den Wert verloren solchen Seelen gegenüber, die sich damit befriedigen den äußeren Ansprüchen der Kirche nachzukommen, und so ist allmählich die Grundlage, auf welcher das wahre Glück oder die Seligkeit der Menschen beruht, ganz erschüttert worden, und nur wenige sind es, die sich bemühen, dieselbe noch aufzusuchen.

Darum ist die Zeit Meiner großen Erbarmung erfüllt, und Ich habe Meine Kinder abermals mit Schätzen des Himmels besucht, um sie reich zu machen an Wahrheiten und reiner Erkenntnis, wozu auch Meine heiligen Engel ihre Dienste leisten.

Aber sehet, *„des Menschen Sohn kommt in der Wolke"*, d.h. verhüllt. Gleich wie die reinen Sonnenstrahlen blendend einwirken, aber desto wohltuender, wenn sie hinter einer Wolke hervorleuchten, also geht es auch mit der direkten Kundgabe solch himmlischer Wahrheiten; denn es steht doch zwischen Mir und Meinen Kindern eine verdeckende Wolke, damit die heiße Glut Meiner Liebe und das scharfe Licht Meiner Gerechtigkeit sie nicht untüchtig macht mit kindlichem Vertrauen zu Mir aufzuschauen.

Obwohl sie die wahre Herrlichkeit durch die Wahrheiten und deren Enthüllungen schon in Besitz erhalten haben, so müssen sie den Wert derselben doch erst selbst herausfinden, und die Anleitungen, welche gegeben werden, dieselben zum seligen Gewinn auszubeuten, pünktlicher beobachten und befolgen. Geschieht dieses, so werden sie auch erkennen, dass sie nicht mehr auf eine äußere Erscheinung zu warten brauchen, sondern werden durch ihr Geistesauge Meine Herrlichkeit erschauen, welche allen zuteilwird, die ihr Herz als Wohnstätte für Mich bereiten; denn sie werden zeugen können von einem

Frieden und einer Seligkeit, welche sie nicht mit den kostbarsten Erdengütern vertauschen wollen.

So wisset ihr nun, dass Mein Erscheinen schon stattfindet, während vielen Menschen es bange ist vor den Dingen, die da kommen sollen, weil dieselben in der falschen Lehre sich begründeten; ihr aber „*hebet eure Häupter auf, darum, dass sich eure Erlösung naht.*" Amen. Euer Vater!

380. Vom Fallen und Auferstehen des Christen, oder die Wege der Gnade

27. Januar 1884

„*Und Jesus sprach zu ihnen: ihr werdet euch in dieser Nacht alle an Mir ärgern; denn es stehet geschrieben (Sachar. 13,7):*

„*Ich werde den Hirten schlagen, und die Schafe werden sich zerstreuen.*" (Mk. 14,27)

Liebe Kinder! Nachdem Ich dort Meinen Kindern das Abendmahl gesegnet und es mit denselben genossen hatte, konnten sie trotz dieser so wohltuenden Friedensstunde – Meine obigen Worte doch nicht recht verstehen, als Ich sagte: „*ihr werdet euch in dieser Nacht alle an Mir ärgern!*" Sie waren zu sicher über sich selbst, und glaubten ihre Liebe zu Mir sei stark genug allem zu trotzen, was sie hindern wollte Mir in der Nachfolge treu zu bleiben.

Doch Ich weiß es besser, und lasse es deshalb bei Meinen Kindern zu, dass sie dieselbe erproben können, und während ihre Liebe gegen Mich abnimmt, lege Ich mit Meiner Liebe gegen dieselben immer mehr zu, und stärke sie nach solchen Niederlagen aufs Neue.

So war es auch bei Petrus der Fall! Er hielt zu viel von sich, und hätte in der Zukunft nach Meinem Hingange sich eine Überhebung über seine Mitbrüder zu Schulden kommen lassen; darum wollte Ich diesen seinen Fall nicht verhüten, sondern denselben desto mehr segnen.

Und wie es einst Petrus erging, welcher bei euch in der Kirche als Symbol des Glaubens hingestellt wird, so ist es auch mit dem Glauben im Allgemeinen. Viele Christen sind stolz auf ihren kirchlichen Glauben, und meinen, dass wenn sie denselben festhalten, keine Macht ihnen die Seligkeit abstreiten könne, besonders weil sie Mich nach ihrer Art auch lieben. Dennoch kommt es aber bei irgendeiner Gelegenheit darauf an, die Bedingungen der Liebe zu erfüllen. Allein da weichen sie zurück und halten manche Wahrheiten von Mir, über die Liebe ausgesprochen, für unfassbar, für Überbürdung oder für falsch ausgelegt.

Dies ist die Magd, die sie zur Verleugnung veranlasst; denn gleichwie eine Magd tätig sein muss im Dienen, so muss auch die Liebe tätig sein und dienen, und wenn die Liebe spricht: „Ich kenne ihn nicht", damit er sich den weiteren Folgen oder Ansprüchen des liebetätigen (und also lebendigen) Glaubens nicht unterzuordnen braucht.

Auch in der Jetztzeit geht es so mit dem wahren Glauben! Soll derselbe sich offen zeigen, auch da, wo ihm eine Niederlage droht, sei es ein Verlust von Ehre oder Besitztum natürlicher Art, so wird derselbe gar oft auch von solchen verleugnet, die meinen, dass sie in ganz inniger Verbindung mit Mir stehen, während sie doch in kurzen Zeitabschnitten Mir als Verleugner gegenüberstehen, weil sie nicht auf Mich, sondern auf die Weltmenschen blicken.

Gleich wie aber ein einziger Blick nach Mir Petrus wieder umwandelte, so gedenke Ich auch alle, die sich zu Mir nach solchen Verirrungen wenden, wieder für Mich zu gewinnen, und wie jetzt viele Mich wiederum verleugnen, und so der Glaube nun gleichfalls dem schwachen Petrus gleicht, so will Ich abermals der Welt Mich zuwenden mit der Frage: „Warum verleugnest du Mich, während du doch vorgibst, dass du ein Fels seiest, worauf Ich bauen könne?"

Die Kirche wird durch die vielen Ereignisse, die von Gottentfremdung zeugen, sich noch überzeugen müssen, dass ihr Glaube eine Niederlage erlitten hat, welche nur durch Mich Selbst wieder gut gemacht werden kann. Darum sehet auf Mich mit der Bittem, euch eines Gnadenblickes, wie Petrus zu würdigen, wenn auch ihr oft in die Lage kommet, Mich vor den Weltmenschen zu verleugnen! Euer Vater!

381. Lebenswinke für die Arbeiter im Weinberg des Herrn

3. Februar 1884

„Der Herr aber sprach: Wie ein groß Ding ist es um einen treuen und klugen Haushalter, welchen der Herr setzet über sein Gefilde, damit er ihnen gebe zu rechter Zeit ihre Gebühr. Selig ist der Knecht, welchen sein Herr findet also tun, wenn er kommt, wahrlich Ich sage euch: Er wird ihn über alle seine Güter setzen." (Lk. 12,42)

Liebe Kinder! Wie ein groß Ding ist es um einen treuen Haushalter. Hier aber wird von einer Treue geredet, die nicht auf das materielle Verwalten der Güter und Besitztümer sich bezieht, sondern Ich meinte da in diesem Gleichnisse: Haushalter in Meinem Reiche, welche die ihnen anvertrauten Seelen mit solcher Liebe behandeln, wie Ich sie geboten habe; denn keine andere Verwaltung gibt es für Mich, als dass Meine Kinder und Nachfolger durch die Liebe Mir dienen, und ihren Mitmenschen gleichfalls ein Beispiel in der Liebe geben, damit auch sie dadurch für Mich gewonnen werden.

Der Diener eines Herrn, welcher beauftragt ist, seinen Mitknechten ihre Gebühr zu geben, muss Sorge tragen, dass solches nach des Herrn Willen geschehe, und muss sich stets bewusst sein, dass er selbst ein Knecht ist, und ebenso gut von seinem Herrn abhängt, wie seine Mitknechte; darum er sich doppelt verfehlt, wenn er dessen Gebote nicht achtet. Er wird seine Mitbrüder zum Zorne reizen, wenn er denselben statt Liebe, Lieblosigkeit entgegenbringt, weil dieselben wohl auch die Gebote des Herrn kennen, und vor ihm sich zu entschuldigen suchen mit der ungerechten Behandlung ihres Vorgesetzten, welchen der Herr über sie gestellt hat, und der sich so der Untreue gegen seinen Herrn schuldig macht.

In diesem Gleichnisse ist ganz klar dargestellt, wie sich diejenigen zu verhalten haben, welche Ich berufe, in Meinem Weinberge zu arbeiten, und Mir Seelen zu gewinnen, was ihnen nur durch die Liebe möglich ist, und zwar muss diese Liebe sogleich an jedem geübt werden, welchen Ich ihnen zuführe, weil Ich oft unverhofft Rechenschaft von solchen Arbeitern verlange, die oft meinen, dass zu diesem oder jenem Liebesunternehmen noch lange Zeit sei. Diese wollen sich oft vorher gütlich tun, ehe sie an eine Arbeit gehen, die ihnen oft sauer geschieht, anstatt dass sie sich freuen sollten, von Mir dazu berufen zu sein.

Es ist dieses bei der Mehrzahl Meiner Nachfolger der Fall, dass sie die Ausführung ihrer guten Vorsätze hinauszuschieben suchen, in der Meinung, Mein Herr versucht zu kommen; darum legen sie ihre Arbeit für Mich beiseite, und frönen lieber ihren natürlichen Genüssen, aber Ich sage euch: da werde Ich unverhofft eintreten, sie aufrütteln von ihrer Sicherheit und Rechenschaft fordern von ihrer Berufung.

Sie werden dann in einen Zustand kommen, welcher das Los derer ist, die nie in Verbindung mit Mir standen. Denn wehe solchen, die Meinen Willen wissen, und denen Ich ganz besonders Meine Gnade zuwendete, wenn sie denselben missachten und wiederum sich dem materiellen Weltgeiste zuwenden; für diese wird doppelte Strafe sein, wenn sie untreu erfunden werden!

382. Lebenswinke für die Treue in der Liebe

10. Februar 1884

„So seid nun mäßig und nüchtern zum Gebet; vor allen Dingen aber habt untereinander eine brünstige Liebe decket auch der Sünden Menge. Seid gastfrei untereinander, ohne Murren. Und dienet einander, ein jeglicher mit der Gabe die er empfangen hat, als die guten Haushalter der mancherlei Gnade Gottes." (1. Petr. 4,8ff.)

Liebe Kinder! Ich weise euch heute hin auf die Worte des Apostels Petrus, welche derselbe in Meinem Namen an die Gemeinde richtete, oder an einen Bund, dessen Glieder sich durch Meine Gnade berufen fühlten Mich als ihr Oberhaupt und als Gott anzuerkennen, und die sich somit auch verpflichteten Mir in allen Dingen Gehorsam zu leisten; hauptsächlich aber auch in der gegenseitigen Liebe, weil ein jedes Einzelne Gelegenheit hat, die Liebe an den andern zu betätigen, welche aus Dank gegen Mich Selbst euch veranlassen soll, dass ihr, da ihr Mich nicht sichtbar um euch habt, dieselbe an euren Mitbrüdern und Mitmenschen ausübet, was euren nächsten Wirkungskreis ausmacht, in welchem ihr stets wachsen und zunehmen sollt.

Denn, wenn ein jedes in solchem Bunde sich bemüht, die Liebe zu pflegen, so geht es leicht, weil dann ein großer Genuss damit verbunden ist, indem ihr jedem einfach geben könnt; aber dafür von der Mehrzahl wieder Liebe empfanget, und ihr somit gleichfalls von der Liebe gepflegt und getragen werdet. Dagegen wenn ein Mensch Hass ausübt, er wiederum nur Hass erntet und sich selbst dadurch die Hölle bereitet.

Dieses so ganz klare Bild von der Liebe und ihrem Gewinne herzustellen, ist die Aufgabe solcher Gemeinschaften, die sich nach Mir (christlich) nennen wollen. Denn durch solch eine uneigennützige und demütige Liebe untereinander machen sie dann Meinem Namen Ehre, und ziehen noch andere nach in ihre Bedingungen einzugehen, welche von Mir Selbst gestellt sind, und Liebe heißen in allen Fällen des Lebens.

Darum, wenn jemand sich schwach fühlt die Liebe so auszuüben, wie Ich's gebiete, z.B. wenn ein Mitglied sich derselben selbst unwürdig gemacht hat, so sage Ich euch: Um Meines heiligen Namens willen, übet euch in der Liebe! Und ihr werdet immer mehr in derselben erstarken, um auch solche mit Geduld zu tragen, welche eure Liebe entweder gering schätzen, oder sie gar zurückweisen.

Bedenket aber auch dabei, dass der Feind am meisten die Liebe zu schmälern sucht, weil er weiß, dass wenn diese erkaltet, er überall den Sieg davonträgt.

Darum alle Mahnungen von Meinen Aposteln und von allen, welche für Mich werben, das Symbol der Liebe festhielten und stets festhalten müssen.

Ohne Liebe gibt es keine wahre Treue, keine wahre Demut, keine reinen Opfer, keine wahre Gerechtigkeit. Nur durch die Liebe können in Meinem Weinberge die Früchte geraten, sie ist gleichsam die Sonne, die alle andern Stoffe filtriert zu einer genießbaren Frucht, und einen Gemeinschaftsleib nährt.

Wollt ihr denselben zerstören, so ist dies bald geschehen, wenn die Liebe in euch nicht gepflegt wird. Und gleichwie an einem Leibe jedes Glied beachtet werden muss, so auch muss in einer Gemeinschaft jede Seele gepflegt werden, damit der Leib oder die Gemeinschaft ein vollkommenes Ganzes bilde, *„auf dass in allen Dingen Gott gepriesen werde, durch Jesum Christum! Amen!"* (1. Petr. 4,11)

Also *„liebet euch untereinander, gleichwie Ich euch geliebt habe!"* (Joh. 15,12) Euer Vater.

383. Vom Wesen Gottes – und des Menschen

17. Februar 1884

„Da sprachen etliche der Pharisäer: Der Mensch ist nicht von Gott, dieweil er den Sabbat nicht hält.

Die andern sprachen: Wie kann ein Mensch solche Zeichen tun. Und es ward eine Zwietracht unter ihnen." (Joh. 8,19)

Liebe Kinder! Als Ich auf Erden wandelte, fand Ich den Unglauben am größten bei den Pharisäern und Schriftgelehrten, weil bei diesen der Hochmut und die Überhebung am stärksten und größten waren, und sie darum sich selbst geltend machen wollten, (sich zwingend) als wahre Abkömmlinge Luzifers, von dem es heißt, er wollte sein wie Gott.

Gerade in diesem Punkte und in dieser Sünde des Hochmuts liegt das Verderben und der Untergang alles Guten, weil dasselbe nur aufgrund wahrer Demut und Liebe sich gründen muss. Denn Mein Urwesen, nach welchem Ich Mir Kinder schuf, ist Demut und Liebe, eine Entäußerung von dem, was Ich allein im Besitz hatte, an Meine geschaffenen Wesen. Darum auch gab Ich denselben den freien Willen, als die größte Gabe der Liebe, welche Ich geben konnte.

Das seht ihr auch am Beispiel eines irdischen Vaters. Wenn derselbe seine Kinder in allem selbst wählen lässt, so ist dies ein Zeichen, dass er sie so liebt wie sich selbst, indem er ihnen in dieser Liebe etwas von seinem Vaterrechte abtritt, was denn auch die Kinder gegen den Vater mehr zum Danke verpflichten soll, als alle anderen Genüsse im Hause des Vaters.

So wollte also auch Ich Meinen Kindern einen Teil Meines Vaterrechtes überlassen, welches aber nun der größte Teil derselben missbraucht, indem sie sich über Mich erheben.

Wie groß diese Überhebung gegen Mich ist, das könnt ihr aus der Geschichte wissen; aber in eurer gegenwärtigen Zeit hat dieselbe ihren Höhepunkt erreicht, so dass Ich nicht nur nicht mehr als Vater anerkannt werde, sondern auch nicht mehr als Gott. Ja, Meine Existenz wird ganz geleugnet, und bei den Besseren nur noch so viel anerkannt, als sie es noch für nötig finden, es zu ihrem eigenen Interesse festzuhalten; daher hauptsächlich die Wirkungen des Heiligen Geistes als ein Geheimnis, welches nur blindlings noch geglaubt werden müsse, dargestellt werden.

Das der Heilige Geist (oder Ich in Meiner göttlichen Beeinflussung) gerade jetzt sich am kräftigsten bei solchen Seelen tätig macht, welche noch zu retten sind, dies wird sogar von denen geleugnet, die sich nach Meinem Namen christliche Kinder Gottes nennen. Solches kommt daher, weil sie nicht einfältigen Herzens sind; darum hören sie Dessen Stimme in ihnen nicht, sondern besprechen sich mit ihrem Verstande, welcher sich bei ihnen an Meine Stelle zu setzen sucht.

Seht, so geht der Sündenfall in dem Menschen stets erneuert fort, als die Überhebung des Natürlichen gegen den Einfluss des Göttlichen, und darum ist Mein Wiederkommen, um die Seelen zu retten, ein Werk des Heiligen Geistes!

Ich sage es euch, Meine lieben Kinder, dass nun Mein Erscheinen durch den Heiligen Geist geschieht, was nur solche zu fassen vermögen, welche wissen, dass Ich (der Vater), Jesus (der Sohn) und der Heilige Geist nicht getrennt werden können, sondern eins sind.

Und gleichwie einst die Pharisäer und Schriftgelehrten Mich in der Person Jesu nicht als ihren Messias oder Retter anerkannten, so geht es jetzt wieder. Die Verstandesgelehrten weisen Mich zurück, und erkennen Meine Wirkungen an den Menschen nicht an, sei es im Innewerden oder im direkten Worte. Es ist ihnen beides eine Torheit, denn *„der natürliche Mensch vernimmt nichts vom Geiste Gottes, denn es muss geistig gerichtet sein."* (1. Kor. 2,14)

Darum wundert euch nicht mehr, wenn auch ihr bei der Übermacht des Bösen überall zurückgewiesen werdet, wenn ihr in Meinem Namen etwas tun wollt. Aber bleibet stark im Vertrauen, dass Ich euch dazu erwählt habe, Mir als Vorbereiter Meines Wiederkommens zu dienen, und da und dort Seelen zu gewinnen durch Meine euch zugewiesenen Worte.

Es liegt so in Meinem Rettungsplane, dass in solch unscheinbarer Tätigkeit dennoch die größte Kraft Meines Geistes verborgen liegt.

Darum, wenn ihr auch nicht erschauet, welchen Erfolg diese kleine Aussaat hat, so säet dennoch ruhig fort im Vertrauen und aus Liebe zu Mir; eure Ernte wird einst doch reichlich ausfallen, und eure Vereinigung mit Mir (eine feste sein). Amen.

384. Jesus aber antwortete nichts mehr

23. Februar 1884

„Und die Hohenpriester beschuldigten ihn hart. Pilatus aber fragte ihn abermals und sprach: „Antwortest du nichts? Siehe, wie hart sie dich verklagen?"

„Jesus aber antwortete nichts mehr!" (Mk. 15,3-5)

Meine Lieben Kinder! Wir wollen uns nun in die Zeit hineindenken, wo Ich vor den Richterstuhl der Menschen geführt wurde, um Rechenschaft abzulegen über Meine Taten, Meine Lehre und Meine Person. Hier hätte Ich Gebrauch von Meiner Allmacht machen und dadurch viel Volk zum Glauben bringen können, was nachher mit so viel Leiden und Trübsalen sehr langsam geschehen musste, weil durch Meine Hingabe und Meinen Tod viele sogar wieder von Mir abtrünnig wurden.

Ich sah dieses voraus, was Mir Meine Leiden auch noch erschwerte. Allein es war in der göttlichen Ordnung also beschlossen, wie ihr es schon in den Vorhersagungen der Propheten lesen könnt (Jes. 53), und darum musste alles pünktlich erfüllt werden, um das Werk der Erlösung ganz zu vollenden, und Meinen Nachfolgern durch Mein Beispiel den wahren Weg zu zeigen, der zum Leben führt.

Also kann Ich Meine Worte, welche Ich zu Meinen Jüngern sagte, gleichfalls nicht ungültig machen, wenn es heißt: „*Wer Mir folgen will, der verleugne sich selbst, nehme sein Kreuz auf sich täglich und folge Mir nach!*" (Lk. 9,23)

Ihr sehet deshalb, wie wenig Ich eine Bitte um eine auffallende schnelle Durchhilfe Meiner Reichssache erhören kann, welche Meine Kinder in ihrem blinden Eifer Mir vortragen. Denn, hauptsächlich was göttlicher Art ist, muss rein und lauter nach göttlicher Ordnung geschehen, so angefangen und so vollendet werden. Und so müssen auch Meine Nachfolger auf Mich sehen, wie Ich einst vor dem Richter Pilatus stand, wo geschrieben steht: „Jesus aber antwortete nichts mehr."

Unterlasset auch ihr das Reden vor solchen, von welchen ihr wisst, dass sie die Stimme des Heiligen Geistes in sich überhören, um nach außen ihr eigenes Ansehen und ihren Eigendünkel zu behaupten. Denn, weil Ich den Pilatus sowohl Selbst warnte, als ihn durch sein Weib warnen ließ, nicht Unrecht über den Unschuldigen auszusprechen, darum antwortete Ich demselben von außen her nicht mehr, und sein Urteil wurde ihm zum Gerichte! So ist es gleichfalls mit solchen Gegnern heutzutage, welche die Gnade von innen zu belehren sucht.

Wenn sie dann mit euch rechten wollen, so antwortet nicht mehr, sondern stellt es Mir anheim; denn, wenn sie euch auch wollen, kreuzigen lassen, so wisst ihr ja, dass auch Ich als euer Meister gekreuzigt wurde; aber das Auferwecken und Auferstehen nur Mir allein zusteht. Dasselbe können die Menschen nicht verhindern, und weil es bloß durch den Tod möglich ist, das ewige Leben zu erlangen, so begebet euch mit Freuden in den Tod, oder in die Niederlage eures natürlichen Lebens, welches da ist: Euer Eigendünkel, euer Hochmut, eure Eigenliebe und dergleichen, welche nie ganz getötet würden, wenn statt Verfolgung und Schmach – Ruhm, Lob und Überhebung euch gespendet würden.

Darum könnt ihr euch diesen Gnadenführungen nicht entziehen durch Bitten um Abnahme dieser Heimsuchungen, sondern ihr sollt lieber zu Mir kommen, um Kraft bittend, in dieser Schule etwas zu lernen, was euch zu tüchtigen Nachfolgern von Mir macht.

Sehet, so sorgt eben immer wieder Meine Liebe für euren geistigen Fortschritt; auch in Fällen, wo ihr am wenigsten erkennt, wie dieselbe darin verborgen liegt.

Darum nehmt euch vor, stets auf Mich, als euren Vorgänger zu schauen, und gedenket bei ungerechten und lieblosen Urteilen des Winkes: *„Jesus aber antwortete nichts mehr!"* Amen! Euer Vater.

385. Das gottselige Geheimnis vom Wesen Jesu Christi
2. März 1884

„Zu derselben Zeit antwortete Jesus und sprach: Ich preise Dich Vater und Herr Himmels und der Erde, dass Du solches den Weisen und Klugen verborgen und hast es den Unmündigen geoffenbart; ja Vater, denn also ist es wohlgefällig gewesen vor Dir!" (Mt. 11,25 ff)

Liebe Kinder! Dieses Dankgebet, welches Ich einst aussprach, ist vielen ein Stein des Anstoßes in Meinem Wesen, dass Ich als Gott Selbst zu dem Herrn Himmels und der Erde betete, und Ihn als Vater anredete. Denn es glauben die meisten, dass Ich als Sohn selbständig neben dem Vater nur in gutem Einverständnisse mit Demselben stehe, und zu Dessen Geboten Mich stets bekenne, dass Wir also einig in der Gesinnung, aber nicht Eins in der Person sind. Um diese Annahme zu widerlegen, muss Ich euch erklären, Wer dort eigentlich betete.

Seht, es war die Seele (in Jesu), welche sich dem Geiste (Gott in Jesu) völlig und willig unterordnete, als Demjenigen, Der sie erzeugte, sie dann regierte, und Der somit Vater und Herr und Regent der Seele ist.

Denn die Seele, oder das Organ des Geistes, und der Leib, als Organ der Seele, waren (in Mir als Jesus) in ihrem Willen durchdrungen vom göttlichen Willen, und somit Eins auch im Urwesen; während, obgleich Geist, Seele und Leib im Menschen gleichfalls nur Eines sind, unter der Form „Mensch", aber hier doch eine Verschiedenheit im Willen herrscht, weil göttlicher und eigener Wille denselben leitet; Ich aber, als Gottmensch, nicht von einem andern Willen beeinflusst werden konnte, als nur vom göttlich-guten. Obgleich auch Meine Seele und Mein Leib, durch die Beeindruckung und Sinneswahrnehmung von außen her, sich auch selbst Gutes und Böses wählen konnte, so blieb der Sohn dem Vater doch treu und war eins mit Ihm, oder – die menschliche Fleischhülle, die Ich (als Jesus) trug, und über welche der Satan Macht hatte, sie durch allerlei Versuchungen zu bestürmen, bewährte sich in ihrer Reinheit und göttlichen Ausstattung, so dass dieselbe befähigt war, den Einhüllungsleib Meines Geistes den Geistern im Gefängnisse als vom Satan unbesiegbar zu zeigen, sowie auch den Menschen nach seiner Auferstehung, und auch in den Himmel einzugehen.

Und so wurde auch den Menschen, die nach Meinem Ebenbilde geschaffen sind, gleichfalls das Recht erworben, nach dem Tode den Auferstehungsleib der Seele, wenn er vereint mit dem Geiste ist, den sie von Mir eingehaucht erhielten, zu tragen, welches das Zeichen der Kinder Gottes ist. Aber, um dieses zu erlangen, müssen dieselben sich von Mir, als dem ewigen Urgeiste, belehren lassen, und genau befolgen was Ich sage, sowohl durch die stetige Beihilfe im Innern, als Stimme des Gewissens, wie auch durch die Belehrungen mittels Meines (alt- und neugeoffenbarten) Wortes, auf dass auch sie sagen können: „*Alle Dinge sind mir übergeben von meinem Vater*" (Mt. 11,27), oder „all mein Wollen wird von dem Urgeiste als Meinem Vater regiert."

Je mehr ein Mensch sich bemüht dieses zu erlangen, desto klarer wird er auch das Band erkennen, das Mich (als Vater) mit dem Sohne und Heiligen Geiste zu einem Wesen zusammenhält. Und so wird es (das gottselige Geheimnis) dem kindlichen Sinne, der sich der Beeinflussung des inneren Geistes unterwirft, viel fassbarer sein, als demjenigen, welcher seinen Willen durch sich selbst oder durch seinen Verstand ordnet, der doch nur mehr durch die äußeren Sinne beeindruckt ist; denn solch ein Mensch wird noch lange nicht Mein Wesen begreifen lernen; weil Göttliches nur wiederum durch göttliches Wollen erreicht werden kann! Amen!

386. Im Anfang war das Wort

9. März 1884

„*Im Anfang war das Wort, und das Wort war bei Gott, und Gott war das Wort, dasselbe war im Anfang bei Gott. Alle Dinge sind durch dasselbe gemacht, und ohne dasselbe ist nichts gemacht, was gemacht ist. In Ihm war das Leben, und das Leben war das Licht der Menschen, und das Licht scheinet in der Finsternis, aber die Finsternis hat's nicht begriffen.*" (Joh. 1,1-5)

Liebe Kinder! Obgleich in eurem Bibelbuche vieles durch die Menschen weggelassen worden ist, was Ich in Meinem Erdenleben lehrte und predigte, so geschah dieses doch unter Meiner Zulassung, und durfte deshalb mancher Vers und mancher Akt, welcher die Gelehrten, vielmehr solche, welche mit Gewalt die Herrschaft über ihre Mitbrüder sich aneigneten, ärgerte, (weil sie dieselben nicht dienlich für ihre Zwecke fanden), dennoch nicht weggelassen werden, so dass Mein ganzes Wesen in der Bibel dargelegt ist; nur ist es nicht so klar zu verstehen, weil dort der Zusammenhang der Worte (oft) fehlt, und es daher dann nicht gleich ganz klar ist, auf was sich solche Worte bei einer Frage und Antwort beziehen.

Bei Meinen Jüngern und bei den ersten Christen wurde manches denselben noch mündlich übertragen, und erschien so von den Evangelisten ganz gewissenhaft geordnet, durch den Beistand des Heiligen Geistes, welcher das Lehramt unter sich hat, und somit durfte nichts um der Wahrheit willen dazu gemacht, wohl aber weggelassen werden, welches jedoch allen Seelen, welche zu Mir um Wahrheit kommen, durch den Heiligen Geist gegeben wird.

Der Glaube, dass Ich bei den Menschen in ihrem Herzen Wohnung nehme, wenn sie nach Mir verlangen, ist vielen eine Torheit, sie können es nicht begreifen; dagegen solche, welche noch auf die Stimme hören, welche sie im Innern belehren solle, werden Ursache haben, die Gnade zu rühmen, die sich herrlich an Ihnen bezeugt, und diese können auch unsere heutigen Losungsworte auf sich anwenden, wo es heißt: *„Im Anfang war das Wort, und das Wort war bei Gott."* (Joh. 1,1)

Es ist in diesen Worten die Erschaffung des geistigen Menschen angezeigt, der durch das Wort aufmerksam gemacht wird, oder durch Gott Selbst, weil nur durch Gott alles erzeugt werden kann, und somit auch die Wiedergeburt ein Werk der Gnade ist; gleich wie auch alle Dinge nur durch Gott gemacht sind und bestehen können. Von Ihm allein geht sowohl das kreatürliche als das geistige Leben aus, und weil deshalb das Leben ewig und göttlich ist, so ist es auch als ein geistiges Licht den Menschen gegeben, auf dass sie ihre Abkunft, ihr Sein und Wesen erkennen sollen, welches nach dem Ebenbilde Meines Ichs ausgestattet ist.

Darum beziehen sich diese Worte nicht auf die Erschaffung der Erde und Meines Wesens, sondern sie sind den Menschen gegeben, damit dieselben herausfinden sollen, auf welche Weise ihr geistiges Leben den Anfang machen soll, um die Neu-Erschaffung oder Wiedergeburt zu erlangen. Nur so bergen diese Worte Segen für Meine Kinder und sind denselben fassbar!

Daher heißt es: den Weltklugen bleibt dieses Geheimnis dunkel, „die Finsternis hat's nicht begriffen", aber die einfältigen und redlichen Herzens sind, werden Meine Stimme hören (in sich) und erkennen als die Stimme eines göttlichen Vaters, und ferner *„wie viele Ihn aber aufnahmen, denen gab Er Macht Gottes Kinder zu werden."* (Joh. 1,12)

Alle, welche diesen Glauben haben, dass Ich Selbst Wohnung bei ihnen nehme, werden zur Vollendung als Kinder von Mir gelangen! Amen!

387. Zeitentsprechung vom Leiden Christi

16. März 1884

„Denn in diesen Tagen werden solche Trübsale sein, wie sie nie gewesen sind bisher, von Anfang der Kreaturen, die Gott geschaffen hat, und wie auch nicht werden wird. Und so der Herr diese Tage nicht verkürzt hätte, würde kein Mensch selig; aber um der Auserwählten willen, die Er erwählt hat, hat er diese Tage verkürzt." (Mk. 13,19-20)

Liebe Kinder! Es ist nötig, euch immer wieder darauf aufmerksam zu machen, dass die Worte, welche Ich zu Meinen Jüngern sagte über die Zeit, in welcher Mein Leiden und Sterben sich abermals geistig wiederholt, jetzt in Erfüllung gehen, und teilweise sich schon in dieser eurer Gegenwart erfüllt haben.

Wenn ihr auf dem Religions- und Glaubensgebiete umherblickt und prüft, welche Stellung Ich bei der Mehrzahl der Christen einnehme, so werdet ihr erkennen, wie tief Meine Liebe sich gekränkt fühlt, da sie so verkannt, missbraucht, verachtet, zurückgestoßen ist, und wie Mein Gegner durch List und Gewalt sich auf den Thron setzt, um zu regieren und alles zu zerstören, was durch Meine Liebe bewirkt wurde. Ja, er hat schon an vielen Herzen den Sieg erreicht, dass sie Mich gänzlich verleugnen und somit ins Grab legen, oder in Vergessenheit zu bringen suchen.

Wie viele Christusleugner gibt es heutzutage unter euch, und weil dieselben sehr herrschsüchtig und prahlerisch sind, so verführen sie täglich von denen, die in kindlichem Sinne nach Wahrheit und Licht trachten.

Darum ist es so nötig, dass Ich durch den Geist der Wahrheit immer aufs Neue euch Aufschluss über Mein Wesen gebe, das da lebte und wirkte durch Christus, und Sich gründlich offenbarte in damaliger Zeit. Aber leider wurde durch Menschen, welche mehr dem Materiellen als dem Geistigen huldigten, diese Offenbarung entstellt, auf eine Weise, dass dieselbe für materielle Interessen mehr ausgebeutet werden konnte, wodurch der geistige Segen infolge der entstandenen Gottlosigkeit nicht mehr geachtet und also auch nicht mehr verlangt wird.

Nur wenige sind es, die noch Sehnsucht nach Mir und nach Erleuchtung von Mir in sich tragen; aber diese wenigen will Ich jetzt auf tausendfache Art segnen, dass sie aufkeimen und

Früchte tragen, welche wiederum zur Saat dienen sollen, um eine reiche Ernte für Mich zu erzielen. Ja, Ich will Mich derer annehmen, die zu Mir halten, auf dass sie zeugen von Mir, in Meinem Namen hinausgehen und einladen an Meinen Tisch und zu Meinem Mahle, das Ich mit ihnen und unter ihnen halten will. Denn Ich will Mich erquicken an ihrer Liebe und Treue zu Mir, und will ihre Arbeit segnen, die, wenn sie gleich oft schwer ist, doch mit reichlichem Erfolge gekrönt werden soll.

O Meine Kinder! Ihr wisset noch lange nicht, wie nötig Ich eure Beihilfe habe, weil ihr eben Meinen Heilsplan noch lange nicht völlig begreifen könnt, wie derselbe mit Meiner göttlichen Ordnung und Liebe zusammenhängt; denn auch ihr selbst seid durch den Zeitgeist so angesteckt, dass ihr noch zu materiell seid, um Geistiges mehr fassen zu können. Daher muss Ich in Meinen Mitteilungen Mich ganz nach eurer Fassungskraft richten, und langsamen Schrittes euch weiterführen.

Doch sorget nicht um dieses, sondern vielmehr, dass ihr Mich immer mehr liebet und Mir treu bleibet, damit Ich Meine Liebe und Meine Macht an euch allen beweisen kann, als euer Vater.

388. Wer aufnimmt, den Ich sende, der nimmt Mich auf

23. März 1884

„Wahrlich, wahrlich, Ich sage euch: Wer aufnimmt, so Ich jemand senden werde, der nimmt Mich auf; wer aber Mich aufnimmt, der nimmt den auf, der Mich gesandt hat." (Joh. 13,20)

Liebe Kinder! Ich will heute diese Worte euch geben, weil sie für den Verstand einen starken Wiederspruch enthalten, und deshalb ihr dieselben wiederum nicht wohl erfassen könnt, ohne Beihilfe Meines Geistes, weil sie einen Doppelsinn haben, für das äußere und fürs geistige Leben.

Für das äußere Leben ist unter der Aufnahme verstanden: Wer einem Lehrer oder Apostel von Mir, oder einem geistigen Bruder, oder einem armen Mitmenschen Gutes, und also demselben um Meinetwillen Liebe erweist, der wird von Mir gesegnet werden, als hätte er diese Liebe Mir Selbst erwiesen.

Und weil Ich als Jesus damals zu Meinen Jüngern noch also reden musste, wie sie eben einen Begriff von Mir hatten, so musste Ich sagen: „Wer Mich aufnimmt, der nimmt Den auf, Der Mich gesandt hat."

Würde Ich ihnen den Glauben abverlangt haben, Mich als den alleinigen Gott zu erkennen, von Welchem sie, zufolge ihrer angelernten mosaischen Lehre, einen gar hohen und erhabenen Begriff hatten, so hätten sie so manches an Mir gefunden, das ihnen gar zu niedrig für ihren Jehova vorgekommen wäre, und hätten Anstoß an Meiner Person genommen.

Auf der andern Seite sahen sie in Meiner Umgebung so viele Wunder, dass sie bekennen mussten, solche seien nur Gott allein möglich. Sie bildeten deshalb durch den „Sohn" eine Brücke zu Mir, auf welcher sie erst nach Meinem Tode vollends zu Mir geführt wurden, so dass Ich dann von Ihnen als Vater und Gott in Jesu geglaubt wurde (1. Joh. 2,23; Röm. 9,5; Kol. 2,8-9; Joh. 14,9-11)

Nun aber will Ich Meinen Kindern den geistigen Sinn dieser Worte noch erklären, welcher sich mehr auf die Jetztzeit bezieht, obgleich solches auch zu jeder Zeit angewendet werden konnte.

„Wer aufnimmt, so Ich jemand senden werde" bedeutet hier, wer auf seine unsichtbaren Freunde aufmerkt, wenn dieselben ihn zu beeinflussen suchen, wie es ihnen durch Meine Gnade gelehrt wird, der nimmt Mich auf, weil dieselben ihre Worte nur aus Mir Selbst nehmen, und also in göttlicher Liebe für Mich zu wirken suchen.

Darum sagte Ich: Wer jemand von Mir Ausgehendem, also einem guten Geiste, Gehör schenkt, der nimmt Mich und den Vater auf, weil wir Eines sind.

Und weil Ich heutzutage abermals von vielen, hauptsächlich von den Leitern der Herzen zu hoch hinaufgestellt bin, weit über die Stellung eines wahren Vaters, Der in herablassender Liebe und Demut mit seinen Kindern verkehrt, und weil Ich mehr als Richter und allmächtiger König hingestellt werde, so schicke Ich nun Meine jenseitigen Diener als Vermittler zu den Menschen, damit sie durch dieselben zu Mir geleitet werden, und Mich in kindlicher Liebe ersehnen, erfassen und aufnehmen; nicht aber in banger Furcht, im Gefühle ihrer Schwachheit.

Dieses geschieht nun auch in eurem Kreise, indem Ich mit jedem von euch verkehre.

Ehe aber eine Seele zu diesem Glauben kommt, dass Ich Selbst mit ihr verkehre, braucht es längere Zeit und Vorübungen, welche der Fürst der Finsternis mit großer List zu benützen weiß, und wobei Diener der Lüge sich einstellen, um Ärger und Irrtum zu verbreiten, was aber nur so lange möglich ist, bis die Seele entschieden im Vertrauen auf Meinen Beistand, diese Einflüsterungen zurückweist, und dann in Meinem Namen fortmacht. Darum kommen dann in solchen Kundgaben keine Widersprüche des Falschen mehr, wohl aber oft solche vor, die geistige Entsprechungen in sich bergen, und deshalb nicht gleich ganz begriffen werden.

Wenn deshalb ein (Mir ergebenes) Medium sich gedrängt fühlt, Schreibversuche zu machen, so geschieht es meist zuerst mit bekannten guten Geistern, weil dasselbe sich noch für zu unwürdig hält, sogleich mit Mir in Verkehr zu treten, und da frage Ich euch nun: Wäre es Mir wohl möglich, je mit euch, sei es innerlich oder schriftlich zu verkehren, wenn Ich euer Würdigsein abwarten wollte?

Sehet da seid ihr noch zu sehr mit dem angelernten Glauben behaftet, anstatt dass ihr euch ganz auf Meine Gnade und Liebe verlasset, welche euch stets wieder zuruft: *„Meine Kraft ist in den Schwachen mächtig!"* (2. Kor. 12,9)

Darum werdet stark im Vertrauen und in der Liebe zu Mir! Auf dass ihr Meine Hirtenstimme erkennt, die euch lehren will Meine Schafe zu weiden. Wie Ich einstens Petrus fragte: *„Hast du Mich lieb, so weide Meine Lämmer"* (Joh. 21,17). Also rufe Ich auch euch nun zu: „Habt Ihr Mich lieb, so weidet Meine Schafe", wie Ich Selbst es euch lehren will! Amen.

389. Gehorsam aus Liebe, Demut und Vertrauen

30. März 1884

„Fahre auf die Höhe! Und werfet eure Netze aus, dass ihr einen Zug tuet. Und Simon antwortete und sprach zu Ihm: Meister, wir haben die ganze Nacht gearbeitet und nichts gefangen; aber auf Dein Wort will ich das Netz auswerfen. Und da sie das taten, beschlossen sie eine große Menge Fische, und ihr Netz zerriss." (Lk. 5,4-8)

Liebe Kinder! Auch zu euch sage Ich abermals: Fahret auf die Höhe – des Glaubens und der Liebe! Dann werfet eure Netze aus, um Seelen für Mich zu fangen, und wenn euch da große Hindernisse entgegentreten, und ihr keinen Erfolg sehet von eurer Mühe und Arbeit, und euch die Seelen statt mit Liebe sogar mit Hass vergelten, so sprechet mit Simon: „Meister, wir haben die ganze Nacht gearbeitet und Nichts gefangen; aber auf Dein Wort will ich das Netz auswerfen."

Ihr sehet, wie nötig es ist, dass ihr im Glauben an Meine Worte feststehet; denn nur diese geben euch noch Mut, wenn alles um euch her einer Arbeit in der Nacht gleicht, die da keinen Erfolg zeigt. Meine Jünger hatten zu dieser Zeit, als sie im Vertrauen auf Mich das Netz auswarfen, noch wenig Aufschluss über Meine Person; aber sie liebten Mich, welche Liebe Ich ihnen durch Meinen Umgang mit denselben beibrachte. Es war deshalb ihr Gehorsam gegen Mich mehr aus der Liebe hervorgegangen, als aus dem Glauben an Meine Macht, und darum wurde ihre Arbeit so reichlich gesegnet, und sie würdig gemacht in Meine Nachfolge einzutreten; denn jetzt erst erkannte Mich Petrus auch in Meiner Macht, nachdem er den Erfolg seines Gehorsams durch die Menge der Fische sah, welche er im Netze hatte, und seine eigene Schwachheit wurde ihm durch Meinen Geist aufgedeckt. Ich verhalf ihm zur wahren Demut. „Petrus fiel auf seine Knie und sprach: *„Herr gehe von mir hinaus, denn ich bin ein sündiger Mensch."* (Lk.5,8)

Ihr sehet hierin, welche Wirkung Mein Segen auf Petrus machte; er wurde nicht übermütig beim Gelingen seiner Arbeit, sondern nahm den Erfolg ganz als Mein Werk an. Es kam sie alle ein Schrecken an; denn diese unerwartete Ernte wirkte so sehr auf ihr Herz, dass sie ihre Mühe dabei gar nicht achteten, sondern nur Mir allein alle Liebe und allen Dank mit demütigem Herzen darbrachten, und dieser Zustand ihres Innern Mir gegenüber würdigte sie, dass Ich zu ihnen sagte:

„Fürchte dich nicht, denn von nun an wirst du Menschen fangen; und sie führten das Schiff ans Land, verließen alles, und folgten Mir nach." (Lk. 5,10)

So ist auch in diesem Akte euch gezeigt, welchen Standpunkt ihr anstreben müsset, um euch immer tüchtiger für Meinen

Dienst zu machen, wahres Vertrauen zu Mir, unermüdetes Fortarbeiten aus Liebe zu Mir, und bei dem Segen, der damit verbunden ist, die wahre Demut bewahren.

Also werdet auch ihr eure Netze nicht vergeblich auswerfen, wenn Ich euch den Auftrag gebe, es zu tun. Auch Petrus konnte sagen: „*Meister! Ich habe die ganze Nacht gearbeitet und nichts gefangen*", und so hätte er Ursache gehabt mutlos zu werden. Doch er sagte: „*Aber auf Dein Wort will ich das Netz auswerfen.*" O sprechet auch ihr in euren Herzen diese Worte mit wahrer Glaubenszuversicht, damit Ich eure Netze füllen kann! Amen! Euer Vater Jesus.

390. Von der Fußwaschung

(Joh.13)   Palmsonntag, den 6. April 1884

Liebe Kinder! Vor dem Osterfeste war es, als Ich Meinen Jüngern durch die Tat der Fußwaschung noch einen Beweis von Meiner Liebe und engverbrüderten Verbindung mit ihnen geben wollte. Denn das Fußwaschen war sonst die Arbeit eines Dieners im Haufe, und darum wollte Ich damit sagen, dass Ich auf die Erde gekommen sei, um zu dienen, und sie zu reinigen von all ihrem Unflat, auch wenn dieses durch die tiefste Erniedrigung für Mich geschehen sollte.

Ihr sehet an dieser Handlung, wie der Glaube an einen hocherhabenen, majestätischen König- und Richter-Gott so gar nicht mit der Fußwaschung stimmen will; denn es ist den Lehrern eines unzugänglichen Gottes unbequem, die tiefe Liebe Gottes in diesem Akte herauszufinden.

Darum auch Petrus, welcher immer als dem Glauben entsprechend redete, sprach: „*Herr, solltest Du mir die Füße waschen?*" (Joh. 13,6) Er wollte damit andeuten, dass diese Herablassung eine Entwürdigung Meines Wesens sei; denn teilweise war diese seine Äußerung einem Herzen entsprochen, welches mit Ehrfurcht und Achtung gegen Mich erfüllt war; darum Ich ihm auch erwiderte:

„*Werde Ich dich nicht waschen, so hast du keinen Teil an Mir!*" (Joh. 13,8) Ich musste ihn von den ihm noch anklebenden Vorurteilen, welche er in mancher Beziehung noch gegen Mich hatte, reinigen, und ihn Meine herablassende tiefe Liebe fühlen lassen, damit er sich inniger an Mich anschließen konnte, weil nur die Liebe dieses Band zwischen Mir und den Menschen beseitigen kann, und alle Meine anderen Eigenschaften für den Menschen zu unnahbar sind. Dieser Hauptpunkt Meiner Lehre ist aber leider in der Jetztzeit ganz verdunkelt, und kann nicht mehr begriffen werden, dass Ich in Meiner herablassenden Liebe nun abermals Mich erniedrige, um Meinen Kindern die Füße zu waschen, durch das Wasser der Wahrheit, welches Ich direkte zu denselben bringe, um sie zu reinigen, (von ihren irrtümlichen Ansichten). (Joh. 17,17)

Es wird dieser trauliche Verkehr Meines Vaterherzens mit Meinen Kindern, welche Mich suchen und die Meine Stimme erkennen, in dem, was innerlich in ihnen vorgeht, nur von gar wenigen anerkannt; denn da heißt es, hauptsächlich vonseiten der Gelehrten der Kirche, mit Hohn und Spott – „Gott ist viel zu ehrwürdig, zu erhaben und anbetungswürdig, als dass Er sich mit einzelnen Menschen auf diese Weise abgäbe."

Ich möchte solche fragen, was sie überhaupt von ihrem Gott halten? Nach ihrer Ansicht müsste Ich es ihrem Stolz und Eigendünkel noch weit zuvortun, um hoch über sie hinaufgestellt werden zu können. Wo aber bliebe da Meine Lehre und Mein Beispiel in Meinem Erscheinen auf Erden, als eine Wahrheit, welche stets und überall das Symbol der Demut und Liebe an sich trägt!

Entweder können sie Mich als Jesus gar nicht brauchen, oder sie müssen zugeben, dass Ich von Ewigkeit her immer derselbe bin, Welchen die Liebe stets drängt, Sich mit Seinen Menschenkindern zu vereinen, welches Drängen nie aufhören wird, so lange es Menschen gibt. Daher auch dieser Verkehr zwischen Mir und den Menschen stets bei Einzelnen stattfindet, nicht nach außen und für den Verstand fassbar; denn ein solcher erkennt das Wirken des Heiligen Geistes in ihm, welcher da aufdeckt, wie alles Gnade ist, was in ihm und um ihn vorgeht, um ihn dadurch tüchtig zu machen zu einer immer innigeren Verbindung mit Mir.

Diese innere Fußwaschung, welche Ich Selbst übernehme, ist es, gegen welche so viele sich sträuben, meinend, dass Ich dazu zu groß, zu erhaben und zu unnahbar sei? So lange aber dieser Glaube nicht beseitigt wird, gilt das von Mir an Petrus gerichtete

Wort: „*Werde Ich dich nicht waschen, so hast du keinen Teil an Mir!*" (Joh. 13,8)

So bin Ich abermals bereit, Meine Kinder mit dem reinen Wahrheitswasser zu bedienen, auf dass sie ihren Lebenswandel reinigen von allem, was nicht mit Meiner göttlichen Liebe übereinstimmt, auf dass wir immer mehr vereint werden! Amen! Euer Vater Jesus.

391. Mich dürstet

(Joh. 19,28)   Karfreitag, den 11. April 1884

Liebe Kinder! „*Mich dürstet!*" sind Worte, die Ich einst am Kreuze aussprach, nachdem das Blut in Strömen über Meinen Leib geflossen und der Tod nicht mehr ferne war.

Es ist dieses Blut eine Entsprechung Meiner Liebe; weil Liebe und Leben nicht ganz getrennt werden können, so floss mit dem Blute auch Mein Leben und Meine Liebe für die Menschen. Aber weil Mir von denselben keine Gegenliebe geboten wurde, sondern vielmehr Hass, so musste Ich verschmachten; denn es war für Mein liebendes Herz gar schwer, trotz der großen Aufopferung und der vielen unsäglichen Schmerzen, sogar von solchen noch verachtet und verspottet zu werden, welchen Ich noch kurze Zeit vorher so viel Liebe und Wohltaten persönlich erwiesen hatte, denn unter der Rotte Meiner Feinde befanden sich viele, welche Ich zuvor von schweren Leiden und Krankheiten geheilt hatte.

„*Mich dürstet!*" Es ist der Durst ein großer Schmerz, ein tiefes Empfinden, dass etwas mangelt, die Entbehrung einer belebenden Erfrischung. Dieser Durst stellte sich bei Mir vielmehr in geistigem Sinne ein, denn als ein Bedürfnis für Meinen schmachtenden Leib. Aber Meine Umgebung verstand diese Worte bloß dem äußerlichen Sinne nach, und brachte Mir Essig und Myrrhen, gleichfalls eine Entsprechung ihrer Herzen, die voll Hass und Bitterkeit waren; doch Ich nahm dieses Anerbieten nicht an.

So geht es auch heutzutage! Nur hat, weil Ich persönlich sichtbar nicht mehr unter den Menschen weile, nun der äußere Sinn dieser Worte aufgehört; aber leider umso mehr kann der geistige Sinn angewendet werden; denn „*Mich dürstet.*"

Auch jetzt wieder suche Ich bei Meinen Menschen Gegenliebe. Aber Ich finde sie nicht, sie lassen Mich verschmachten in Meiner Liebeglut, und wenn es hoch kommt, so bieten sie Mir Essig und Myrrhen, oder statt Liebe, mit welcher sie Mich erfreuen und erquicken könnten, bringen dieselben eine falsche Bekehrung Mir dar, die in Zeremonien und Heuchelei besteht, und solche welche bereit sind, Mir im Geiste der Wahrheit zu dienen, da sie die Liebe zu Mir dazu antreibt, werden verfolgt und statt Meiner nun geschmäht.

Es ist somit nun in geistiger Entsprechung die Zeit da, wo Ich abermals ausrufe: „*Mich dürstet!*" Darum, Meine lieben Kinder, sorget ihr Mir für eine Erfrischung, damit Meine Liebe nicht vergebens an euch gearbeitet hat, und bringet Mir in eurer Gegenliebe euer ganzes Herz. So wollen wir diesen Gedenktag an Meinen Leibestod in inniger Verbindung miteinander feiern, indem ihr suchet in Brot und Wein Meines Fleisches und Blutes teilhaftig zu werden. Ja, nehmt die göttliche Liebe, die da stets fließet für euch, in euch auf, auf dass sie als Rechtspfand für Erlangung der Gelegenheit einst von euch vorgewiesen werden kann, wenn ihr dieselbe rein und lauter zu erhalten euch bemüht habt, und euer Aufnahmegefäß, euer Herz, nicht mit Unrat beschwert ist, wie ein Gefäß der Unehre, sondern als ein Gefäß, in dem Mein Blut oder Meine Liebe Eingang gefunden hat. In diesem Sinne nehmt hin den Kelch und das Brot, die Ich euch schon längst gesegnet habe als euer Vater!

392. Die Liebe ist der Eckstein und die ewige Grundlage des geistigen Lebens

Ostertag, den 13. April 1884

„*Und sie nahmen ihn und stießen ihn zum Weinberge hinaus und töteten ihn. Wenn nun der Herr des Weinberges kommen wird, was wird er diesen Weingärtnern tun?!*" (Mt. 21,39-40)

Liebe Kinder! Diese Frage sollte in dieser Zeit manch redlich denkende Seele beschäftigen; denn es sind der ungetreuen Arbeiter in Meinem Weinberge viele, welche Mich hinausstoßen aus Meinem Reiche der Liebe und Mich töten wollen, oder Mich als einen unzugänglichen Gott erklären, also als ob Mein Wesen ohne Liebe wäre, während doch die Liebe Mein ganzes Leben ausmacht.

Auch diese Arbeiter würden Mir antworten: „Er wird die Bösewichter übel umbringen, und Seinen Weinberge anderen Weinberggärtnern austun, die Ihm die Früchte zu rechter Zeit geben."

Denn eben solch ungerechte Knechte, die aller Liebe los sind, beurteilen Mich nach ihrem Wesen, als einen strengen Richter, und Ich habe deshalb stets wieder Arbeiter berufen, die nach Meinem Sinne Meinen Weinberg in Meiner Liebe zu bauen suchen: allein dieselben werden stets verfolgt von solchen Pharisäern von Lehrern, welche dabei noch in dem Irrtume leben, als ob Ich Mich rächen würde nach menschlicher Weise für solche Empörung gegen Mich.

Jesus sprach zu ihnen: „*Der Stein, den die Bauleute verworfen haben, der ist zum Eckstein geworden.*" (Mt. 21,42) Gleichwie ein Eckstein die Grundlage eines Hauses bildet und am meisten Festigkeit besitzt, den Bau zusammenzuhalten, damit derselbe ein Ganzes ausmache; eben also ist's die Liebe, welche nicht fehlen darf bei dem Glaubensgebäude; denn ohne sie würde dasselbe zerfallen zu einer Ruine. Sie muss also die Grundlage bilden, und sehet, darum ist auch die Jetztzeit ein Grablegen derselben, weil sie nicht mehr so geglaubt und betätigt wird, wie es nötig ist, um Mich mit den Menschen wieder in nähere und engere Verbindung zu bringen; was aber geschehen muss; denn ein Auferstehungsfest Meiner Liebe muss anbrechen, wie auch in den Worten: „Der Stein, den die Bauleute verworfen haben, ist zum Eckstein geworden", eine tiefe Verheißung liegt.

Die Liebe muss wieder auferstehen, sie wird von Meinen wahren Kindern zuerst (und zwar geistig) erschaut werden; auch werden sie es erfahren und erkennen, dass Ich nur durch die wahre Liebe Mich ihnen nähern kann; aber sie werden auch Meine Nähe glauben und fühlen.

Sehet, dies ist auch für euch ein freudiger Ostermorgen, wenn ihr im Glauben so weit gekommen seid, dass ihr nicht mehr an Meiner herablassenden Liebe zweifelt; und wenn ihr so an Mein Grab geht und darum trauert, dass Ich nun unter den meinigen nicht mehr wirken kann, als Derjenige, welcher Ich in Meinem Urwesen bin, nämlich die ewige Liebe und euer Vater, so sind auch für euch die Engel bereit, euch die „frohe Botschaft" zuzuflüstern: *„Wen suchet ihr? - Er ist auferstanden, Den ihr suchet!"* (Mt. 28,5-6) Denn eure Liebe hat dann das Grab geöffnet, und so ist es Mir möglich geworden, Mich als den Lebendigen in euch zu beweisen. Amen!

393. Eines fehlt dir!

20. April 1884

„Und da Er hinausgegangen war auf den Weg, lief einer vorne vor, kniete vor Ihn und fragte Ihn: ‚Guter Meister, was soll ich tun, dass ich das ewige Leben ererbe?'" (Mk. 10,17)

Liebe Kinder! Dieser Akt, wo eine Seele durch irgendein Vorkommnis, sei es eine Predigt oder sonst ein Fall mehr angeregt wird, sich an Mich zu wenden, mit der Frage: Was soll ich tun, dass ich selig werde?, findet bei vielen Seelen statt. Es kommt solches von Meinem starken Anklopfen her; denn sie hören Meine Stimme und sind willens derselben zu folgen: aber lieber durch Verehrung, als durch Liebe, welche sich tätig beweisen soll.

Ich sah den inneren Zustand dieses Mannes, welcher von Mir ein Lob zu erhalten hoffte über seinen bisherigen, vor den Menschen strengen Lebenswandel; denn er liebte das Gesetz und hielt es; darum sah Ich denselben auch an und liebte ihn mit den Worten: „Eines fehlt dir!"

Und so muss Ich gar vielen suchenden Seelen sagen: *„Eines fehlt dir!"* Es ist die tätige Liebe, wie sie in diesen Versen beschrieben ist, und das Vertrauen zu Mir, dass wer in Meine Nachfolge mit voller Verleugnung seiner selbst eintritt, dennoch – sowohl äußerlich als geistig keinen Mangel leidet.

Obschon viele Seelen es glauben, dass sie geistig dabei gewinnen, wenn sie sich auf Mich verlassen, so ist doch die Selbstsorge im Äußeren so tief bei denselben eingewurzelt, dass sie stets ihre Opfer auf Meinen Liebesaltar mehr mit dem Verstande als mit dem Herzen geben.

Sehet, solches war auch bei diesem Jünglinge der Fall; er nahm Ärgernis an diesen Worten, weil sein Vertrauen noch zu schwach war; ebenso war auch für Meine übrigen Jünger diese Probe des Vertrauens vor ihren Augen zu groß, *„sie entsetzten* *sich aber noch viel mehr, und sprachen untereinander: Wer kann dann selig werden?"* (Mk. 10,26) Und Ich antwortete: „Solche, die ihre ganze Kraft aus Meiner Hand nehmen."

Leider gibt es aber gar wenige Seelen, welche so fest im Glauben stehen, dass auch diese Meine Worte der Verheißung (Mk. 10,29–30) sie tüchtig machen, im Fall es nottut, ihre ganze zeitliche Habe aus Liebe zu Mir aufzuopfern.

Obgleich Ich Mich an den wenigen, die es um Meinetwillen schon getan haben, als einen starken, reichen und allmächtigen Gott beweise, wie die Geschichte ausweist, dass Ich alle Unternehmungen im Glauben an Meine Durchhilfe reichlich segne, so schleicht sich doch bei allen Unternehmungen auch viel Schwäche ein.

Die Triebfeder dazu oder die völlige Übergabe an Mich bewirkt allein den rechten Segen. Hat eine unbedingte Übergabe stattgefunden, so gehört das Herz Mir oder der freie Wille, und dann wird derselbe von Mir also geleitet, dass der Verstand schweigt, wenn es gilt im Glauben und Vertrauen zu handeln.

So leset dieses Kapitel als eine wahre Antwort auf die Frage: *„Guter Meister, was soll ich tun, dass ich das ewige Leben ererbe?"* Amen. Euer Vater!

394. Wisset ihr nicht, welches Geistes Kinder ihr seid!

27. April 1884

„Und sie nahmen Ihn daselbst nicht an; darum, dass Er Sein Angesicht gewendet hatte zu wandeln gen Jerusalem. Da aber das Seine Jünger Jakobus und Johannes sahen, sprachen sie: Herr, willst Du, so wollen wir sagen, dass Feuer von Himmel falle und verzehre sie, wie Elias tat? Jesus aber wandte Sich, bedrohte sie und sprach: Wisset ihr nicht, welches Geistes Kinder ihr seid!" (Lk. 9.53–55)

Liebe Kinder! Auch diese Worte, welche Ich euch heute zur Betrachtung gebe, sind besonders für die Jetztzeit geeignet, und bezeichnen den Zustand der Mehrzahl der heutigen Christen; hauptsächlich derer, die in ihrem Eigendünkel sich für besser halten, als andere, und darum der Meinung sind, als ob ihr Gott und Vater Seine unendliche Liebe bloß ihnen zufließen lasse; Seine übrigen Kinder aber nicht besuche!

Gegen eine solche Annahme empört sich die wahre Liebe, welche erkennt, dass Ich allen Menschen mit gleicher Liebe nachgehe; aber auch diese Johannesjünger sind in ihrem Eifer für Mich noch nicht rein genug, ihre Liebe ist noch zu wenig vergöttlicht, und sie möchten ihre Überzeugung ihren Mitmenschen mehr mit Gewalt und mit Wundern beibringen, statt durch Geduld und Sanftmut: „Herr, willst Du, so wollen wir sagen, dass Feuer vom Himmel falle und verzehre sie?"

Diese Richtung hat die Mehrzahl Meiner Jünger, weil sie versäumen, durch die Macht der Liebe den Menschen die Wahrheit beizubringen. Darum geht es so langsam mit der Ausbreitung der Wahrheit, die Meinem Kommen Bahn bricht; denn auch unter Meinen Nachfolgern und Verehrern herrscht eine zu große Meinungsverschiedenheit. Da ist überall gegenseitige Eifersucht um Mich, jede Partei will Mir am nächsten stehen, während sie durch solche Eifersucht es selbst verhindern, dass Ich völlig bei ihnen einkehren kann! –

Darum, liebe Kinder, wenn euch ebenfalls ein liebloses Urteil gegen eure Mitchristen anwandelt, so bedenket, wessen Geistes Kinder ihr sein, und statt zu Mir zu kommen, um dieselben zu bedrohen, bittet für sie, in der wahren göttlichen Liebe, um mehr Erleuchtung. Nur so ist es möglich, immer mehr Meine Schafe zu sammeln unter einem Hirten, oder vielmehr unter einem Hirtenstabe, der sie leitet, und dieser sanfte Stab ist Meine Liebe, welche ihr immer mehr erkennen dürft, indem sie euch fassbar gemacht wird in Meinen Worten der Wahrheit, die euch immer wieder zukommen, auf dass ihr diese Liebe auch in solchen Fällen herausfinden könnt, die anscheinend mehr als strafende Gerechtigkeit dem Verstande vorkommen, damit eure Verbindung mit Mir nicht durch Klagen gehindert, sondern durch Dank befördert wird.

Somit liegen auch in diesem Akte nicht nur für die Gesamtheit, sondern für jede einzelne Seele segensreiche Entsprechungen verborgen. Tuet darnach, so werdet ihr leben! Amen! Euer Vater Jesus.

395. Bittet – aber bittet recht – so wird euch gegeben

3. Mai 1884

„Bitter, so wird euch gegeben! Suchet, so werdet ihr finden! klopfet an, so wird euch aufgetan! Denn wer da bittet, der nimmt, und wer da suchet, der findet, und wer da anklopft, dem wird aufgetan!" (Lk. 11,9-10)

Liebe Kinder! Diese Worte sprach Ich zu Meinen Jüngern, nachdem sie Mich vorher gebeten hatten, sie beten zu lehren. Wenn ihr diese Worte nun leset, so werdet ihr herausfinden, dass die Gebetserhörung, welche Ich verheißen habe, sich auf geistige Dinge bezieht; denn wo das Verlangen nach solchen in einer Seele ist, und diese sich deshalb im Vertrauen an Mich wendet, so ist ihr die Gewährung der Bitte zum Voraus zugesagt.

Darum seid auch ihr unverzagt im Bitten, und seid überzeugt, dass wenn dasselbe auch noch so oft an Mich geschieht, es euch doch jedes Mal Segen bringt, wie es im Gleichnisse heißt: „Ich sage euch, und ob er nicht aufsteht und gibt ihm darum, dass er sein Freund ist, so wird er doch um seines unverschämten Bettelns willen aufstehen und ihm geben, soviel er bedarf (Lk.11,8); wie viel mehr wird der heilige Vater denen geben, die Ihn bitten; besonders wenn sie um wahre Geistesspeise zu Mir kommen, so will Ich ihnen geben im Überflusse, damit sie nicht allein sich laben und erquicken, sondern auch andern mitteilen können.

Wenn sich eine Seele arm fühlt, so komme sie mit ganzem Vertrauen zu Mir, Ich werde sie reich machen über Bitten und Verstehen, nur muss sie sich gewöhnen an der Gabe sich zu erfreuen, mit welcher Ich sie zu ewiger Freude bereichern möchte, und den wahren Wert der geistigen Güter von den weltlichen zu unterscheiden wissen, weil Ich als treuer und weiser Vater keinen Stein gebe, statt wahrem Himmelsbrote, oder Schlangen statt Fische, sondern nur Edles und Wahres zum ewigen Beglücken. Und weil alles Irdische nicht ewig beglücken kann, so gebe Ich geistige Güter, welche aber von den Bittenden auch mit dankbarem Herzen empfangen werden sollen.

Aber eben daher bin Ich so vielen Betern ein unerforschlicher Gott, weil ihre Gebete gleichsam Mir Verhaltensregeln vorschreiben, wie Ich bald da bald dort einschreiten und handeln solle. Denn dieselben erkennen zu wenig, dass Ich geistig mehr Gutes tun will in Fällen, wo Ich äußerlich oft als lieblos gerichtet werde, weil sich die Menschen gar wenig Mühe geben, Meine

Regierungsweise zu erforschen. Würden sie Mir mehr Aufmerksamkeit in diesem Punkte schenken, so könnte es ihnen stündlich mehr klar werden, dass Ich nur Gutes will, auch wenn Ich äußerlich oft Heimsuchungen zulassen muss.

Darum ist es so nötig, dass Meine Kinder Mich und Mein ganzes Wesen immer mehr kennen lernen, damit Ich sie desto mehr segnen kann durch ihre Führungen, welche Ich ihnen angedeihen lasse. Darin liegt in jetziger Zeit der größte Verfall der Menschen, hauptsächlich der Christen, weil sie zu sehr mit einem blinden Glauben zufrieden sind, und sich blinden Leitern anvertrauen; daher auch dem Blinden gleichen, der sich von einem andern Blinden führen lassen will, wo dann beide in die Grube fallen.

Würden die Menschen nach dem wahren Lichte trachten, so kämen sie, wenn auch erst nach lange vergeblichem Suchen, doch endlich zu Mir, und somit zum wahren Lichte. Ehe aber dieses bei einer Seele geschieht, stößt sie sich oft zuvor in der Finsternis an gar viele Steine; bald verwundet sie sich selbst, bald wird sie sonst wie aufgerüttelt aus ihrer Nacht.

Sehet! Also muss die Gnade stets sich Wege bahnen, welche die Menschen gar nicht verstehen, und anstatt Mir dafür zu danken, fluchen viele über Mich! Euer Vater Jesus.

396. Das Himmelreich gleicht einem Netze

Aufgabe der Engel   11. Mai 1884

„Abermals gleicht das Himmelreich einem Netze, das ins Meer geworfen ist, damit man allerlei Gattung fängt. Wenn es aber voll ist, so ziehen sie es heraus an das Ufer, sitzen und lesen die Guten in ein Gefäß zusammen; aber die Faulen werfen sie weg. Also wird es auch am Ende der Welt ergehen. Die Engel werden ausgehen und die Bösen von den Gerechten scheiden." (Mt. 13,47-49)

Liebe Kinder! In diesem Gleichnisse sind die Zustände beschrieben, welche nach Meinem Tode bei Ausbreitung des Evangeliums eintraten und in jeder Zeitperiode unter den Christen stattfinden. Denn es ist nicht möglich nur Seelen zu sammeln, die bloß gut und rein sind, weil die Seelen selbst zuvor erprobt werden müssen, nach ihrem freien Willen zu wählen, was erst stattfinden kann, wenn sie belehrt und vom Heiligen Geiste erleuchtet sind, so wie es eben nach ihrer Bereitwilligkeit tunlich ist.

Gutes und Böses zu unterscheiden, ist jedem Menschen durch das Gewissen leicht möglich; aber Gutes zu wählen und das Böse zu meiden, dazu gehört schon ein Zutun des Menschen, der durch seinen Willen wählen muss. Will er Gutes, so muss er die Mittel ergreifen, die ihm sowohl durchs göttliche Wort, als durch einen inneren Antrieb geboten sind, und welche ihm dann durch Meinen Beistand gesegnet werden, damit es ihm möglich ist, dasselbe auszuführen. Darum aber kann das Böse nicht sogleich ausgeschieden werden, sondern es wird erst durch immerwährend entschiedenes Wollen vonseiten des Menschen nach und nach besiegt

Wenn nun das Himmelreich einem Netze mit guten und faulen Fischen verglichen wird, so heißt solches so viel, als dass bei der Ausbreitung der Wahrheit dieselbe sowohl den Guten als den Bösen angeboten werden muss, und weil nicht alle Menschen sogleich, sondern der eine früher, der andere später sich fürs Gute entscheidet, so muss auch die allgemeine Entscheidung hinausgeschoben werden bis ans Ende der Welt, oder das Böse darf nicht mit einer Gewalt, welche den freien Willen beeinträchtigt, ausgerottet werden, sondern die Engel werden ausgehen und die Bösen von den Guten scheiden.

Es ist dieses Geschäft eine Arbeit der Liebe; darum sind die Engel damit beauftragt oder solche Geister, die in der göttlichen Liebe stehen, und also mit Sanftmut und Geduld das Böse zu überwinden suchen, ansonst sie selbst böse sind, wenn sie die Menschen in ihrem höchsten Gute, d.h. im freien Willen beeinträchtigen würden. Nur durch Überzeugung soll der Mensch das Gute wählen, und darum muss er zuvor Gutes genießen, um für dasselbe angereizt zu werden; deshalb muss die Liebe tätig sein und Gutes wirken, sowohl an sich als an anderen, auf dass ihr die Seelen von selbst zufallen.

Diese Scheidung ist eine geistige und somit eine verborgene, und geht dieselbe täglich und stets vor sich.

Obgleich gute und böse Menschen nebeneinander wohnen und miteinander leben, so findet doch stets ein Wirken und Schaffen vonseiten der unsichtbaren guten Geister statt, um die

Guten und Bösen in der Weise zu scheiden, dass die Seelen dabei gewinnen; darum auch oft so unerklärliche Vorkommnisse im menschlichen Leben eintreten, welche oft von einer Gärung oder Entscheidung zwischen Gutem und Bösem herrühren. Dies von eurem treuen Jesus-Vater.

397. Von der Freude über das Wiedergefundene

(Lk. 15,4-5)   18. Mai 1884

Liebe Kinder! In diesem Gleichnisse ist der Zustand bezeichnet, welchen Meine wahren Kinder einnehmen sollen, wenn sich wiederum eine Seele zu Mir wendet, oder über einen Sünder, der Buße tut. Sie sollen sich freuen mit Mir; aber leider ist es sehr oft der umgekehrte Fall; denn anstatt dass solche wahren Kinder gerne zurücktreten im Vorgenusse Meiner Liebe, was dadurch geschieht, dass wenn ihnen ein solcher Neuling in Meiner Liebe erzählt, welch' wonnige Gefühle ihn beherrschen, wie er diese oder jene Wahrheit so klar erfasst habe, so sind dieselben kritisch, misstrauisch, meinen, dass noch zu viel Eigenliebe in solcher Seele stecke, und anstatt sich mit ihr zu freuen, bemitleiden sie oder tadeln gar solch erste Aufwallung, welche doch erst nach und nach zum wahren Ernste wird.

Es ist auf diese Art schon manche Seele abgeschreckt worden, sich mehr an solche anzuschließen, die schon länger erleuchtet sind. Daher gab Ich auch in diesem Beispiele zu erkennen, dass es sogar im Natürlichen ganz in der Ordnung ist, über etwas Wiedergefundenes sich zu freuen. Wie viel mehr aber soll diese Freude stattfinden, wenn eine Seele zu Mir gezogen und wieder für Mich gefunden wird, weil dadurch Ich und die Seele dabei viel Freude gewinnen. Also sollen auch Meine Kinder sich mit Mir freuen und ihre Freude durch Liebe an solchen Neulingen beweisen. Doch auch schon zu Meinen Jüngern musste Ich sagen: *„Also auch, sage Ich euch, wird Freude sein vor den Engeln Gottes über einen Sünder, der Buße tut.“* (Lk. 15,10)

Es ist aber diese Freude nur bei solchen zu suchen, die in der rein göttlichen Liebe stehen; darum sagte Ich: „Es wird bei den Engeln im Himmel Freude sein“, weil diese den hohen Wert einer bekehrten Seele mehr zu schätzen wissen, als die Menschen.

Wenn nun ihr, Meine lieben Kinder, Gelegenheit habt, eine solche Seele zu finden, o so seid kindlich in eurer Freude, teilet dieselbe mit eurem himmlischen Vater und wisset, dass Er auch euch so angenommen hat, wie ihr eben gekommen sein, und bedenket, dass Er das Werk der Reinigung Selbst übernimmt!

Freuet euch, wenn es auch nur den Anschein hat, als ob eine Seele sich zu Mir wende; denn es ist dadurch schon oft ermöglicht worden, dieselbe festzuhalten.

Haltet euch stets ferne voreilig zu urteilen, denn Ich allein kenne den göttlichen Brenn punkt (im Menschen), wie weit derselbe noch Kraft hat, zur Flamme aufzulodern.

Es kommt immer mehr die Zeit, wo ihr mit Neulingen verkehren sollt; darum richtet euch auch in diesem Punkte nach Meinem Willen! Amen! Euer Vater Jesus.

398. Zur Himmelfahrt Christi

22. Mai 1884

„Jesus antwortete ihnen und sprach: Wahrlich, wahrlich Ich sage euch: Ihr suchet mich nicht darum, dass ihr Zeichen gesehen habt, sondern dass ihr von dem Brot gegessen habt und seid satt geworden." (Joh. 6,26)

Liebe Kinder! Das Volk suchte Mich dort, nachdem Ich auf wunderbare Weise mit so wenig Vorrat so viele gespeist hatte. Es war noch mehr der Trieb des Eigennutzes bei ihnen vorhanden, als die innere Überzeugung von Meiner Göttlichkeit, welcher sie dazu bewog. Darum entwich Ich und ließ Mich nicht finden. Ich sagte ihnen:

„Ihr suchet Mich, nicht darum, dass ihr Zeichen gesehen habt, sondern dass ihr von dem Brot gegessen habt und satt geworden seid!"

Es war eine leidliche Sättigung und Ich musste dieselbe geben, denn der geistige Hunger war nicht groß bei ihnen. Ihre Nachfolge hatte stets einen andern Grund, sie wollten nur Zeichen sehen und die Kranken sollten geheilt werden.

Es sind diese Beweggründe zwar erlaubt, denn auch heutzutage noch suchen Mich die meisten aus äußerem Interesse, bald soll Ich ihnen geben, bald etwas Drückendes abnehmen, was Ich auch immer wieder tue, z. B. wie Ich dort das Volk speiste. Aber es soll bei solchen, die Meine Durchhilfe erfahren haben, dadurch ein Bedürfnis nach geistigen, göttlichen Gaben erweckt werden, die für ihr ewiges Heil Segen bringen!

Nach solcher Ausstattung ist gar wenig Verlangen, wie auch nach Meinem Worte, das alle Anleitungen enthält, welche tüchtig machen, das ewige, selige Leben zu erreichen.

Darum auch schon den Pharisäern die Worte ein Ärgernis waren: „*Ich bin das Brot des Lebens*" (Joh. 6,35), und heutzutage geht die Mehrzahl der Christen leicht darüber hinweg, ohne zu prüfen, was eigentlich das wahre Glück in ihnen sein soll. Die wenigsten sind befriedigt, oder es ist eine falsche Ruhe, deren sie sich rühmen, so lange sie nicht in inniger Verbindung mit Mir oder in der wahren Liebe zu Mir stehen, welche aus dem Erkennen hervorgeht, dass nur Ich als wahre Sättigung dem Geiste genügen kann. Alles andere bleibt für ein wahres Gotteskind schon im leiblichen Verhältnisse untergeordnet, und es würde gerne auf alles verzichten, um nur den Vater behalten zu dürfen. Denn kein anderer Lohn, kein anderes Gut kann demselben den Vater ersetzen, und nur Dessen Worte nehmen die erste Stelle im Herzen ein.

So sehet ihr an diesem Beispiele, wie es in euch gelegt ist die Liebe als erstes Gut zu besitzen, dem alle anderen Dinge untergeordnet sind.

Also warum wollt ihr der geistigen göttlichen reinen Liebe, d.h. Mir Selbst, als vollkommenstem Vater, nicht gleichfalls in eurem Herzen die erste Stelle geben? Denn, „*wer zu Mir kommt, den wird nicht hungern, und wer an Mich glaubt, den wird nimmermehr dürsten.*" (Joh. 6,36) Denn – „*dies ist das Brot, das vom Himmel kommt, und gibt der Welt das ewige Leben.*" (Joh. 6,33)

Die ewige Liebe oder „der Vater" gibt es Seinen Kindern in reicher Fülle, so sie Ihn darum bitten; denn in der Bitte liegt das Vertrauen zu Mir, „*und wer so zu Mir kommt, den werde Ich nicht hinausstoßen*" (Joh. 16,37), dieweil Ich ja Mich Selbst zuerst erniedrigt habe, um die Menschen auf Erden zu besuchen, und also den Zugang zu Mir als zum Vater zu bereiten.

Ich habe Meinen Jüngern durch Meine Himmelfahrt gezeigt, dass Ich durch die persönliche Annahme der menschlichen Form ihnen auch noch im Himmel ebenso nahe verbunden bleibe; denn Meiner Liebe und Macht steht durch diese äußere

Trennung kein Hindernis im Wege, Mich an solchen zu bezeugen, welche nach Meiner Liebe hungern, weil dieser Hunger gleichfalls geistiger Weise ist, und nur auf geistige Weise gestillt werden kann.

So bleibt diese Sättigung des Geistes stets ein Wunder für die natürlich-genusssüchtigen Menschen; aber für Meine wahren Kinder ein Labsal, um sich fürs ewige Leben zu stärken. Deshalb, *„selig sind, die da hungert und dürstet nach der Gerechtigkeit,* (die vor Gott gilt): *denn sie sollen getröstet werden!"* (Mt. 5,6) Euer Vater Jesus.

399. Von der herablassenden Liebe Gottes

25. März 1884

„Wenn aber des Menschen Sohn kommen wird in Seiner Herrlichkeit, und alle heiligen Engel mit Ihm, dann wird Er sitzen auf dem Stuhle Seiner Herrlichkeit!" (Mt. 25,31)

Liebe Kinder! Ich habe euch schon öfter gesagt, dass Meine Herrlichkeit sich am größten in Meiner herablassenden Liebe zeigt, und darum werdet ihr den Sinn dieser Worte besser verstehen, als solche, die noch zu viel Wert auf Mein äußeres Erscheinen als König und Richter in großer Pracht legen.

Ihr sollt euch aber auch im Stillen auf Mein Kommen vorbereiten, und euch würdig zu machen suchen, damit, wenn Ich bei euch anklopfe, ihr Mir mit Freuden entgegenkommet.

Ist euer Herz fähig gemacht Mich aufzunehmen, so werde Ich in Meiner großen Herrlichkeit, d.h. in Meiner großen Liebe, Einzug halten; weil diese Meine Herrlichkeit in Meiner herablassenden Liebe besteht, welche trotz eurer vielen euch noch anklebenden Schwachheiten und Fehler, doch immer mehr sich euch zuwendet, bis ihr ganz für Mich gewonnen seid.

Bei dieser Arbeit an euch dürfen auch die Engel und seligen Geister teilnehmen, und zwar so, dass wenn eine Seele in diesen innigen Verkehr mit Mir kommt, auch die Engel und Seligen sich darüber freuen, und fürbittend zu mir kommen, um solch strebsame Seelen durch ihre Beeinflussung schützen zu dürfen, was Ich oft in einem hohen Grade zulasse, so dass eine solche mit Mir verbundene Seele diese Schutzgeister oft ganz in ihrer Nähe ahnt und fühlt, und oft auch augenscheinliche Beweise von der liebenden Fürsorge solcher von göttlicher Liebe durchdrungener Wesen erhält.

Es ist in obigen Worten der Standpunkt der Seelen angedeutet, und die Verherrlichung des Sohnes geschieht und wiederholt sich also täglich, bald an dieser bald an jener Seele, und wird sich auch an ganzen Gemeinden und Völkern fühlbar machen, wenn dieselben eine Sehnsucht nach Mir haben.

Weil aber durch die große Verstockung ins Materielle diese Sehnsucht beinahe erloschen und nur noch bei gar wenigen vorhanden ist, und also Mein Kommen für die meisten Menschen keinen Wert mehr hat, deshalb muss diese Sehnsucht in ihnen durch allerlei Mittel wieder mehr geweckt werden, und dazu sind leider Trübsal und Leiden geeigneter, als äußeres Wohlbehagen.

Der Fürst der Finsternis kennt diese Einrichtung genau, und lässt es, wenn Ich anklopfe, nicht fehlen, so viel als möglich eine einzelne Seele oder die Mehrzahl der Menschen dann zu belügen, als ob Ich nun als unbarmherziger Richter erscheine, während gerade in solchen Stürmen Meine erbarmende Liebe verborgen ist, die sich dadurch nur die Wege ordnet zu Meinem Erscheinen! Amen! Euer Vater!

400. Von der Dreieinigkeit Gottes und des Menschen

Pfingsten, den 1. Juni 1884

„Aber Ich sage euch die Wahrheit; Es ist gut, dass Ich hingehe; denn so Ich nicht hingehe, so kommt der Tröster nicht zu euch; so Ich aber hingehe, will Ich ihn zu euch senden." (Joh. 16,7)

Liebe Kinder! Einst musste Ich Meine Jünger vorbereiten auf Meinen Leidestod und auf ihre eigene Verfolgung, welche Ich nicht verhindern wollte; denn nur durch diesen Weg, welchen Ich Selbst auch gehen musste, konnten sie selbst zu ihrer Seligkeit gelangen, und weil eben das Ziel selig zu werden, so schwer zu erreichen ist, ohne den Leidens- und Kreuzweg, darum sind alle Meine wahren Nachfolger nicht verschont von Heimsuchungen, die aber in ganz verschiedener Weise stattfinden, wie eben Meine Gnade einem jeden sie zuteilt. Denn Meine Weisheit wählt für jeden Einzelnen dasjenige, was am meisten geistigen

Gewinn bringt, und zwar oft nicht allein für ihn, sondern auch für die Umgebung.

Um aber diese Heimsuchungen als Gnade zu erkennen, dazu gehört die innere Erleuchtung, und solche ist Wirkung des Heiligen Geistes in euch, welcher belehrt und tröstet:

„Derselbe wird Mich verklären (als die ewige Liebe), denn von dem Meinen wird er's nehmen und euch verkündigen. Alles, was der Vater hat, das ist Mein; darum habe Ich gesagt: Er wird's von dem Meinen nehmen und euch verkündigen." (Joh. 16,14-15)

Ihr sehet, wie die ewige Liebe oder der Vater das Urwesen in allem ist, und so steht der Vater durch den Sohn, und der Sohn durch den Heiligen Geist mit dem Menschen in engem Zusammenhange. Denn der Mensch durch sich selbst weiß nicht einmal sein eigenes menschliches Wesen überall richtig zu beurteilen und zu unterscheiden, bald schreibt er seine Gedanken seinem Verstande, bald einem anderen Einflusse zu.

So ist schon das Wort beim Menschen eine Zusammensetzung von Tierischem und Geistigem. Der Schall oder der Ton ist tierischer (d.h. natürlicher oder materieller) Art! Aber der Sinn, der sich durch den Schall kundgibt, ist geistig, und wendet sich wieder an den Geist. Beides ist in der Form des Menschen eingeschlossen, und doch ist jedes für sich bestehend. So sind auch die Gedanken vermengt und verwoben von tierischem oder leiblichem und geistigem Inhalte, und können nicht ohne den göttlichen Geist richtig unterschieden werden.

Es bleibt daher der Mensch, so lange er die menschlich-irdische Form trägt, ein geheimnisvolles Ganzes, obgleich er weiß, dass er aus drei Teilen besteht, welche harmonisch ineinander greifen, und dass er nach Meinem Ebenbilde geschaffen ist.

So bin auch Ich für die Menschen ein geheimnisvolles Ganzes, das sich dem Menschen nach seiner Fassungskraft offenbart, und zwar als Gott, Schöpfer und Vater in der Schöpfung, als Sohn in der Menschwerdung, und als Heiliger Geist, wirkend als Tröster. Diese Drei können aber mit dem Verstande ebenso wenig getrennt werden, als der Mensch in seiner Zusammenstellung getrennt werden kann.

Die Urkraft (der Urgeist) ist „die ewige Liebe" durch welche alles erzeugt, entwickelt und erhalten werden muss. Deshalb soll der Mensch sich die Liebe immer mehr anzueignen suchen, um dem Urgeiste stets ähnlicher zu werden. Ist der Mensch willens, dieses Ziel anzustreben, so wird er unterstützt von diesem Urgeiste, welcher stets bemüht ist Seine geschaffenen Kinder zu Sich zu ziehen, und um dieses besser tun zu können, hüllte Er Sich in menschliche Form, und gab hiermit Seinen Kindern einen Leitfaden durch Wort, Lehre und Tat, in Liebe und Erbarmen ohne Ende, damit Er nach diesem Akte im Herzen des Menschen wieder besser verstanden werden sollte.

Durch den Tröster oder Heiligen Geist, welcher gleichfalls die Beeinflussung des Urgeistes oder der ewigen Liebe ist, wurde diese bei den Menschen mehr zugänglich gemacht, sowohl der Vater, Sohn und Heiligen Geist, oder als dreieiniger Gott. Amen. Euer Jesus.

401. Wer Mich sieht, der sieht Den, Der Mich gesandt hat

(Predigt 27)   Drei-Einigkeitsfest, 8. Juni 1884

„Jesus aber rief und sprach: Wer an Mich glaubt, der glaubt nicht an Mich, sondern an Den, Der Mich gesandt hat, und wer Mich siehet, der sieht Den, Der Mich gesandt hat!" (Joh. 12,44)

Liebe Kinder! Schon in Meinem Erdenwandel waren die Menschen und Jünger, die Mich umgaben, unklar über Meine Persönlichkeit; denn die Wirkung Meiner Worte und der ausgeführten Wunder beeindruckte die Menschen, dass Ich der wahrhaftige Gott sein müsse, und doch auf der andern Seite war der Begriff von ihrem Jehovah ein so entgegengesetzter zu der herablassenden Liebe (in Mir als Jesus), der wie ein Bruder mit ihnen verkehrte, dass sie meinten ihren Gott zu entwürdigen, wenn sie dieser inneren Überzeugung mehr Gehör geben würden.

Darum konnte Ich Mich auch (hierüber) nicht so deutlich aussprechen, wie „Ich bin euer Gott und Vater", sondern Ich durfte nur nähere Winke darüber geben, welche ihre Ahnungen bestätigen sollten.

Diese inneren Ahnungen rühren von der nahen Verwandtschaft des Geistes (im Menschen mit Mir) her, welcher als Abkömmling von Mir fühlt, dass Ich sein Schöpfer und Vater bin, und der dann bei dahin zielenden Worten oder Taten in diesem

Gefühle noch mehr bestärkt wird. Fehlen aber diese (Gefühlsahnungen) bei ihm, so bleibt er unempfindlich und gleichgültig; denn er ist von dem Einflusse und von der Anregung abhängig.

Darum Ich auch stets sorge, dass ein jeder Geist dieselben in reichem Maße erhält, und es ist die Gnade, welche solches ausführt, durch Meinen göttlichen Geist, welcher sich in Verbindung mit dem menschlichen Geiste setzt.

Zuerst näherte Gott Sich den Menschen in der Schöpfung; dann erschien Er einzelnen Menschen, welche Er zur Vermittlung erwählte, bald auf diese, bald auf jene Weise für kurze Zeit, wie z. B. dem Adam, Henoch, Abraham, Moses und den Propheten.

Als aber die Menschen vorbereitet waren, einem Gott dem Geiste nach zu erkennen, da nahm Ich (in Jesus) auf längere Zeit die menschliche Form an, um persönlich sie belehre zu können, und deshalb musste Ich Meine Gottheit unter einem anderen Namen (als Sohn) verbergen, damit sie in ihrer geistigen Freiheit nicht beeinträchtigt wurden, und nur einzelnen wurde es zuteil, Mich klar (als den einzigen Gott) zu erkennen.

Meine Auferstehung gab indessen über die Winke, welche in Meiner Lehre darauf hinwiesen, auch viel Ausschluss; doch dem Einflusse der Verstandesvernunft und Meinen Gegnern gegenüber sind dieselben noch für viele ein Ärgernis, und hauptsächlich den Volksleitern selbst, weil eben ihr Vermittleramt zwischen Mir und den Seelen keinen Wert mehr hätte. Darum sucht der Eigennutz und der Ehrgeiz derselben diese Meine Worte und Winke gerne in ein Geheimnis zu stellen, und den Menschen zum blinden Glauben zuzusprechen, welcher aber so wenig Früchte tragen kann, als die Spreu, aus welcher der Kern ausgedroschen ist.

Darum muss Ich eben die falsche Anschauung und die irrige Lehre von der Versöhnung durch Jesum immer noch dulden, um doch auch aus diesen Seelen, welche dadurch zu Mir kommen, noch wahre Kinder zu erziehen, durch kräftiges Einwirken auf dieselben durch die Liebe.

Dieser Weg ist zwar ein längerer und mühsamerer; aber er führt doch auch zum Ziele; denn wo die Liebe zu Mir vorhanden ist, da kann Ich beeinflussen. Freilich muss dieses auf vielerlei Weise geschehen; doch es muss also vollendet werden das Wort der Verheißung: „*Es wird ein Hirt und eine Herde sein!*" (Joh. 10,16)

So lange es aber noch viele Herden gibt, wird auch Ein Hirte nicht anerkannt; darum muss der Glaube an (und die Liebe zum) Einen Hirten zu der Vereinigung mit beitragen! Amen! (Sach. 14,9)

402. Vom Verhältnis zwischen Gott, Vater und Sohn

15. Juni 1884

„*Solches redete Jesus, und hub seine Augen auf und sprach: Vater, die Stunde ist hier, dass Du Deinen Sohn verklärest, auf dass Dich Dein Sohn auch verkläre!*" (Joh. 17,1)

Liebe Kinder! Obgleich dieses Kapitel mit seinen Worten stets wieder die innige Verbindung zwischen Mir und dem Vater ausdrückt, so sind dieselben doch schon vielen Menschen ein Stein des Anstoßes geworden in dem Glauben, dass Ich, Gott Selbst, solches ausgesprochen habe als Jesus, weil sie dabei eine andere oder zweite Person für nötig halten, um eine solche Ansprache zu begründen.

Es geht eben diese Meinung von ihrem natürlichen Verstande aus, welchem noch vieles rätselhaft in geistigen Dingen ist, weil geistige Begriffe eine geistige Eigenschaft sind, und daher eine besondere Gnadengabe vom Heiligen Geiste gegeben werden müssen. (1. Kor. 2,14)

So ist es auch mit diesen angeführten Worten, welche Ich so geben musste, indem Ich Mich nach der Auffassungsfähigkeit Meiner Jünger zu richten hatte, um sie schrittweise zu der Überzeugung gelangen zu lassen, dass Ich Selbst ihr göttlicher Vater bin!

Diese Überzeugung ist auch heute noch nicht durch das bloße Lesen dieser Worte zu erhalten, sondern nur durch ein redliches Suchen mittels des Gebetes, und durch treue Erfüllung Meines Willens, wozu der Mensch durch die Liebe zu Mir angetrieben werden soll. Steht derselbe in der Liebe zu Mir, so wird er durch innere Erleuchtung gesegnet, und findet Aufschluss über das Wesen Meiner Gottheit in seinem eigenen Innern.

Jeder denke darüber nach, ob er nicht schon in Fällen war, wo er mit sich selbst redete, besonders wenn eine Entscheidung zwischen Natürlichem und Geistigem, oder zwischen Gutem und Bösem vorlag.

Wie oft geht der Mensch mit sich selbst zu Rate, und spricht mit sich wie zu einer andern Person, und so kann auch Ich dem Menschen keine bessere Erklärung über den Zusammenhang Meines (göttlichen dreieinigen) Wesens in Beziehung auf Meine Menschwerdung geben, als den Hinweis auf sein eigenes Wesen, das gleichfalls aus Geist, Seele und Leib besteht, und somit die Urkraft, das Anregen und das Ausüben in sich vereinigt.

Ebenso ist Mein Wesen durch verschiedene euch begreifliche und anschauliche Kundgebungen mit euch in Verbindung getreten, und wenn ihr an dieser Verbindung zwischen Mir und euch festhaltet, was nur durch eure Liebe zu Mir möglich ist, so werdet ihr immer mehr in die Geheimnisse der Gottheit eingeführt, um dadurch euch selbst mehr zu vergöttlichen, als Meine Abkömmlinge.

Darum leset die Worte aus wahrer Liebe zu Mir, weil auch sie euch Zeugnis geben von Meiner Liebe zu euch, und ihr werdet, anstatt euch daran zu stoßen, euch freuen, mit derjenigen Freude, welche Ich allen gebe, die Mich lieben – als ihren treuen Vater in Jesu! Amen!

403. Winke über Paulus als Saul

(Apg. 22,23) 22. Juni 1884

Liebe Kinder! Leset die Erzählung von Meinem treuen Diener Paulus, einem „Eiferer um Gott", wie er mit Recht sich dieses Zeugnis selbst ausstellte. Aber weil er es aus redlichem Herzen war, und seine Liebe zu Mir keine Mühe und Arbeit scheute Mir wohlgefällig zu werden, darum musste Ich auch Meine Gnade desto mächtiger an ihm bezeugen, und zwar durch ein Wunder, in welchem er Meine Stimme erkannte.

Würde er in blindem Eifer die Christen verfolgt haben, so wäre solch eine Zuwendung der Gnade ein Eingreifen in seinen freien Willen (und also gegen Meine Ordnung) gewesen; weil er aber in seinem Sinne Meinen Willen aufrecht halten und denselben ehren wollte, so konnte die Gnade desto mächtiger an ihm wirken.

Es ist irrig, wenn die Menschen meinen, dass Saulus ein Gegner von Mir und somit ein gottloser Mensch gewesen sei; er war sogar mit Mir innig verbunden, daher Ich ihm nur im wahren Lichte erscheinen durfte, um ihn umzuwenden. Deshalb vollzog Ich Meine Annäherung an denselben durch ein Licht: „Da umleuchtete mich schnell ein großes Licht vom Himmel." (Apg. 22,6)

Sehet, damals konnte Ich noch nicht erwarten, dass Meine Lehre in solchen Glauben finden sollte, die Eiferer für Mein Gesetz in Wahrheit waren, und noch nicht hinlängliche Beweise von Meiner Gottheit hatten, denn obschon Ich zwar viele Wunder tat und auch Meine Auferstehung den größten Beweis dazu lieferte, so waren die Gerüchte über Mich, hauptsächlich von den Volksleitern ausgehend, so abschreckend, dass es gar wenige waren, welche die Wahrheit erfahren haben. Denn zu damaliger Zeit waren ganz andere Einrichtungen, die Entfernung der Menschen von einander war größer, das Reisen weit schwieriger, die schriftlichen Aufzeichnungen eine seltene Kunst, und meist hatten nur die Pharisäer und Schriftgelehrten die Mittel, diese Hindernisse zu überwinden, welche aber alles zu unterdrücken suchten, was Mir hätten Seelen gewinnen können.

So musste Ich denn solche Seelen, welche Ich zu Meinem Dienste berufen wollte, Selbst und zwar unmittelbar auf geistige Weise aufsuchen, wie es bei Saulus geschah.

Diese Art und Weise wende Ich bis auf den heutigen Tag bei manchen Meiner Nachfolger noch an, um ihrer Liebe zu Mir diejenige Richtung zu geben, bei welcher sie am meisten geistig gewinnen. Unverhofft, überraschend werden solch einer Seele ihre Anschauungen in einem anderen Lichte dargestellt. Ihre Herzensgespräche mit Mir lässt sie andere Worte vernehmen, und sie wird angetrieben, von Neuem nach Wahrheit zu suchen, welche aber schon zuvor für sie bereit ist, so dass sie solche nur empfangen darf, bald durch den Verkehr mit schon von Mir Erleuchteten, bald durch Meine gegebenen Worte, und hauptsächlich durch den Heiligen Geist Selbst.

Äußere, wunderbare, auch für die Umgebung ersichtliche Vorgänge gibt es in der Jetztzeit ganz wenige. Denn nach so vielen Beweisen Meiner Macht und Göttlichkeit, welche in der Ausbreitung Meines evangelischen Reiches und dessen mächtiger Wirkung auf die Völker schon in ihren äußeren Verhältnissen liegen, kann jede forschende Seele zu Mir gelangen, und von Innen durch den Heiligen Geist erkennen, wie viele Menschensatzungen zu Meinen Worten hinzugekommen sind, und dass letztere nun durch ein ernstliches Ringen nach Wahrheit wieder rein und lauter gemacht werden müssen.

Wer dieses erkennt, der wird auch gerne glauben, dass Meine Liebe nun abermals Sich herablässt und jener Mittel Sich bedient, welche solches ermöglichen, wie es jetzt durch von Mir erwählte Schreiber der Fall ist, denen Ich Meine Worte ins Herz diktiere, gleich wie Ich auch einst Selbst mit Saulus (und mit vielen anderen im alten und neuen Bunde) sprach.

Ich bin und bleibe derselbe Gott – Jesus! Entweder muss die Heilige Schrift unecht sein, oder sie enthält Wahrheit, alsdann muss auch der Glaube an einen fühlbar hörenden Verkehr mit Mir anerkannt werden. Amen! Euer Vater Jesus.

404. Zum Reformationsfest
Wink über Luther

(Apg. 2,17-18) 29. Juli 1884

Liebe Kinder! Alle Jahre wird in eurer protestantischen Kirche das Reformationsfest gefeiert, um sich darüber zu freuen, dass durch Luther, welchen Ich erwählte und mit Mut und Kraft ausrüstete, ein Licht angezündet ward, auf dass es in der Finsternis helle werde, wozu Ich ihm die Heilige Schrift wert machte, und deren Inhalt durch Meinen Heiligen Geist ihm deutlich erklärte (wie es dem damaligen Bedürfnisse angepasst war), so dass er also selbst zuvor erleuchtet werden musste, ehe er andere sicher zur Wahrheit hinleiten konnte.

Es wurde Mir durch diesen Diener in Meinem Reiche manche Seele wieder gewonnen, was aber durch vielen Kampf und Streit ging, und mit vielem Blut erkauft werden musste!

Darum hat das Reformationsfest für Wahrheit suchende Seelen einen großen Segen, wenn sie dasselbe mit der Bitte feiern, dass Ich Mein Licht stets wieder helle in die Nacht der Welt scheinen lassen möge. Denn es ist bereits abermals gar dunkel geworden bei vielen. Hauptsächlich aber auch hat sich in der Kirche selbst viel Missbrauch und Lauheit eingeschlichen. Denn die Glaubens- und Gewissensfreiheit ist nun ohne alle Schranken, und somit keine Freiheit des Glaubens mehr, sondern eine Wirkung des Unglaubens, welcher der Menschen Verderben ist, indem sie dadurch ihr göttliches Ich entehren, so dass alle Verbindung mit Mir aufhört, weil der Mensch da nur vom materiellen Streben sich gefangen nehmen lässt, und nicht mehr an eine Veredlung seiner selbst glaubt.

Dieser Zustand der Seelen ist nun derjenige des bei weitem größeren Haufens, so dass auch die redlich suchenden Seelen noch verführt werden können, an der lebendigen Kraft des Evangeliums zu zweifeln. Daher Ich abermals mit Meiner Hilfe einschreiten muss, zwar nicht mit Donner und Blitzen, nicht im Sturme, sondern im sanften stillen Säuseln, auf welches alle merken, die Mich lieb haben und dieses Mein abermaliges Annähern erkennen, vermittels des ihnen innewohnenden Heiligen Geistes, Der sie Selbst lehrt und leitet nach der Verheißung: „sie werden alle von Gott gelehret sein" (Joh. 6,42; Jes. 54,1; Jer. 31,33)

So sollt ihr nun durch eure Fürbitte für eure Mitmenschen stets um den Heiligen Geist flehen, anstatt mit vielen Worten dieselben überzeugen zu wollen. Ich will euch die Worte in den Mund legen, die da die wahre Frucht zum ewigen Leben bewirken sollen; denn bei Meinem nunmaligen Reformationswerke sollen weder Krieg noch Blutvergießen stattfinden, sondern das Feuer der Liebe soll der Wahrheit Eingang in die Herzen verschaffen! Amen! Euer Vater.

405. Vom Urgrundgesetz der Liebe

8. Juli 1884

„Denn Ich sage euch: Wahrlich, bis dass Himmel und Erde zergehen, wird nicht zergehen der kleinste Buchstabe, noch ein Titel vom Gesetze, bis dass es alles geschehe. Wer nun eins von diesen kleinsten Geboten auflöset, und lehret die Leute also, der wird der Kleinste heißen im Himmelreich; wer es aber tut und lehret, der wird groß heißen im Himmel." (Mt. 5,18-19)

Liebe Kinder! Diese Worte sprach Ich einst nicht allein für diejenigen, welche um Mich versammelt waren, sondern sie gelten auch den nachfolgenden Geschlechtern, weil Ich ja wohl wusste wie die Menschen aus Meinen Worten und Meiner Lehre immer dasjenige sich am liebsten merken, was weniger Selbstverleugnung kostet. Daher am meisten gegen diese Worte gelehrt und überall am göttlichen Gesetze zu rütteln gesucht wird, um – nachdem die Menschen demselben fast entfremdet sind, ihnen menschliche Gesetze einzuprägen, welche oft die gröbsten Zweideutigkeiten enthalten, damit sie von den Leitern des Volkes nach Belieben gedreht werden können, während die Summe Meines Gesetzes von jedem einfältigen Menschen begriffen werden kann, weil es einfach heißt: Liebe Gott über alles, und Deinen Nächsten wie dich selbst!

Wer immer an sich beobachtet, was ihm wohl oder wehe tut im Herzen, der wird sich bald selbst sagen können, wie er gegen seine Mitmenschen sich zu verhalten hat, wie ja auch die Worte lauten: *„Alles was ihr wollt, das euch die Leute tun sollen, das tut auch ihr ihnen!"* (Mt. 7,12) *„Wer aber nur eines von diesen Worten auflöset und lehret die Leute also, der wird der Kleinste heißen im Himmel."* (Mt. 5,19)

Ihr sehet nun, wie weit die Auflösung dieses Gesetzes in der Jetztzeit gekommen ist. Darum aber sind solcher, welche einst groß im Himmelreiche sein werden, gar wenige, und ist Mein Reich auf Erden immer entstellter, so dass viele nicht mehr glauben, dass Ich auf Erden stets noch fortwirke, sondern sie wollen in sorgloser Ruhe warten, bis Ich komme und Ihnen ein Reich bereite, in welches sie mit allen Begierden und Leidenschaften bequem eingehen zu können meinen. Ich aber sage, bis Ich so Meine Herde sammle, könnten Ewigkeiten vergehen, und doch wäre noch nichts geschehen!

Für alle, welche Mich lieben, ist das Gesetz, welches von Mir ausgeht, von großem Werte, und Ich werde einst jeden nach der Liebe richten, denn alle Meine Gesetze enden oder wurzeln in der Liebe. Die Werke, welche aus Furcht oder Lohnsucht geschehen, sind keine guten Werke nach Meinem Sinne, sondern die Triebfeder dabei war dem Natürlichen entsprossen, während die wahre Triebfeder zu guten Werken Liebe sein muss.

Darum auch vor den Menschen scheinbar böse Werke in Meinen Augen oft ganz anders beschaut werden, indem dieselben oft sogar einem erregten Eifer in der Liebe entspringen, und deshalb zu entschuldigen sind, wenn sich auch eine Schwäche dabei einschleicht. Bei solchen Werken verhüte Ich Selbst die nachteiligen Folgen und mache aus Bösem Gutes, was ihr schon oft wahrnehmen konntet, wo es heißt, es ist noch gut gegangen, es hätte bei diesem oder jenem (Jähzornausbruch od. dergl.) übel ergehen können, oder werden falsche Anklagen noch zu rechter Zeit entdeckt, wenn sie auf Irrtum beruhen.

Denen, die Mich lieben, gehe Ich auf allen Wegen nach und behüte sie vor jedem Unfalle, welcher geistig schaden könnte, obgleich es im Natürlichen oft sehr trübe bei ihnen aussieht, und auch Meine Kinder beim Aussprechen des Vater-Namens ihr Herzeleid oft nicht verbergen können, weil sie meinen, Ich habe sie hart bestraft, wenn sie Meine Liebesschläge fühlen. Aber hier heißt es: Hernach wirst du es erfahren, dass Ich nicht allein ein liebevoller, sondern auch ein weiser Vater bin.

Darum so haltet fest an der Liebe, welche das Gesetz nicht auflöst, sondern es erfüllt. Aber fürchtet euch nicht zu sehr vor dem Richter, welcher Gesetze gegeben hat, sondern beachtet wohl, dass Ich zugleich euer liebender Vater bin! Amen.

406. Winke über die Versöhnungslehre

13. Juli 1884

„Ich bin ein guter Hirte; Ich erkenne die Meinen, und bin bekannt den Meinen! Darum liebt Mich Mein Vater, dass Ich Mein Leben lasse, auf dass Ich es wieder nehme. Niemand nimmt es von Mir, sondern Ich lasse es von Mir selber. Ich habe Macht es zu lassen, und habe Macht es wieder zu nehmen. solches Gebot habe Ich empfangen von Meinem Vater." (Joh. 10,14-18)

Liebe Kinder! In diesen Worten ist ganz deutlich ausgesprochen, wie Ich in Mir Selbst das Erlösungswerk wählte, d.h. wie in Mir die Weisheit sich der Liebe unterordnete und demnach handelte, „denn solches Gebot habe Ich empfangen von Meinem Vater."

Es hätte Meine Weisheit noch viele Mittel und Wege, die Menschen wieder mehr zu geistigem Streben anzutreiben; aber

63

doch oft mehr zwangsweise, verbunden mit allerlei Strafgerichten, welche die Menschen schwer fühlen müssen. Aber Meine Liebe trat der Weisheit entgegen, und wollte lieber durch die größten Liebesbeweise die Menschen locken, Mich wieder zu lieben.

So gab Ich ihnen für alle Verhältnisse des Lebens ein Beispiel, wie sie sich verhalten sollen, sowohl im Geben, als im Nehmen, im Lieben, im Verzeihen, in der Selbstverleugnung und in der Armut.

Wenn es euch ernst ist, euch nach diesem Beispiele zu richten, so werdet ihr fast staunen, wie Ich alles durchlebt habe, was nötig war, um den irdischen Menschen zu vergeistigen; dazu habe Ich alle Macht aus Mir Selbst genommen, nämlich aus dem Geiste.

Meinen Leib machte Ich dem Geiste völlig untertan[1], weil der Geist sich mit dem Leibe vereinigen wollte, um einst in Gemeinschaft mit ihm im Himmel zu sein, und somit übergab der Geist auch seinen Willen an den Leib, und ließ denselben wählen, zu welchem Streben er sich entschließen wollte, was die Worte besagen „der Vater hat alles dem Sohne übergeben."

Weil aber auf diese Weise Vater und Sohn eines sind, so können sie nicht getrennt werden! Denn der Vater ist das Innewohnende und Anregende, der Leib die äußere Erscheinung und das Ausführende, wie ihr an euch selbst sehet.

Wenn aber der Vater das Innewohnende und Anregende ist, wie kann derselbe nachher durch den Sohn dadurch Versöhnt werden, dass der Leib sich töten lässt!

Ihr sehet hieraus, wie grundfalsch die Versöhnungslehre in der Christenheit lautet, und wie diese Lehre Mein ganzes Wesen entstellt.

Es ist daher nötig, einen richtigen Begriff von Meiner Menschenwerdung, welche zur Erlösung für die Menschen geschah, zu geben, und darum muss Ich ganz von vorne anfangen mit Belehrung der Menschen, Mich denselben als Den zu erkennen gebend, Der Ich in Wahrheit bin!

Sobald nun ein Mensch redlich sucht und darüber nachdenkt, so wird ihm vom Heiligen Geiste eine Erleuchtung zuteil, die ihn aus allen Zweifeln reißt.

---

[1] siehe „Die Jugend Jesu" Kap. 298-299

Machet auch ihr eure Mitmenschen auf dieses Kapitel aufmerksam, und wer es mit Liebe zu Mir liest, dem soll zur Jetztzeit der wahre Sinn desselben aufgeschlossen werden. Amen! Euer Jesus-Vater.

407. Durch Nacht zum Licht!

(Joh. 12)   20. Juli 1884

Liebe Kinder! Wieder muss Ich euch auf ein Kapitel hinweisen, aus welchem ihr erkennen könntet, wie Ich überall suchte das Volk über Mein Wesen und Meine Person zu belehren, und die enge Verbindung zwischen Vater und Sohn (Geist und Seele, Inneres und Äußeres) fassbar zu machen. Darum auch in den Griechen der Drang gelegt wurde, Mich zu sehen (s. Joh. 12,20); denn die Zeit war gekommen, wo die Menschen erfahren sollten, dass und wie Ich als „Menschensohn" unter ihnen weilte.

Um aber zu solch geistigem Schauen zu gelangen, dass die Menschen Gott in Mir (Jesu) erkennen, dazu gehört von denselben zugleich eine Opferfähigkeit, auch im Materiellen, d.h. sie müssen es erkennen, dass wenn sie mit Mir in Verbindung kommen wollen, indem sie suchen Mein ganzes Wesen näher kennen zu lernen, sie die Hindernisse, welche ihnen dabei in den Weg kommen, nicht scheuen dürfen, sondern bereit sein müssen, gerne einen Tausch einzugehen, um für Materielles (Güter, Gesundheit, Ehre usw.) geistige Schätze zu erhalten.

Darum finde Ich es öfter für nötig, das aus dem Wege räumen zu lassen, was eine Seele stören kann, ihrem Zuge nach Mir Gehör zu geben.

In solchen Erziehungszeiten einer Seele hat dieselbe oft viele Proben durchzumachen, weil sie selbst wählen muss, was sie beglücken soll. Auf der einen Seite wird ihr der große Wert des geistigen Gewinnes vorgestellt, und sie hat deshalb Augenblicke, wo Ich sie Meine ganze Vaterliebe fühlen lasse, um sie zu Mir zu locken; aber auf der andern Seite hat sie oft auch schwere Entsagungen nach außen durchzumachen, und es ist da die Zeit gekommen, bei solchen Seelen, „*dass des Menschen Sohn Sich in ihnen verklärt*" (Joh. 12,23), was nur durch das Absterben im Natürlichen immer mehr geschehen kann.

Freilich heißt es auch oft bei solch einem Menschen: „*Jetzt ist meine Seele betrübt. Und was soll Ich sagen? – Vater hilf mir aus dieser Stunde? Doch darum bin Ich in diese Stunde gekommen.*" (Joh. 12,27)

So Meine lieben Kinder, habe Ich diese Worte ebenfalls euch vorgesprochen, weil Ich in jener Stunde gleichfalls den Zustand fühlte, welchen eine Seele durchzukämpfen hat, bis sie sich ganz in den göttlichen Willen finden kann; es geht auch bei ihr „durch Nacht zum Licht, durch Tod zum (ewigen) Leben, und durch Entsagung zum (wahren) Genusse!"

Doch soll es auch bei euch nicht allein beim Kampfe bleiben, sondern in euch wird Sich „der Vater" gleichfalls kundgeben mir der Stimme: „*Ich habe Ihn verkläret, und will Ihn abermals verklären.*" (Joh. 12,28)

Für jede Seele, die sich in solcher Entscheidungszeit ganz auf Mich verlässt, gelten diese Verheißungsworte, wie es heißt: „*Diese Stimme ist nicht um Meinetwillen geschehen, sondern um euretwillen.*" (Joh. 12,30)

Wenn ihr Mich redlich suchet, so leset diese Worte, sie werden euch erleuchten, stärken, und euch klar machen, dass Ich Selbst keinen andern Weg machen konnte, als den, welcher auch euch noch vorgezeichnet wird. Euer Vorbild und Meister Jesus! Amen.

408. Christliche Verhaltenswinke

(Lk. 9,57 ff.)   27. Juli 1884

Liebe Kinder! Ich weise euch wieder auf Meine Worte hin im Evangelium des Lukas, welche euch vielerlei Hindernisse anzeigen, die einer Seele entgegentreten, wenn sie ganz in Meine Nachfolge eintreten will. Es sind zwar lauter äußere Abhaltungen, welche sich aber doch geltend zu machen suchen, weil sie noch eine natürliche Liebe enthalten, und zugleich eine Pflicht zeigen. Deshalb nahm Ich solche Beispiele aus dem Leben, nicht als ob dieselben unerlaubt wären, aber sie sollen nicht der Vorwand sein Meine Nachfolge noch mehr aufzuschieben. Denn wenn eine Seele einmal willens geworden ist, sich ganz Meinem Willen unterzuordnen, so geschieht dieses meistens durch einen kräftigen Gnadenruf, (siehe Joh. 6,44-45) welcher, wenn er vernommen wird, (was sich dadurch beweist, dass die Seele prüft und nach etwas sucht, was dieselbe befriedigen und beglücken kann) auch befolgt werden soll, was dadurch geschehen muss, dass Ich die erste Stelle im Herzen einnehme, so dass bei jedem Verhältnisse und Vorkommnisse die Frage sich aufdrängt, inwiefern es in der Vereinigung mit Mir zum Segen für die Seele werden kann?

Anstatt dessen herrscht leider immer zuerst die Gegenfrage unter den Menschen: Kann ich dem Herrn meinem Gotte wohl so viel Zeit opfern, in Rücksicht auf meine Verhältnisse? Sei es aus Furcht vor Andersdenkenden, die Mir nahe stehen, oder aus Sorge, dass es zu viel Zeit und Geld koste, dieses oder jenes nach dem Willen Gottes zu tun!

Ja, oft wollt ihr sogar einen Menschen höher achten, als Mich, und dessen Einwilligung vorerst erhalten, ehe ihr euch nach Mir richtet.

Diese so vielerlei Hindernisse, ganz (und unbedingt) in Meine Nachfolge zu treten, kommen bei jeder Seele wiederholt vor; darum sie stets über sich zu wachen hat, nachdem sie den Ruf in sich vernommen und erkannt hat, dass derselbe von Mir ausging.

Wenn die Seele dann wieder lau und träge im Gehorsam gegen Mich wird, so gelten ihr die Worte: „*Wer seine Hand an den Pflug legt und sieht zurück, der ist nicht geschickt zum Reiche Gottes.*" (Lk. 9,12)

Darum muss eine Seele, nachdem sie sich Mir übergeben hat, Ernst anlegen in all ihrem Tun, in Gedanken, Worten und im Verkehre mit ihren Nebenmenschen, und wenn sie sich zu schwach fühlt, in den verschiedenen Verhältnissen des Verkehrs ihre innere Verbindung mit Mir stets festzuhalten, da solle sie lieber demselben entsagen.

Deshalb werden aber diese heute angeführte Worte vielfach missdeutet, und von einem Teil der Menschen streng äußerlich genommen, während dieselben eben als ein Hindernis bezeichnet sind; aber dieses Hindernis kann durch ein Wachen über sich selbst beseitigt werden, wenn es nicht zur Hauptsache im Leben gemacht wird.

So ist eben auch zu diesen Worten der Heilige Geist nötig, um sie ins wahre Licht zu stellen. Euer Jesus.

409. Ein Liebewink für Kinder Gottes

2. August 1884

„Er kam in Sein Eigentum, und die Seinen nahmen Ihn nicht auf; wie viele Ihn aber aufnahmen, denen gab er Macht Gotteskinder zu werden, die an Seinen Namen glauben!" (Joh. 1,11-12)

Liebe Kinder! Auch heutzutage noch komme Ich und klopfe mit Meiner Vaterliebe bei solchen an, die sich nach Meinem Namen heißen, und sich sogar „Kinder Gottes" nennen, während sie doch das Gefühl und die Furcht der Knechtschaft in sich tragen, und nicht mit Mir Selbst reden wollen, umso ihre Verbindung mit Mir immer inniger und fester zu machen, was ihr geistiges Wohl immer mehr fördern würde, weil da, wo Ich aufgenommen bin, der Feind mit seinen starken Anläufen ablässt, indem er wohl weiß, dass er unterliegen muss, wenn eine Seele Mich zum Beistande anruft.

Solche Seelen mühen sich oft sehr ab, Mir zu gefallen; sie halten hauptsächlich viel auf Zeremonien und Opfer, welche jedoch vor Mir wenig Wert haben, wenn dieselben nicht der Liebe entspringen.

Nur die Liebe zu Mir und den Nebenmenschen gibt jeder Handlung und jedem Gebete den wahren Segen.

Wer also die Liebe nicht zu betätigen sucht, der nimmt Mich nicht auf, und da heißt es: *„Er kam in Sein Eigentum, und die Seinen nahmen Ihn nicht auf"*, oder – solche erkennen Mich nicht als ihren Vater, während doch nur diese gegenseitige Stellung zwischen Mir und den Menschen Letztere beglücken und beseligen kann!

Als Vater will Ich die Meinen besuchen, sie lieben, trösten und belehren, durch Meinen Geist; in ihnen will Ich regieren, damit sie freudig und liebend einhergehen, und ihre Mitmenschen das große Glück, das in ihnen sich befindet, erkennen, und es mitgenießen dürfen, *„wie viele Ihn aber aufnahmen, denen gab Er Macht, Gottes Kinder zu heißen."*

Solche, welche in diesem Glauben und in dieser Liebe zu Mir stehen, erhalten eine geistige Übermacht gegen andere Seelen; denn nicht allein ihre Worte und ihre Handlungen werden anregend auf andere einwirken, sondern es liegt eine wunderbare Vermittlung zwischen ihnen und anderen. Es ist dies die Wirkung der Lichtsphäre, welche von Mir ausgeht und sie durchdringt.

Ihr sehet wieder in diesem Ausschlusse, wie wahr die Worte sind: *„Ohne Mich könnt ihr Nichts tun."* (Joh. 15,5)

Aber ihr sollt euch auch trösten damit, dass wenn euch entgegengetreten wird, nicht euer Strahl abgewiesen worden ist, sondern dass Ich Selbst zurückgestoßen bin, weil ihr bloß Vermittler seid, die Herzen zu Meiner Aufnahme vorzubereiten; aber nicht die Besitzer des Herzens!

Ist also eure Liebe göttlicher Art, so wird sie nie unterliegen, wenn ihr auch durch die Ausübung solcher Liebe nicht gleich Früchte erntet.

Mein Apostel Paulus hat solche Kraft der Liebe stark an sich erfahren, und viel Vertrauen und Glauben kundgegeben in seinen Briefen; daher leset öfter in denselben (z.B. Röm. 8,14-16. 28.33.39; Eph. 3,11.12.15 u. 6,11), und sehet zurück auf solche, die durch Meine Liebe stark und zu allem guten Werke geschickt wurden. (1. Kor. 13)

Ziehet immer mehr an den Harnisch der Liebe, auf dass ihr bestehen könnt, wenn Ich die Meinigen besuche! Amen! Euer Vater Jesus!

410. Entsprechung der Schläfrigkeit der drei Jünger in Gethsemane

10. August 1884

„Und kam und fand sie schlafend, und sprach zu Petrus: Simon, schläfst du? Vermöchtest du nicht Eine Stunde (mit Mir) zu wachen? Es ist genug, die Stunde ist gekommen. Siehe, des Menschen Sohn wird überantwortet werden in der Sünder Hände." (Mk. 14,37, 41)

Liebe Kinder! Alle Vorgänge, die sich mit Mir zugetragen haben, ehe Ich Mein irdisches Leben mit Meinem Leiden und Kreuzestode beschloss, um das Erlösungswerk zu vollbringen, und so auch Mein nachheriges Auferstehen, wiederholen sich geistig von einer Zeitperiode zur andern, wo Ich dann wieder einschreite, um die Menschen nicht ganz dem Verderben preis zu geben.

Gleichwie einst dort, so wird auch jetzt überall von den Weltklugen beraten, wie der Glaube an Meine Gottheit vollends auch in den gläubigen Seelen ausgerottet werden könne, damit kein

Widerstand mehr gegen das Toben und Überwuchern des Bösen stattfände.

Denn obgleich Meinen wahren Kindern keine äußerliche Übermacht nachgewiesen werden kann, so besteht dieselbe doch; aber mehr nur im Gebete, wodurch ihnen mehr Licht und Kraft zufließt, und also ihr unsichtbarer Einfluss ein reiner und starker ist, so dass die finsteren Umgebungen auch bei solchen weichen müssen, in deren Nähe sie kommen, oft nur auf kurze Zeit; oft aber auch in längerem Verkehr.

Also werden dann ihre Nächsten oder Nebenmenschen, deren sie sich besonders annehmen, freier von der Bedrückung durch finstere Geister, und werden so wieder mehr Mir zugewendet.

Darum ist es von so großer Wichtigkeit, dass Meine gläubigen Kinder mit Mir wachen, hauptsächlich in solchen Stunden, wo Mich der Verfall der Menschen betrübt, und Ich wiederum einen Rettungsplan mache, dieselben aus dem Verderben zu reißen. Es geschieht dies oft an einzelnen Seelen, oft an ganzen Ländern und Völkern, durch schwere Gerichte, welche Meine Liebe nicht gerne zulässt; darum sie eben spricht:

„Ist's möglich, so gehe dieser Kelch vorüber, doch nicht mein, sondern Dein Wille geschehe!" (Mt. 26,39), d.h. hier muss die Liebe sich der göttlichen Weisheit unterordnen, auch wenn diese strenge und gerecht auftritt, weil die Liebe sich zu schwach fühlt, das Errettungswerk allein auszuführen.

In diesen Zeiten des Gerichtes stützt sich die Liebe des Vaters auf das Flehen und Gebet Seiner wahren Kinder, um derentwillen dann solche Gerichtsvollziehungen teilweise verzögert, teils gemildert und abgekürzt werden, weil der Vater das Recht an dieselben entäußert hat, an der Errettung der Seelen mitzuwirken.

Gleichwie Ich einst dort Meine Jünger mit auf den Kampfplatz nahm, und dieselben durch ihre Schläfrigkeit Mir keinen Beistand leisteten, sondern zur Zeit der Not flohen, so ist es heutzutage wieder, wenn der große Kampf vollends entbrennen wird, wo Ich (Jesus) als göttliche Person verworfen werde. Auch da werden viele schlafen, weil sie im Glauben zu matt sind, und viele werden fliehen, weil sie den Verlust des Materiellen mehr fürchten, als den Verlust Meiner Vaterliebe.

Auch jetzt rufe Ich den Meinen zu: „*Wachet und betet, dass ihr nicht in Versuchung fallet; denn der Geist ist willig, aber das Fleisch ist schwach.*" (Mk. 14,38)

Wo eine geistige Gefahr droht, da ist doppelte Wachsamkeit nötig, weil dieselbe schwer zu erkennen ist, und erst dann, wenn sie schon längst die Seele umstrickt hat, gefühlt wird.

Aber auch Ich werde stets wieder zu erwecken suchen, und den Meinen sagen, dass die Stunde gekommen ist, wo des Menschen Sohn in die Hände der Sünder überantwortet wird, und rufe: „*Stehet auf! – lasset uns gehen, der Mich verrät, ist da!*" (Mk. 14,42) Euer treuer Jesus.

411. Martha und Maria

(Lk. 10,38–42)   17. August 1884

Liebe Kinder! In diesen Worten sind zwei Seelen von verschiedener Art bezeichnet, welche aber beide Mir ihre Aufmerksamkeit und Liebe schenkten.

Es sind diese Seelen abermals Entsprechungen von der Verschiedenheit Meiner Nachfolger, welche auch verschiedener Ansicht sind, wie sie Mir dienen sollen.

Schon, dass sie Mir dienen wollen, ist nicht ganz richtig; denn Ich sagte an einer anderen Stelle, „*dass Ich nicht gekommen bin, um Mir dienen zu lassen.*" (Mt. 28,20)

Obgleich die Liebe in der Tat und im Leben sich beweisen muss, so darf dieselbe doch nicht die vollbrachte Werke also ansehen, als ob durch diese Mir etwas erwiesen worden wäre, was Ich nötig hätte, sondern es muss der Antrieb dazu Freude und Liebe sein, ohne jede Hoffnung auf Gewinn.

Diese Liebe soll aus dem Erkennen Meines Wesens (welches Liebe ist) hervorgehen, und das Dankgefühl in Anbetracht der vielen Wohltaten, welche der Mensch von Mir empfängt, soll sich bei ihm in Liebe verwandeln, gleichwie Martha und Maria mit hingebender Liebe Mich aufnahmen.

Auf diesen Meinen Ausspruch „Eins aber ist Not" wollen sich viele berufen, welche sich gerne der tätigen Liebe entziehen möchten, während Ich doch dieselbe nicht tadelte, sondern gegen Martha bloß die viele Sorge und Mühe erwähnte bei den äußeren Vorbereitungen, die sie machte, darob sie nicht Zeit fand, auf Meine Rede in wahrer Herzensdemut zu lauschen. Denn allerdings ist dieses Eine Not, dass eine Seele stille hält, wenn Ich bei ihr Einkehr mache, und sie so lange alle Sorge und Mühe beiseitelässt, weil sie weiß, dass Ich dieser äußeren Arbeit nicht bedarf, sondern das Herz voll Liebe zu Mir, Mich allein erfreuen kann. Denn ist das Herz in dieser Stellung zu Mir, so ist die tätige Liebe einer solchen Seele zum Bedürfnisse geworden, und sie hält dieselbe nicht für ein Gebot, sondern für einen unentbehrlichen Genuss, nach Meinem Willen zu handeln.

So löset die Liebe nicht das Gesetz auf, sondern sie erfüllt dasselbe mit Lust und Freude.

Wenn die Menschen im (Herzens-) Gebete und in stiller Ergebung sich an Mich wenden, so kommt ihnen alle Meine Willensanordnung nur noch als ein Leitfaden zu ihrer Seligkeit vor, welchem sie gerne folgen; und jede Seele, welche dieses tut, rühmt sich eines inneren Wohlseins, und hat den göttlichen Frieden in sich.

Darum tut dies Eine Not, welches Maria durch ihr stillsitzen zu Meinen Füßen, und hören auf Meine Rede bildlich darstellte.

Alles Treiben und Wirken, ohne zugleich Meinen Einfluss ganz in sich aufzunehmen, hat wenig Wert. Die materiellen Sorgen ersticken den geistigen Keim, der zur wahren Frucht nur dann gedeihen kann, wenn das gute Teil erwählt wird, das ist die ganze Hingabe an Mich, die nicht achtet auf das, was um sie her vorgeht und sie abhalten könnte.

O, dass doch recht viele Seelen in der Jetztzeit, wo ein Bangen sie beherrscht, bedenken würden, was zu ihrem Frieden dient, auf dass noch viele gerettet werden könnten, und die Heimsuchungen, die Ich schicken muss, dazu beitragen könnten, dass viele, keinen Ausweg mehr wissend, ihre Zuflucht dann zu Mir nähmen!

Ich erwarte von denselben weder Opfer, noch Gaben, sondern ein demütiges Herz, auf dass Ich Selbst es aufrichten und beglücken kann! Amen. Euer Vater Jesus.

412. Mich hat herzlich verlangt dies Osterlamm mit euch zu essen, ehe Ich leide

24. August 1884

„Mich hat herzlich verlanget, dies Osterlamm mit euch zu essen ehe denn Ich leide!" (Lk. 32,15)

Liebe Kinder! Diese Worte sprach Ich einst zu Meinen Jüngern, als die Stunden Meines Leidens nahe waren.

Es war Mir ein Bedürfnis, Mein Herz zu laben an der Hingabe und Liebe, welche Mir durch Meine Jünger zuteilwurden, im Hinblicke auf die große Verirrung und Gottentfremdung der Menschen. Denn Ich fand gar wenig Eingang mit Meiner Lehre, und hatte wenig wahre Anhänger; das Volk lief Mir zwar nach, aber mehr aus Neugierde und mit eigennützigen Absichten, weil Ich stets Wohltaten ausübte und Wunder wirkte.

Darum sollte dieses Mahl der Liebe unter den Meinen nicht bloß eine leibliche Sättigung sein, sondern eine geistige Erquickung, und eine innere Vereinigung unter uns. Ich teilte ihnen auf unsichtbare Weise einen Teil Meines Wesens mit, das sie stärken sollte, um Meinetwillen gleichfalls die Kreuztragung auf sich zu nehmen.

Gleichwie Ich das Kreuz auf Mich nahm aus Liebe für die Menschen, um dieselben selig zu machen; so sollten auch sie fähig werden in göttlicher Liebe mit den Menschen zu verkehren, und so den Widerstand zu ertragen, welcher damit erfolgte. Denn auch sie hatten es nicht allein mit den Menschen zu tun, sondern mit den finstern Geistern, welche um desto mehr die Menschen zu umstricken suchten, und daher war dieses Mahl, welches einen geistigen Zufluss in sich birgt, ihnen sehr nötig.

Ich nahm das Brot, dankte, brach's und gab es ihnen uns sprach: *„Das ist Mein Leib, der für euch gegeben wird, solches tut zu Meinem Gedächtnis"* (Lk. 22,19), oder – es war ein Akt, wobei etwas Sichtbares vorging, umso die Jünger mehr zur Aufnahme Meiner Liebe zu bestimmen, und so soll es heute noch sein.

Die Aufnahme des Wesentlichen soll die ganze würdige Stimmung hervorrufen Mich Selbst aufzunehmen in Meiner Liebe, und weil dieses die wahre Vereinigung mit Mir ist, so bleibt dieses Verlangen stets in Mir, weil Ich immer mehr und inniger Mich mit den Menschen verbinden will, und es nötig ist, denselben immer wieder zuzurufen: *„Mich hat herzlich verlanget"*.

Wohl allen Meinen Kindern, welche gleichfalls ein Verlangen in sich tragen nach Meiner Liebe! Ich will Mich bei denselben mit zu Tische setzen, dass sie Freudigkeit fühlen, nach Meinem Willen ihren eigenen Willen unterzuordnen, zur Freude für Mich, zum Wohle für ihre Mitmenschen, und zum größten Segen für sie selbst!

So nehmt auch ihr hin das gesegnete Mahl, Ich Selbst will unter euch sein als euer treuer Vater. Amen!

413. Winke über Vorsicht und Aufrichtigkeit

31. August 1884

„Der Jünger ist nicht über seinen Meister, noch der Knecht über den Herrn. Es ist dem Jünger genug, dass er sei wie sein Meister, und der Knecht, wie sein Herr. Haben sie den Hausvater Beelzebub geheißen, wie viel mehr werden sie seine Hausgenossen also heißen.“ (Mt. 10,24)

Liebe Kinder! Nachdem Ich Meine Jünger beauftragt hatte, hinauszugehen in alle Welt und den Menschen das Evangelium zu verkünden, gab Ich ihnen auch Kraft und Weisheit ihre Mission erfüllen zu können; und weil die Finsternis und der Unglaube in damaliger Zeit sehr groß waren, so mussten sie ihre Lehre von Mir öfters durch Wunder bestätigen, umso die Aufmerksamkeit der Zuhörer mehr zu steigern, und denselben zugleich eine Liebe zu erweisen. Denn weil in damaliger Zeit viel Sünde herrschte, und eben die meisten Krankheiten Folgen der Sünden sind, so waren dort auch viele Krankheiten bei den Menschen anzutreffen, welche aber durch göttliche geistige Kräfte beseitigt werden konnten. Dergleichen Wundertaten wurden viele verübt im Kreise der gläubigen Seelen, deren Zahl aber doch gering war, indem sie nach Hunderten gezählt werden konnten. Doch aus Dank gegen Mich bezeugten sie einander dieselben.

Es geschahen aber solche Wunder jederzeit und bis auf den heutigen Tag, nur sind dieselben mehr der offenen Kunde entzogen, weil leider der Unglaube so groß ist, dass dieselben entweder stark kritisiert, oder gar nicht mehr geglaubt werden. Darum finden sie mehr nur unter solchen statt, die im Stillen sich an Mich wenden, und um Abhilfe bitten.

So gibt es auch nun gar viele, die Meine wunderbare Hilfe erfahren dürfen, allein sie fürchten sich zu sehr vor den Weltmenschen dieselbe offen zu bekennen, was auch oft gar nicht gut wäre; denn es ist besser im Stillen Mir dafür zu danken, im Verbande mit denjenigen, die gleichfalls ihr Vertrauen noch auf Mich setzen. Nur sollten solche Erfahrungen nicht verleugnet, wenn die Menschen in Fälle kommen, wo sie darüber befragt werden. Dort gilt es dann, Gott die Ehre zu geben, und auf den großen Meister zu blicken, Der gleichfalls um Seiner Taten willen „Beelzebub" genannt wurde.

Fürchtet euch nicht vor solchen Gottesleugnern, welche, wenn sie auch Mein Dasein nicht ganz bestreiten, doch Mein (persönliches) Wesen, Meine Liebe und Macht nur soweit anerkennen, als ihr Verstand es fassen kann, weil sie noch nicht vom Heiligen Geist erleuchtet sind, sondern zufolge ihres materiellen Strebens Dessen Stimme nicht achten, und deshalb nichts davon hören wollen. Jedoch wisset, „*es ist nichts Verborgenes, das nicht offenbar würde, und ist nichts heimlich, das man nicht wisse*" (Mt. 10,26), denn es kommt immer wieder ein Ereignis, das euer Zeugnis von Mir bestätigt.

Darum sage Ich euch: „*was Ich euch sage in Finsternis, das redet im Lichte, und was ihr höret ins Ohr, das prediget auf den Dächern, und seid unverzagt, wenn euch dabei auch Schmach und Verfolgung drohen.*" (Mt. 10,27)

Bedenket, „*der Jünger ist nicht über seinen Meister*" (Mt. 10,24), Der euch Selbst zuruft: „*Kauft man nicht zwei Sperlinge um einen Pfennig und doch fällt derselben keiner auf die Erde ohne euren Vater; nun aber sind auch eure Haare auf dem Haupte alle gezählt, und ihr seid besser denn viele Sperlinge*" (Mt.10,29), und „*wenn ihr Mich bekennet vor den Menschen, so will Ich auch euch als Meine wahren Kinder wiederum vor den Menschen bekennen, auf dass sie an euch sehen sollen, welchen Gott ihr ehret!*" (Mt. 10,32) Amen! Euer Vater in Jesu.

414. Jesus als Gottmensch und Erretter

(Mt. 12,20)   7. September 1884

„Das zerstoßene Rohr wird Er nicht zerbrechen, und den glimmenden Docht wird Er nicht auslöschen, bis dass Er ausführe das Gericht zum Siege." (Jes. 4,3)

Liebe Kinder! Diese Worte der Verheißung, in welchen Mein Wesen als Mensch und Erretter vorausgesagt und bezeichnet ist, habe Ich einst Meinen Propheten in den Mund gelegt, welche, ohne es mit dem Verstande erfassen zu können, auf die Stimme ihres Innern hörten, und dem Volke das Vernommene mitteilten.

Diese Propheten im Alten Bunde waren Medien, aber ihre Mitteilungen waren göttlicher geistiger Art, weil dieselben mit Mir in Verbindung standen, und den Glauben an ihren einigen und wahren Gott festhielten. Daher konnten sie auch ein wahres Bild von Mir entwerfen, weil sie Mich als einen barmherzigen Gott erkannten.

Was die Person Christi anbelangt, so erhofften sie in dem Erscheinen des Messias einen besonders von Mir begnadigten Propheten, welcher nach Meinem Willen handeln, und deshalb nur Liebe und Gnade über das in Finsternis und Bosheit geratene Volk ergehen lassen werde; aber sie fühlten auch, dass derselbe nur mit großer Barmherzigkeit sich der Verlassenen annehmen, und in sanftem stillem Geiste einhergehen werde, umso durch Liebe noch viele zu retten, die mehr durch Unwissenheit als Bosheit gar ferne vom Ziele der Seligkeit stehen.

Wie Jesaja 4,19 zeigt: *„Er wird nicht zanken noch schreien, und man wird Sein Geschrei nicht hören auf den Gassen"*, sowie Vers 20: *„Das zerstoßene Rohr wird Er nicht zerbrechen und den glimmenden Docht wird Er nicht auslöschen, bis dass Er ausführe das Gericht zum Siege."*

Diese Worte Meiner Propheten gelten auch heutzutage noch bei Meinem Wiederkommen. Sie sind so klar und deutlich, dass Ich nun auch nicht viel darüber sagen will, weil solche, die Mich lieben können, sie gar wohl verstehen, und deshalb auf Meine Güte immerdar hoffen, wenn es ihnen bange werden will bei den Ereignissen in der Welt, die da zeugen von dem großen Verdruss der Menschen, welche in allem Mir schnurgerade entgegenhandeln, und um solches leichter tun zu können, lieber Mich als Regenten verleugnen.

Damit aber Meine wahren Kinder bei solchen Wahrnehmungen nicht mutlos werden, in ihrer Missionsarbeit für solch arme Mitmenschen dennoch fortzufahren, in der Fürbitte und in der Liebe gegen sie, ihnen stets wieder ein Lichtstrahl in ihre Finsternis zuzuführen, darum stehen solche Worte mehr für diese (Meine wahren Kinder) hier, damit sie immer noch auf Meine Liebe bauen, wenngleich alles um sie her sich vollends in den Abgrund zu stürzen droht.

Es ist also auch noch dem größten Sünder erlaubt, Meine Gnadenhand zu ergreifen; denn es steht von Mir geschrieben: „*das zerstoßene Rohr wird Er nicht zerbrechen*", sondern Ich knüpfe an das kleinste Fünkchen an, auf dass Ich es aufs Neue entflamme, bis dass es ausführe das Gericht zum Siege, auf dass die Schrift erfüllet wird!

So hoffe ein jedes unter euch beim Gefühle seiner Schwachheit auf Meine väterliche Handreichung. Amen! Euer Vater!

415. Vom wahren Glauben mit Demut und Liebe

14. September 1884

Jesus sprach zu ihm: Ich will kommen und ihn gesund machen. Der Hauptmann antwortete und sprach: Herr, ich bin nicht wert, dass Du unter mein Dach gehest, sondern sprich nur ein Wort, so wird mein Knecht gesund." (Mt. 8,7)

Liebe Kinder! In dieser Erzählung sehen wir, wie der wahre Glaube auch mit der wahren Demut und mit der wahren Nächstenliebe verbunden ist.

Der Hauptmann bemühte sich selbst zu Mir, um für seinen Knecht Hilfe zu suchen. Es war ein Werk der Liebe, welches er denen erwies, die ihm dienen mussten. Daher war die Stellung zwischen Diener und Hauptmann eine richtige, indem gegenseitige Liebe sie verband, d.h. der Hauptmann als Liebe, der Knecht als der Gehorsam.

Sind der Glaube, die Liebe und die Demut bei einer Seele vorhanden, so darf sie hoffen, dass auch ihr die Worte gelten: „*Gehe hin, dir geschehe, wie du geglaubt hast!*" (Mt. 8,13)

Auch ihr sollt erfahren, dass Ich ein helfender Vater bin, so ihr wie der Hauptmann mit dem Vertrauen die Nächstenliebe und die wahre Demut verbindet, gleichwie der Hauptmann sprach:

„Herr, ich bin nicht wert, dass Du unter Mein Dach gehest", und dennoch hatte er den Mut, Mich zu bitten, weil die Nächstenliebe ihn dazu antrieb.

So, Meine lieben Kinder, soll das Gebet und die Fürbitte Meiner Kinder beschaffen sein, wenn sie zu Mir beten, und Ich will diese sofort erhören. Amen. Euer Vater.

416. Simeon und der Heilige Geist

21. September 1884

„Aber das Kind wuchs und ward stark im Geiste, voller Weisheit, und Gottes Gnade war bei ihm. Und siehe, ein Mensch war zu Jerusalem mit Namen Simeon, und derselbige Mensch war fromm und gottesfürchtig, und wartete auf den Trost Israels, und der Heilige Geist war in ihm. Und ihm ward eine Antwort gegeben von dem Heiligen Geiste, er sollte den Tod nicht sehen, er hätte denn zuvor den Christ des Herrn gesehen!" (Lk. 2,25–40)

Liebe Kinder! Diesem Menschen ist zuteilgeworden, was jeder Seele zuteilwird, wenn sie vereint mit Gott zu leben sich bemüht, so wird derselben stets durch den Heiligen Geist eine Antwort werden über geistige Dinge, die sowohl an ihr selbst wie um sie her vorgehen.

So hatte auch Simeon eine Sehnsucht in sich, den Erretter Israels zu erschauen, nachdem er sich tief betrübte über die Gottentfremdung seines Volkes, weil er fühlte, dass dieses immer mehr dem geistigen Verderben zueilte!

Er erkannte durch die innere Erleuchtung, dass die wahre Abhilfe des vielen Elends, das auch zur selbigen Zeit unter den Menschen herrschte, nur durch göttliche Kraft geschehen konnte, und diese göttliche Kraft erschaute er dort in Mir, durch göttliche Eingebung, welche da ist das Werk des Heiligen Geistes.

Dies war aber bei ihm in solch hohem Grade der Fall, dass er in dem unscheinbaren Kinde, das von Eltern, die arm und verachtet waren, in den Tempel gebracht wurde, dennoch den Erretter der Menschen erkannte, und Mich als seinen Gott dafür lobpreiste.

Dieser Simeon soll auch ein Beispiel sein, an welchem ihr lernen könnt, wie weit ihr es in der Pflege eurer inneren Stimme bringen könnt, so dass ihr euch fest auf sie verlassen könnt. Er sprach mit fester Überzeugung: *„Herr, nun lässest Du Deinen Diener im Frieden fahren; denn meine Augen haben Deinen Heiland gesehen."* (Lk. 2,29)

So, liebe Kinder, sollt auch ihr mit fester Überzeugung sagen können: Meine Geistesaugen haben erschaut, dass der göttliche Erretter wiederum Sich aufmacht, Seine Kinder aus der Finsternis zu erlösen (des materialistischen Wahnes und formellen Krames) zum wahren (Geistes-) Lichte, auf dass der Tag anbreche, der die Völker erleuchtet.

Weil auch ihr euch bestrebet Mir zu gefallen, auf dass Meine Liebe in euch mächtig sei, so soll auch Meine Stimme in euch immer sicherer werden, auf dass ihr richtig unterscheiden lernet, ob Ich – als der Heiligen Geiste – in euch rede, damit ihr, gleichwie von Mir geschrieben steht, ebenfalls wachset im Geiste, voller Weisheit, und Meiner Gnade euch immer mehr würdig machet, auf dass nicht allein ihr davon gesegnet werdet, sondern noch viele des Herrn Lob verkündigen mögen. Denn auch jetzt erschauet ihr in den geringen Anfängen Mein Wieder-Erscheinen zur Erlösung für viele! Amen! Euer Vater!

417. Habet Glauben an Gott!

28. September 1884

„Jesus antwortete und sprach zu ihnen: Habet Glauben – an Gott." (Mk. 11,22)

Liebe Kinder! „Alles, was ihr bittet in eurem Gebet, glaubet nur, dass ihr's empfangen werdet, so wird's euch werden.

„Und wenn ihr stehet und betet, so vergebet, wo ihr etwas wider jemand habt, auf dass auch euch euer Vater im Himmel vergebe eure Fehler." (Mk. 11,25)

Denn nur wo die Liebe mit dem Glauben verbunden ist, kann es möglich werden das Gebet zu erhören, weil ohne Liebe der Glaube unecht ist, und keine wirkende Kraft in sich hat.

Darum aber, weil so viel Mangel an der Liebe in der Jetztzeit auf Erden weilet, ist nun auch der Glaube ein toter Scheinglaube und zu nichts nütze; denn Ich kann Meinen Segen bloß auf die

Liebe legen, weil Ich keinen andern Beweggrund in Mir fühle, als die Liebe!

Wer in Meinem Namen etwas tun will, muss die Liebe zum Beweggrund haben! Denn die wahren Kinder von Mir müssen sich ganz das Wesen ihres heiligen Vaters aneignen, ehe Ich ihnen ihre Bitte gewähren kann. Dieselben dürfen also nur ein solches Verlangen in sich tragen, welches ihnen und ihren Mitmenschen zugleich zum geistigen Segen wird.

Es gibt heutzutage auch viel Wunderglauben, weil es Menschen gibt, welche meinen, wenn sie nur fest hoffen, dass dieses oder jenes geschehe, darum sie sich an Mich wenden, so werde es auch wirklich geschehen.

Ich lasse in solchem Falle die Erfüllung auch öfters zu, um eben auch auf diesem Wege die Seelen mehr für Mich zu gewinnen. So ist es z. B. bei Krankenheilungen, wo viele sich einer besonderen Gebetserhörung rühmen können.

Diese Erhörung geschieht nicht immer deshalb, weil die vermittelnde Person in der reinen Liebe steht, sondern es geschieht solches öfters um des Kranken selbst willen, welcher dadurch Mich lieben lernt, indem also sein Glaube an Mich zu einem wahren Glauben wird. Darum sagte Ich: *„Habt Glauben an Gott!"*

Diese Worte gelten hauptsächlich solchen, die schon an sich selbst etwas von dem Segen des Glaubens erfahren haben; denn *„ohne Mich könnt ihr nichts tun."* (Joh. 15,5) Diese Wahrheit soll bei allen Gelegenheiten fest in eurem Herzen stehen, ob euch das Gewünschte gelingt, oder ob ihr missmutig werdet, wenn ihr in Lagen kommt, wo ihr wohl fühlt, dass euer eigenes Zutun nichts auszuführen vermag. Untersucht aber dann, wie weit ihr berechtigt seid, auf Meine Hilfe (dabei) Anspruch zu machen, d.h. ob ihr die Bedingungen erfüllt, welche Ich um eurer selbst willen machen muss, ehe Ich euch erhören kann.

Befleißigt ihr euch, diese richtige Stellung einzunehmen, so kann Ich durch euch Taten tun, die Meinem Namen Ehre machen, und Meinem Reiche Bahn brechen. Amen! Euer Jesus.

418. Vom Schifflein Christi

(Mk. 4,35)   5. Oktober 1884

Liebe Kinder! Aus diesem Akte, der in Meinem Erdenleben vorkam, wie ihr es in diesen Worten beschrieben findet, könnt ihr vieles lernen. Besonders in solchen Verhältnissen, in welchen ihr glaubt ganz sicher auf Meine sichtbare Hilfe bauen zu dürfen; denn auch Meine damaligen Jünger konnten es nicht fassen, dass Ich so ruhig schlief, während der Sturm ihnen den Untergang drohte.

Sie zweifelten dabei weniger an Meiner Macht, als an Meiner Liebe; darum fragten sie Mich: *„Meister, fragst Du nichts danach, so wir verderben?"* (Mk. 4,38)

Wie oft muss Ich auch heutzutage noch von solchen diese Rede hören, die ihr Vertrauen auf Mich setzen und auf Meine Hilfe, aber die Art und Weise der Hilfe Mir durch ihren Verstand vorschreiben wollen.

Sehet, da muss Ich Mich schlafend stellen, und Mich zur Hilfe wecken lassen; denn erst, wenn ein solches Kind zur vollen Überzeugung gelangt ist, dass es ohne Mich zugrunde geht, wird das Vertrauen gestärkt und die Seele willenlos.

Wenn ein Mensch in Lebensgefahr steht, und weiß einen Erretter zu finden, so bittet er denselben um Beistand; ist aber dabei willenlos, wie der Retter es anfängt oder handelt.

Ebenso sollt ihr, wenn ihr in geistiger Lebensgefahr seid, euer Vertrauen unbedingt Mir zuwenden; besonders wenn ihr wisst, dass Ich im Schifflein, also euch nahe bin, und ihr deshalb euren Weg nicht ohne Mich fortzusetzen braucht; o, da habt auch ihr sogleich die Frage bei euch: *„Meister, fragest Du nichts danach, dass wir verderben!"*

Auch ihr lasst euch zu viel von Sturm und Wind einschüchtern, wenn dieselben von außen her gegen euch toben, und habt noch zu wenig Glauben an Meine Macht, die im Verborgenen waltet und euch schützt.

Bedenket doch, dass es nur eines Winkes von Mir bedarf, so muss sich alles unter Meinen Willen beugen! *„Wie seid ihr doch so furchtsam? Wie, dass ihr keinen Glauben habt!"* (Mk.. 4,40)

Erkennet doch in Meinem Walten Meine Liebe! Ob durch Sonnenschein oder durch Sturm ihr Meine Nähe zu fühlen bekommt, so soll eure Freude, euer Trost darin bestehen, dass Ich bei euch bin; und darum, wenn euer Glaubensschifflein noch so sehr ins Schwanken gerät, so fürchtet euch nicht; denn Meine Liebe lässt sich von euch wecken, und die Hilfe wird euch zuteilwerden.

So fahret also fort weiter zu schiffen auf dem Wahrheitswasser, eingedenk, dass auch Ich im Schiffe bin als Euer Vater Jesus! Amen.

419. Vergib uns – oder die versöhnende Liebe

12. Oktober 1884

„Und vergib uns unsere Sünden, denn auch wir vergeben allen die uns schuldig sind. Und führe uns nicht in Versuchung, sondern erlöse und von dem Übel." (Lk. 11,4)

Liebe Kinder! Im zehnten Kapitel (des Lukas) ist die Liebe angezeigt, welche sich im Wohltun und Mitleiden als tätige Liebe gegen den Mit- und Nebenmenschen äußert, und hervorgerufen wird durch (missliche) Verhältnisse und Lagen, die euch überzeugen, dass Hilfe nottut.

Diese Liebe ist schon mehr eine reinere göttliche Liebe, weil dieselbe nicht auf Gegenliebe Anspruch macht, sondern dem Bedürftigen aus Mitleid helfen will. Es ist dieselbe also eine Geistesfrucht, die momentan erzeugt wird, oft beim Anblick eines Armen oder sonstigen Elends, oft durch die Beschreibung einer Not, und man findet dieses Mitleid auch oft bei ganz materiellen Menschen, was immer wieder den Beweis liefert, dass der göttliche Funke im Menschen nie ganz ausgetilgt werden kann, sondern oft durch ein unscheinbares Ereignis wieder zur Flamme entzündet wird.

Dies ist das verborgene Walten der Gnade durch göttliche Weisheit, und ihr könnt daraus lernen, dass die Gnade, wenn sie den Menschen angeboten wird, immer zuerst die Liebe für sich zu gewinnen sucht, weil die Liebe die Wurzel zum geistigen Fortschritte bildet.

Will nun eine Seele immer mehr sich vergeistigen, so muss auch die Liebe immer mehr wachsen und einen Höhengrad erreichen, welchen Ich euch durch Wort und Tat gelehrt habe.

Nach der barmherzigen Liebe kommt die versöhnende Liebe, welche schnurgerade der Ich-Natur entgegensteht; denn die Menschen können alles eher opfern, als ihre Eigenliebe. Wenn diese angetastet wird, so halten die wenigsten Menschen die Probe in der Liebe aus, wollen lieber ein ganzes Gut verlieren, als die Eigenliebe fahren lassen. Und leider ist dies viel mehr bei solchen der Fall, die es – nach ihrer Meinung von sich selbst – soweit gebracht haben, dass sie ihre Liebe für unfehlbar halten, auch dann, wenn andere durch sie oft tief betrübt werden, weil sie zu sehr unter dem Eigendünkel und Hochmut leiden müssen, welcher so gerne richtet und verdammt, in der (irrigen) Meinung, dadurch seine Mitmenschen zu bessern.

Wie nötig sind daher die Worte in eurem täglichen Gebete: *„Vergib uns unsere Schulden, wie wir vergeben unseren Schuldigern, d.h. allen, die uns schuldig sind"*, (nämlich Gegenliebe).

Das Erkennen der eigenen Schuld ist nötig, um den anderen vergeben zu können.

Wer seine eigene Schwachheit fühlt, der wird mit Mitleid seine Nebenmenschen beurteilen; er weiß und fühlt mit, wie groß der Kampf ist, rein zu werden, und bittet darum, sowohl für sich als für andere, und erreicht also die versöhnende Liebe.

Weil aber solche Seelen ihre Schwachheit bei Kämpfen wohl fühlen, so ist es ihnen bange in eine Versuchung zu kommen welche Feindesliebe nötig macht, und so bitten sie: *„Führe uns nicht in Versuchung, sondern erlöse uns von dem Übel"*, welches aber eben nur durch die Kraft Gottes geheilt werden kann.

So gelten auch diese Gebetsworte solchen, welchen es ernstlich darum zu tun ist, Mein Ebenbild zu erreichen, welches nur in der Vervollkommnung der reinen Liebe geschehen kann! Amen! Euer Vater.

420. Vom Gegensatz zwischen Geisteslicht und Verstandeslicht

(Mk 12,18)   19. Oktober 1884

Liebe Kinder! Die Sadduzäer glaubten, es sei keine Auferstehung. Darum wollten dieselben Mir eine kritische Frage vorlegen, um die Zweifel an ein Fortleben zu rechtfertigen.

Diese Frage entstammte aber dem Verstande, und daher hätten diese Ungläubigen jede Antwort, welche notwendig geistiger Art hätte sein müssen, nicht begreifen können; denn die materiellen Menschen, welche aus weltlichen Interessen eine Frage über geistige Dinge stellen, können nie eine Antwort erhalten, die sie befriedigt. Es heißt ja: „*Der natürliche Mensch vernimmt nichts vom Geiste Gottes, es muss geistig gerichtet sein.*" (1. Kor. 2,14)

Ebenso gibt es Menschen, welche zwar anfangen, geistig zu streben, aber dabei immer wieder zu viel mit dem Verstande erfassen wollen. Solche haben einen schweren Standpunkt, weil sie viel Zweifel zu bekämpfen haben. Darum ist es so nötig, dass eine ganze Übergabe des Willens an Mich gemacht wird, auf dass Ich die Menschen durch Meine Kraft und Meinen Geist beeinflussen kann, damit sie Mein Wort besser verstehen lernen.

Und dass die Menschen zu solch einer Übergabe gelangen, dazu bietet die Gnade allerlei Mittel an. Meist muss Ich diese Übergabe durch allerlei Leiden und Heimsuchungen hervorrufen. Ich muss den Menschen die Richtigkeit der irdischen Glücksgüter durch Entziehung derselben klar machen, während Meine Liebe ihnen dieselben gern bescheren würde, um sie zum geistigen Gewinn auszunützen. Weil aber leider zumeist das Gegenteil der Fall ist, und sie also mehr Schaden an ihrer Seele dabei nehmen würden, so muss Ich oft traurige Ereignisse zulassen, um sie wenigstens später noch für die ewige Seligkeit zu retten.

Daher kommt den Menschen Mein Regieren oft wunderlich und rätselhaft vor, weil sie zu wenig wissen, wozu Ich sie erziehen will, indem sie nur den Genuss des Augenblicks betrachten, aber nicht die Zukunft, ob diese Wohl oder Wehe bringt!

Diese irren und täuschen sich aber, da sie nichts wissen von der Schrift, noch von der Kraft Gottes, und somit sich auch nicht selbst erkennen als geistige Wesen, sondern den Leib und leibliche Bedürfnisse höher achten, als ihren Seelenadel, welchen sie immer mehr ausbilden sollten, um einst im Himmel mit Meinen Engeln teilnehmen zu können an allem, was die ewige Seligkeit hervorruft, und so als Kind Gottes ewig mit Mir vereint zu sein. Euer Vater in Jesu!

421. Missionswinke

26. Oktober 1884

„Sehet euch vor vor den falschen Propheten, die in Schafsklei-
dern zu euch kommen; inwendig aber sind sie reißende Wölfe. An
ihren Früchten sollt ihr sie erkennen. Kann man auch Trauben le-
sen von den Dornen, oder Feigen von den Disteln?" (Mt. 7,15-16)

Liebe Kinder! Diese Mahnung gab Ich zunächst Meinen Jüngern, weil dieselben aus Liebe zu Mir oft mit den Schriftgelehrten und Pharisäern sich in ein Gespräch verwickelten, um diese
von Meiner Gottheit zu überzeugen.

Meine Jünger eiferten um Meine Ehre, aus Liebe zu Mir; aber
sie taten solches oft gegen Meinen Willen; denn es war noch
nicht an der Zeit, für Mich zu kämpfen, und somit war solches
(vorzeitige Vorgehen) nicht allein Meinen Jüngern selbst, sondern auch ihren Zuhörern zum geistigen Nachteile; weil ein solches Bemühen vergeblich ist, ehe Ich den Weg zu den Herzen
vorbereitet habe, was freilich auf eine euch oft unbegreifliche
Weise geschieht, da ihr Meine Langmut noch lange nicht in der
Größe erkennt, wie sie waltet; darum wollt ihr dieselbe abkür-
zen durch euer eigenes Zutun mit dem Verstande, und dazu
gebe Ich Meinen Segen nicht!

Bedenket, dass ihr noch lange zu erforschen habt, ob ihr
selbst tüchtig seid andere zum wahren Glauben tüchtig zu machen, ehe ihr dieselben veranlassen wollt, das ebenfalls zu erkennen und zu glauben, was Ich euch aus Gnade anvertraue.

Beweiset euren Mitmenschen die Wirkung der Gnade an
euch durch eure Wiedergeburt und euer Tun. Denn die Wiedergeburt muss erkannt werden von euren Mitmenschen, wenn
dieselben euer Tun und Handeln prüfen, und daraus ersehen,
wie unsere Grundsätze göttlicher Art sind, und sich nach dem
Beispiele eures Jesu richten; denn dort hört alles Abstreiten der
göttlichen Wahrheiten auf, weil dann die Tat dafür zeugt.

Und sehet, liebe Kinder, dieses ist Mein Wille! Dazu berufe
Ich Mir im Stillen wahre Kinder, welche unvermerkt an diesem
Zeugnisse arbeiten, und dabei auf Mich sehen, um Geduld und
Langmut von Mir zu lernen; und solche Kinder wissen ihre Aufgabe nach Meinem Willen zu lösen, und bedürfen keine Anerkennung nach außen; denn der Friede im Herzen befriedigt sie,
und treibt sie immer mehr an, Mich inniger zu lieben. Dabei verlassen sie sich auf Meine Weisheit und Macht, die es wohl zu

machen weiß, wenn sie Mir diese oder jene Person in der Fürbitte übergeben, weil sie wissen, dass ohne Meinen Willen ihr eigenes Tun keinen Segen nach sich zieht.

Darum gelten auch euch die Worte in diesem Kapitel und weiter in Kap. 10,16: *„Seid klug wie die Schlangen und ohne Falsch wie die Tauben gegeneinander"*, auf dass ihr in der Liebe völlig werdet, und euer Bund nach Meinem Willen von Mir zeuge! Amen! Euer Vater in Jesu.

422. Der unfruchtbare Feigenbaum und seine Entsprechung

2. Dezember 1884

„Und der Herr ging ein zu Jerusalem und in den Tempel, und Er besah alles; und am Abende ging Er hinaus gen Bethanien mit den Zwölfen.

Und des andern Tages, da sie von Bethanien gingen, hungerte Ihn. Und sah einen Feigenbaum von ferne, der Blätter hatte; denn es war noch nicht Zeit, dass Feigen sein sollten.

Und Jesus sprach: nun esse von dir niemand eine Frucht ewiglich! Und Seine Jünger hörten das.

Und am Morgen gingen sie vorüber, und sahen den Feigenbaum, dass er verdorrt war bis auf die Wurzel.

Und Petrus dachte daran und sprach zu Ihm: Rabbi, siehe, der Feigenbaum, den Du verflucht hast, ist verdorret." (Mk. 11,11-14; 20-21)

Liebe Kinder! Es ist auch schon öfters gezeigt worden, wie in solchen Vorkommnissen Meines Erdenwandelns tiefe Entsprechungen verborgen sind, welche aber alle sollen enthüllt werden, in der Zeit wo Meine Weisheit sich's vorbehalten hat, solches zu tun.

Ebenso ist hier beschrieben, wie Ich umherging, um im Tempel und an anderen Orten den Glauben mit der Liebe verbunden zu suchen; denn Mich hungerte nach Liebe. Ich fand dieselbe gar selten; aber am seltensten bei den damaligen Israeliten, welche von andern Völkern als ein bevorzugtes Volk betrachtet wurden, weil sie göttlicher Offenbarungen gewürdigt waren; darum sie auch sinnbildlich mit dem Feigenbaum verglichen werden konnten.

Deshalb suchte Ich auf dem Feigenbaume, das ist bei dem Volke Israel Mein Verlangen nach Liebe zu stillen, denn Mich hungerte darnach; aber Mein Suchen war vergebens. Ihr Glaube bewirkte keine Liebe als Frucht, und somit war der Baum ein fauler, der nichts nützte.

Um nun Meinen Jüngern zu zeigen, wie nur die Früchte des Baumes demselben einen Wert geben, und ebenso der Glaube ohne Liebesfrucht ein nutzloser Glaube ist; darum ließ Ich diesen Baum verdorren.

So geht es gleichfalls mit dem Glauben ohne Liebe; er gleicht einem Feigenbaume mit Blättern ohne Früchte, und wird bei jedem einzelnen ebenso wenig nützen zu seinem geistigen Fortschritte, als bei der Mehrzahl.

Der Feigenbaum ward verdorret bis auf die Wurzel; denn Meine Gnade war nicht mit ihm, d.h. Ich entzog demselben Meine schöpferische Kraft, und somit das Leben.

Ebenso ist es bei dem Glauben ohne Liebefrucht, weil Meine Gnade nicht an solchen Menschen wirken kann, welche die Liebe vom Glauben trennen. Die Liebe ist das Verbindungsmittel mit Mir, der Glaube ist nur ein Wissen, dass Ich bin und Wer Ich bin.

Gleichwie ihr aber wisst, dass es einen König (oder Kaiser) gibt, der euch regieren und beglücken will, wenn ihr ihm untertan seid, und seinen Gesetzen Gehorsam leistet, also geht es auch mit dem Glauben an Gott. Ihr müsst denselben nicht allein anerkennen, sondern euch auch nach demselben in eurem Tun und Handeln richten. Dies ist das Zeugnis eurer Anerkennung, ohne welches keine Verbindung stattfindet und ohne Verbindung mit Mir hört das geistige Leben in euch auf. Ihr gleichet in solchem Falle dem verdorrten Feigenbaume, und werdet gleich Petrus wahrnehmen, dass derselbe zu nichts mehr gebraucht werden kann, als zum Abhauen und vollends Auflösen.

Darum sagte Ich auch: „Habt Glauben an Gott, welcher die Liebe ist!" und daher muss die Liebe mit dem Glauben verbunden werden! Amen.

423. Über die wahre Nachfolge Christi

9. Oktober 1884

„Und was Nutzen hätte der Mensch, ob er die ganze Welt ge-
wönne, und verlöre sich selbst oder beschädigte sich selbst? –

Wer sich aber Mein und Meiner Worte schämt, des wird sich
des Menschen Sohn auch schämen, wann Er kommen wird in Sei-
ner Herrlichkeit und Seines Vaters und der heiligen Engel." (Lk.
9,25-26)

Liebe Kinder! Nachdem Meine Jünger sich überzeugt hatten,
dass Ich Der bin wie Petrus sagte: *„Du bist der Christ Gottes"*, (Lk.
9,20) dass Ich also (Gott in Mir wohnend) Christus sei, da glaubten dieselben, Mir ihre Liebe dadurch am meisten zu beweisen,
dass sie es dem Volke gleichfalls verkünden wollten, Wer Ich sei!

Ich aber bedeutete sie darum und gebot, dass sie es nieman-
den sagten, weil Ich ihren inneren Glaubenszustand sehr wohl
kannte, welcher noch viel zu schwach war, um die Verfolgungen
auf sich zu nehmen, welche solchem Bekenntnisse folgen.

Darum ist die erste Aufgabe einer Seele, nachdem sie Mich in
Meiner großen herablassenden Liebe erkennt, dass sie selbst
sich bemüht, derselben immer würdiger zu werden, ehe sie ihr
Hauptstreben darauf hinlenkt andere gleichfalls zu diesem
Glauben zu bewegen. Denn eine solche Seele erkennt da noch
zu wenig die großen Nachstellungen des Feindes, sowohl in sich
selbst, als von außen her, beim Beginn ihrer Wiedergeburt, und
darum gab Ich so viele Belehrung über die wahre Nachfolge:

„Wer Mir nachfolgen will, der verleugne sich selbst" (Lk.
9,23), d.h. er entsage allen Ansprüchen, die das natürliche Ich bei
ihm macht, und nehme sein Kreuz auf sich täglich, weil er weiß,
dass dasselbe nur auferlegt ist, um es auf Golgatha an die To-
desstätte zu tragen, um dort von allem los zu werden, was nicht
ins ewige Leben eingehen kann; gleichwie Ich einst die Sünde
der Welt trug mit dem Kreuze, das Mich niederbeugte, bis die
heilige Liebe es Mir tragen half, und dazu in Simon von Cyrene
einen Mann schickte, welcher das Symbol, das hölzerne Kreuz,
neben Mir trug.

Dieser Mann hatte in sich einen Funken reiner Liebe, und
dieser Funke in seiner Seele erleichterte Mir die Last, gegenüber
der großen Lieblosigkeit so vieler.

Wer also Mir nachfolgt, der wird gleichfalls viel Lieblosigkeit zu fühlen bekommen; indem er in sich das Gegenteil fühlt, empfindet er desto stärker alles, was sich nicht mit der reinen Liebe vereinen lässt, und insofern zieht Meine Nachfolge viel Kreuz nach sich, was Ich nicht abändern kann; denn es ist der Kampf zwischen dem Natürlichen und dem Geistigen.

Die Liebe muss sich das Eine (was nottut) durch freiwillige Hingabe des andern erringen, und da ist es in dieser Zeit freilich so weit gekommen, dass sie (die jetzige Menschheit umgekehrt) das Geistige hingibt für Materielles. Dies ist der große Abfall der Menschen, und die große Verkehrtheit, welche bis zur Bosheit sich steigert, indem sie frech leugnet, was noch göttlicher Art ist.

Um dieses zu tun, ist ihr Mein Wort, die Heilige Schrift, nicht mehr heilig, sondern sie greift dieselbe mit ihrem Verstande auf eine Weise an, um vieles darin Enthaltene bei solchen Seelen, die Mich im Herzen noch erkennen, zu verdächtigen, und sie so vollends irre zu machen; denen gelten diese Worte:

„Wer sich aber Mein und Meiner Worte schämt, des wird sich des Menschensohn auch schämen, wenn Er kommen wird in Seiner Herrlichkeit und Seines Vaters und der heiligen Engel."

Diesen wird durch den Heiligen Geist nicht verliehen werden das Göttliche von dem Materiellen unterscheiden zu können, und sie werden die wirkende Kraft, die in der Heiligen Schrift enthalten ist, und die zur Wahrheit hinleitet, nicht haben, weil eben dem Verstande das Innewerden der Vereinigung mit Mir nicht anvertraut ist; *„es ist ihm eine Torheit und kann es nicht erkennen; denn es muss geistig gerichtet sein."* (1. Kor. 2,14)

Darum hütet euch, durch den Verstand anderen, welche gleichfalls den Verstand höher achten, etwas von dem mitzuteilen, was die Gnade und Meine Liebe in euer Herz senkt! Amen.

424. Vom Verkehr mit Gott

(Apg. 10)   16. Dezember 1884

Liebe Kinder! Es ist euch in der Apostelgeschichte (Kap. 10) erzählt und gezeigt, wie Ich mit jedem Menschen der Mich liebt, direkt verkehre, gleichwie mit Cornelius, welcher durch Gebet und Almosen Mir seine Liebe bewies; darum Ich ihn auch Selbst hinleitete, um das wahre Evangelium zu erhalten.

Es gibt wunderbare Wege für solche, die Mich lieben, dass sie in den Vollbesitz der Erkenntnis von Mir gelangen; aber einer jeden suchenden Seele ist die Verheißung gegeben (welche auch erfüllt wird), dass dieselbe Mich findet.

Obgleich Cornelius noch nichts von Meiner Lehre wusste, so wirkte doch der Geist innerlich mächtig an demselben, und bereitete ihn für den Glauben an Mich vor.

Es sind hierin zwei wichtige Lehren auch für euch enthalten. Erstens, dass Ich wirklich der herablassende Gott und Vater bin. Wo es gilt eine Seele zu beglücken, da trete Ich oft direkt ins Mittel, um es durchzuführen. Und zweitens, dass ihr jeden Suchenden als von Mir euch zugewiesen betrachten sollt, ob er nach seinem äußeren Verhältnisse euer Zutrauen gewinnt oder nicht, so dass ihr euch oft rechtfertigen wollt mit euren redlichen Grundsätzen, welche Ich nicht tadle; aber gerade darum euch oft Selbst wieder belehre, wenn ihr von denselben in etwas abweichen müsst um Meinetwillen.

Wenn ihr so in eurem Willen gestellt seid, dass ihr denselben ganz Mir unterordnet, so dürft ihr bei solchen Vorkommnissen ruhig sein, die euch nicht ganz klar sind, wie weit dieselben nach Meinem Willen behandelt werden sollen; denn ihr werdet eine zuverlässige Antwort von Mir in eurem Innern erhalten.

Alles Anliegen, das sich auf Mich bezieht und auf Meine Lehre, will Ich Selbst beantworten, gleichwie Ich Petrus deutliche Winke gab von seiner Mission bei Cornelius; denn Ich führe solche Seelen selbst zusammen, und bereite auf beiden Seiten vor.

Darum, wenn euch eine Aufgabe zuteilwird, wo ihr an der Echtheit derselben zweifelt, so fraget nur Mich, und ihr sollt Aufschluss erhalten, welchem ihr sodann getreu folgen dürft, ohne es nachher bereuen zu müssen; denn Ich arbeite stets mit, wo euch etwas für Mich zu tun aufgetragen wird.

Dies sei euer Trost in Fällen, wo ihr ängstlich seid dieses oder jenes auszuführen, gleichwie Petrus dort sich überzeugt und die Worte aussprach: „Nun erfahre ich in Wahrheit, dass Gott die Person nicht ansieht, sondern aus allerlei Volk, das Ihn fürchtet und recht tut, der ist Ihm angenehm!" (Apg. 10,34-35)

Also wisset, dass in allen Sekten und Glaubensgemeinschaften wahre Kinder von Mir zu finden sind, welche Ich besuche und sie nach Meiner Weisheit leite, oft schon hier auf Erden zu dem wahren Lebenswasser, über ihr Bitten und Verstehen. Richtet auch ihr euch in dieser Beziehung nach Meinem Willen. Amen! Euer treuer Jesus.

425. Das Wort ward Fleisch und wohnte unter uns

23. November 1884

„Und das Wort ward Fleisch und wohnte unter uns, und wir sahen seine Herrlichkeit, eine Herrlichkeit als des eingebornen Sohnes vom Vater, voller Gnade und Wahrheit." (Joh. 1,14)

Liebe Kinder! Johannes war derjenige Jünger, welcher Mein ganzes Wesen, Meine Gottheit und Einheit mit dem Vater am klarsten erkannte. Die göttliche Liebe, welche er in sich hatte, und darum er Mich so sehr liebte (d.h. nicht fleischlich, sondern geistig), befähigte ihn dazu.

In den Worten: *„Und das Wort ward Fleisch und wohnte unter uns"* ist das große Geheimnis eingehüllt von Meinem Wesen. Denn das Wort ist der Ausdruck oder die Kundgebung dessen, was im Menschen vorgeht, und diese inneren Vorgänge oder die Gedanken müssen ein Werkzeug oder Organ haben, um sich da zu sammeln und niederzulassen. Diesen Organismus bildet der Leib, welchem der Ton oder Schall verliehen ist, um sich anderen verständlich zu machen, was nur mangelhaft ohne die Sprache geschehen kann.

Ihr erkennt den Menschen in seiner geistigen Beschaffenheit nur durch seine Äußerungen, welche gleichsam Wort und Tat zugleich sind; diese zeigen euch ob ein Mensch gut oder böse, überhaupt was sein Wille ist, ob er Gutes oder Böses wählt, und durch dieses Erkennen wird sein eigener Wille veranlasst denselben zu lieben oder ihn zu hassen.

Wollt ihr nun einen Menschen zur Liebe für euch bestimmen, so müsst ihr demselben gleichfalls Liebe geben und mit demselben verkehren.

Sehet, liebe Kinder, um nun von euch geliebt zu werden, welche Liebe nicht fehlen darf, um als vollkommener Vater euch gleichfalls vollkommen glücklich machen zu können, konnte auch Ich Selbst keinen andern Weg machen, als die gleiche Ordnung einzuhalten, welche auch euch geboten ist Mich zu lieben.

Das heißt, Ich musste Mich in Wort und Tat entäußern können, und nahm deshalb den dazu erforderlichen Organismus (den menschlichen Fleischleib) an. Weil aber durch die Seele demselben die Wahl oder das Wollen beigelegt ist, so musste auch Ich in dieses Organ die Seele aufnehmen als Vermittlerin zwischen Geist und Leib. Aber bei Mir, als dem Geiste, Der die ewige Liebe und Wahrheit ist, musste die Seele sich dem Willen des Geistes unterordnen, und konnte ihre Wahl nicht dem Bösen zuwenden, sondern die Lust zum Bösen wurde in Mir als Mensch stets sogleich besiegt, ehe dasselbe zu einer Form gelangen konnte, welche selbst bei Meinen Kindern oft durch schwere Operationen wieder umgeändert werden muss, (wo dann der heilige Arzt Kreuz und Leiden aller Art anwenden muss, um die Seele zu vergeistigen, und sie mit dem göttlichen Geiste so wieder vereinbar zu machen.[1])

Ich zeigte Meinen Jüngern die Herrlichkeit des Geistes im Menschen, wenn derselbe noch nach Meinem Ebenbilde bestellt ist, und sie erkannten in Mir die Fülle der Gottheit, und zweifelten nicht an Meiner Einhüllung ins Fleisch; wie Johannes bezeugt: *„Wir sahen Seine Herrlichkeit, als des eingeborenen Sohnes vom Vater, voller Gnade und Wahrheit."* Amen!

426. Wie der Herr kommt (in Demut und Liebe)

(Lk. 20,9-19)   Adventsfest, 30. Nov. 1884

Liebe Kinder! Dieses Gleichnis, welches Ich einst den Pharisäern und Schriftgelehrten gab, und das deren geistige Zustände beim Erscheinen des Messias bezeichnete, gilt auch in der Jetztzeit wieder bei den Christen, wo Mein zweites Kommen erwartet wird. Denn auch jetzt sind die Menschen wieder ganz materiell in ihrem Dichten und Trachten, und sie können sich kein besseres Los denken, als viel Besitztum an irdischen Gütern, und weil sie ihre Habe oft nicht befriedigt, so wünschen sie eine bessere Zeit, welche sie durch Mein Kommen erwarten.

---

[1] Die Seele nimmt den Hauch des Satans auf, wie der Geist die göttliche Influenz, weil jene Satanisches in sich hat, wie dieser Göttliches. D.Hsg.

Weil sie ratlos sind, wie die Verhältnisse für sie günstiger werden sollen, so hoffen sie dasselbe von Meiner göttlichen Macht; denn so viel darf Ich noch bei ihnen (den christlichen Welt-Menschen) gelten, dass sie zur Zeit der Not und Ratlosigkeit Meine Hilfe anrufen, welche aber nach ihrem Sinne und Willen geschehen solle.

So war es auch bei den Pharisäern und Schriftgelehrten, als Ich unter denselben lebte, lehrte und wirkte. Sie wollten das Joch der Römer, unter welchem sie waren, abschütteln, und sehnten sich nach einem (weltmächtigen) Erretter, deuteten daher alle Verheißungen der Propheten äußerlich, indem sie ihre große Geistesarmut nicht mehr fühlten, von welcher sie zu erlösen der Zweck Meines Kommens damals war, und noch bleibt, auch bei Meinem zweiten Kommen, wo nun den Menschen im Äußeren alles geboten ist, so dass dieselben in Übermut und Hoffart schwelgen, Meinen Geboten schon längst nicht mehr Gehör geben, sondern dieselben als unausführbar bezeichnen, was bei ihrem verblendeten Zustande ihnen auch nicht anders möglich ist; und deshalb streiten sie, um desto sicherer und ruhiger bei diesem Glauben sein zu können, Mir die Göttlichkeit ab.

Wie kann oder soll Ich nun da kommen? Etwa in Meiner Herrlichkeit und Macht? Da würden die Menschen nimmermehr bestehen können vor Meiner Heiligkeit, eine gänzliche Vernichtung müsste erfolgen. Komme Ich aber nun wieder in Meiner Liebe, wie dass erste Mal, so heißt es: *„Er kam in Sein Eigentum, aber die Seinen nahmen Ich nicht auf!"* (Joh. 1,11) Und doch ist die Liebe göttlich, ewig, unveränderlich, und hat sich vorbehalten zu erlösen und zu erretten durch Langmut und Geduld, und durch ein immerwährendes Anklopfen an den Herzen. Denn nur durch die Liebe bin Ich Meinen Erdenkindern nahbar.

Das Urwesen der Liebe hat keinen andern Zugang als durch die Liebe, und darum auch Mein zweites Kommen in der Liebe geschieht, welche still einhergeht, und segnet an geistigen Gütern alle, welche sich segnen lassen. *„Denn viele sind dazu berufen, aber wenige auserwählt"* (Mt. 20,16), weil sich solche nicht empfänglich machen, die geistigen Schätze aufzunehmen, und dieselben höher als die vergänglichen Güter zu halten.

Die Liebe ist der Grundstein, worauf der wahre Tempel gebaut werden muss; allein die Baumeister haben ihn verworfen.

Auch heutzutage wird alles gesetzlich getan, gelehrt, regiert, und das Gesetz gepflegt, vermehrt und verbessert. Alles, alles ruht nun auf dem Gesetze, auch bessere Zeiten soll das Gesetz bringen, d.h. im Materiellen. Aber die Liebe, ohne welche nichts bestehen kann, was Ruhe und Frieden ins Herz bringt, und somit das Glück der Menschen ausmacht, diese muss still verborgen walten, um doch noch dem Verderben zu steuern, welches alles aufzulösen droht. Sie muss sich in der Bethlehemshütte aufhalten, sich flüchten, und sich im Stillen groß erziehen lassen, ehe sie hervortreten kann, um zu segnen, und ist sie da oder dort im Begriff Einzug zu halten, so tönt ihr nur ein Hosianna entgegen, das mit dem Kreuzigen endet!

Es wird nun Meinen wahren Kindern nicht schwer werden zu erkennen – wann, wie und wo Ich erscheine. Sondern sie werden zeugen können von Mir, als von dem, der da ist, und sein wird in alle Ewigkeit. Amen. Euer Jesusvater!

427. Winke zur Adventszeit
Vom verstärkten Geistereinfluss

7. Dezember 1884

Es ist die Adventszeit die Zeit, wo im Geisterreiche eine große Tätigkeit herrscht, sowohl bei den guten, als unter den bösen Geistern. Die guten Geister freuen sich in der kommenden Weihnachtszeit auf eine Erhöhung ihres Einflusses bei den Seelen, weil dieselben nach der Kirchenlehre belehrt, solche Feste mehr schätzen, und sich da bemühen recht andächtig zu sein, um diese Festtage wenigstens durch Beachtung der äußeren Formen würdig zu feiern.

Obwohl dieses keinen hohen Wert hat, was bloß äußerlich geschieht, so liegt doch ein Segen für solche darin, weil ihre Schutzgeister ihren guten Willen, welcher den Geboten nachzukommen sucht, benützen, welch letztere zwar größtenteils menschlich ausgeformt worden sind, aber ihr Ursprung geht doch von Mir Selbst aus, und darum Ich diese Feier als Mir dargebracht segne.

So ist es möglich, in solchen Zeiten mehr geistig zu segnen als in sonstigen Zeiten, wo die Berufsarbeit weniger Zeit erlaubt an Mich und Mein Reich zu denken; und deshalb knüpfen die

Schutzgeister an diesen Segen an, und bitten für ihre Schutzbefohlenen.

Dieses Drängen und Antreiben macht sich dann den Menschen fühlbar, und erkenntlich in verschiedener Weise, bald im Traumleben, bald in Ahnungen, bald in Gesichten usw.

Aber auch die bösen Geister sind tätig Wache zu halten, dass keine Seele auf ihre Seite entrinne, und sie toben daher überall, wo es nur möglich ist. Sie machen den Gemütern bange, und benützen jede Gelegenheit ihre Untergebenen zum Bösen anzutreiben, und den Menschen Spuk zu spielen. Ja, wo sie im Herzen der Menschen Herberge finden, da halten sie gemeinschaftliche Freudenfeste, und toben so, dass solch ein besessener Mensch ihr Spielball ist, oft denkunfähig, aufgeregt und zu jeder bösen Handlung fähig wird.

Es ist die Adventszeit ein Schattenbild auf dem Geistergebiete davon, wie es bestellt war vor Meiner Geburt ins Fleisch; denn jedes Jahr wiederholen sich die Entsprechungen Meines Erdwandels im Laufe der Feste, durch die Kirchenordnung gegeben.

Es ist also jede Zeit der christlichen Festtage eine besondere Gnadenzeit für solche, welche sie würdig zu feiern sich bemühen.

Wenn euch nun in solchen Zeiten Fälle vorkommen, welche euch rätselhaft erscheinen, so ist es dem stärkeren Einflusse der Geister zuzuschreiben, welche von Mir aus Freiheit erhalten, solches tun zu dürfen. Wenn ihr dann aber euch von unsauberen Geistern mehr umlagert fühlt, so kommet zu Mir um Hilfe; denn ihr sollt von denselben nicht über euer Vermögen versucht werden. Somit hätte Ich euch nun etwas Licht gegeben über die Vorkommnisse in solchen Zeiten, welche bald mehr, bald weniger einem Menschen bemerkbar sind, je nach seinen geistigen Anlagen.

Möge diese Mitteilung euch antreiben, euch desto mehr auf Mein Erscheinen bei euch zu rüsten. Amen. Euer Jesus.

428. Über ein kleines

Wiedergeburt

(Predigt 22) 14. Dezember 1884

„Über ein kleines, so werdet ihr Mich nicht sehen, und abermals über ein kleines, so werdet ihr Mich wieder sehen; denn Ich gehe zum Vater!" (Joh. 16,16)

Liebe Kinder! Diese Worte sind von den Kirchenlehrern schon auf vielerlei verschiedene Weise ausgelegt worden. Ein jeder hat in der Auffassung Meiner Worte wieder besondere Ansichten, so auch hierrüber. Oft findet ein Prediger den Sinn derselben für die allgemeine Anwendung etwas besser heraus als für die spezielle; hauptsächlich aber kommt es vor, dass solche Worte nur für das allgemeine Ganze gedeutet oder auf Mein Wiederkommen bezogen werden, während doch in denselben noch eine ganze besondere Entsprechung liegt, übergeben hat; denn für solche gilt dieses Wort in geistiger Beziehung.

Nachdem eine Seele Mich gefunden, Mich gesehen in Meiner Liebe, und den Wert und die Wonne solcher Verbindung fühlt, wird es immer wieder nötig, derselben ihre ganze Freiheit zu überlassen. Ich oder der Heilige Geist, welcher verstärkt an derselben wirkt, zieht Sich zurück; so dass der Seele das Erschauen oder Fühlen Meines Da(bei)seins und Mitwirkens entzogen ist, auf dass dieselbe mehr von sich selbst wählend und handelnd dasteht, umso sich mehr selbst kennenzulernen.

Dieser Standpunkt bildet aufs Neue wieder einen Scheideweg. Denn da muss eine Seele immer aufmerksam sein beim Wählen; es kann ihr dieses nicht erlassen werden, wenn sie mit Mir fester vereinigt werden soll. Denn die Wiedergeburt ist nicht mit der Übergabe vollendet, sondern erst angefangen, und das Wachstum derselben ist ein immerwährendes Zunehmen an Liebe zu Mir.

Darum lasse Ich Mich zum Anfang in Meiner ganzen Liebe erschauen, bis es soweit kommt, dass die Seele mich erfasst in der Liebe; dann aber heißt es: *„Über ein kleines, so werdet ihr Mich nicht sehen"*. Denn die Seele muss nun aus sich wählen, wohin sie mit ihrer Liebe zielt, und mein liebliches Drängen im Herzen verhält sich da stille.

Oft sind die äußeren Verhältnisse so eingerichtet, dass sie die Seele locken es immer wieder mit der Welt zu halten, was dann einen Kampf hervorruft, und ein neues Wählen zwischen Mir und der Welt bedingt.

In diesen Zeiten bin Ich ihr ein verborgener Vater. Hat aber eine Seele solchen Kampf siegreich durchgeführt, und ist Mir treu geblieben, so lasse Ich Mich abermals sehen in Meiner großen Liebe zu ihr. Sie wird dann das Wonnegefühl der göttlichen Liebe in sich verspüren, wie es vorher nicht so stark aufgeprägt war.

Es ist in diesen obigen Worten beschrieben: *„Über ein kleines, so werdet ihr Mich nicht sehen, und aber über ein kleines, so werdet ihr Mich wieder sehen!"* Dies sei auch der Adventsgruß an Meine lieben Kinder von eurem Vater Jesus!

429. Selig sind die nicht sehen und doch glauben

4. Advent, den 21. Dezember 1884

„Spricht Jesus zu ihm: Dieweil du Mich gesehen hast, Thomas, so glaubest du. Selig sind die nicht sehen und doch glauben!" (Joh. 20,29)

Liebe Kinder! Diese Worte, welche Ich einst zu Thomas sagte, als er Meine Auferstehung noch nicht begreifen konnte, und daher an dieselbe nicht glaubte, haben eine tiefere Bedeutung, als wie sie gewöhnlich genommen werden. Thomas glaubte an Mich, als göttlichen Propheten, wurde aber wankelmütig im Glauben durch Meinen Kreuzestod, weil er meinte, dass Ich durch Meine Macht Mich demselben hätte entziehen sollen, um im Leben den Menschen noch mehr wohlzutun. Er war daher in großer Not, ob er Mich noch anerkennen wolle als göttlich. Aber seine Liebe war stark zu Mir; und so blieb er Mir auch in den Zeiten der Anfechtung treu. Nur konnte er Mein Wesen nicht recht fassen, denn die Kunde von Meiner Auferstehung war ihm zu wunderbar, und er verlangte ein Zeichen von Mir, welches Ich demselben auch auf seine Bitte gewährte, indem Ich ihm die volle Erleuchtung gab, so dass er ausrufen konnte: *„Mein Herr und Mein Gott!"* (Joh. 20,28) Denn nun durchschaute er Mein ganzes Wesen!

So gibt es immer wieder in der Christenheit Seelen, die Mich herzlich lieben, aber zu ängstlich sind Mich als Den zu erfassen, welcher Ich in Wahrheit bin, und Der auch sagte: „*Siehe, Ich bin bei euch alle Tage, bis an der Welt Ende.*" (Mt. 28,20)

Diese Verheißungsworte werden von wenigen nach ihrem wahren Sinn geglaubt, weil die Mehrzahl Mich für einen Gott solcher Art hält, der gleich einem Könige thront, und zwar im Himmel, als ein Wesen, das stets bereit ist zu richten auf seinem Stuhle. Dies kommt daher, weil die Menschen sich nicht mehr selbst beobachten, ob in ihnen etwas in Gefühlen und Gedanken angeregt wird, was nicht durch ihre Vernunft hervorgerufen ist; es ist das Besuchen oder Annähern des Heiligen Geistes, welcher der Vernunft im Wählen zu Hilfe kommen möchte, auf dass sie das Gute wähle. Und dieses zeugt dafür, dass Ich stets bei Meinen Kindern bin, und dieselben auch oft, wenn es nötig ist, unmittelbar davon überzeuge, wie ja in der Geschichte der Kinder Gottes unzählbare Fälle aufgezeichnet sind.

Es findet dieses Mein zweites Kommen zwar unsichtbar, aber doch in überzeugender Weise bei den einzelnen Seelen statt. Weil aber solche oft zu wonnetrunken von solchen Gnadenwinken sind, so zeugen sie laut davon, oft auch gegen solche, welche von Mir überhaupt nichts wissen wollen.

So sind Meine Kinder vielem Spott und Hass ausgesetzt, hauptsächlich in dieser Zeit des Unglaubens, und darum muss Ich ihnen Meine sichtbare Annäherung noch entziehen, auf dass sie zuvor stark und klug werden, ihren Gegnern gegenüber. Denn diese sind noch leichter zu gewinnen, wenn sie Mitleid mit solchen Meinen Kindern haben, und dieselben belehren wollen. Ihr Eigendünkel kann ja von einem solchen Gnadenvorzug nicht ohne Neid hören, und darum versündigen sie sich durch Spott immer mehr.

Um also dieses bei solch verirrten Seelen zu verhüten, müssen Meine Kinder auch noch auf Mein sichtbares Erscheinen verzichten, und desto mehr unsichtbarerweise sich mit Mir zu verbinden suchen.

So sie nun den Grund Meines Zurückziehens wissen, wird dieses ihnen nicht schwer werden; denn Meine Liebe bleibt sich ja dennoch gleich. Euer Vater Jesus.

430. Zu Weihnachten

25. Dezember 1884

„Und es waren Hirten in derselben Gegend auf dem Felde die hüteten des Nachts ihre Herden. Und siehe, des Herrn Engel trat zu ihnen, und die Klarheit des Herrn leuchtete um sie. Und sie fürchteten sich sehr. Und der Engel sprach zu ihnen: Fürchtet euch nicht!" (Lk. 2,8–10)

Liebe Kinder! In dieser Erzählung liegt abermals eine geistige Entsprechung für die Zustände, welche im Allgemeinen auf dem Religionsgebiete eingetreten sind, die aber auch in der einzelnen Seele bei ihrer geistigen Wiedergeburt vor sich gehen.

Es waren Hirten in derselben Gegend, wo Ich, Jesus, geboren wurde, die hüteten des Nachts ihre Herden. Diese Hirten waren treu in ihrem Berufe; denn sie wachten des Nachts mit sorgsamem Auge, was um sie herum vorging. Und weil sie treu waren, so konnten sich die Engel in ihre Nähe begeben, und ihnen die große Freude von Meiner Geburt verkünden.

O, wenn doch die Hirten, welchen Seelen anvertraut sind zur Hut, gleichfalls mit solcher Treue ihren Beruf erfüllten, dass auch sie als dazu Berufene sich würdig machen würden, auf dass Meine himmlischen Diener mit ihnen verkehren könnten, und die Freudenbotschaft bald von dieser bald von jener Seele ihnen bringen könnten: „Hier in diesem Herzen ist Christus geboren und als Heiland eingezogen!"

Die Zeit ist nun da, in welcher abermals die himmlischen Heerscharen mit ihren Erdenbrüdern einen Lobgesang anstimmen wollen, und ihnen ein „Friede auf Erden" zurufen. Denn ihre Liebe zu Mir und zu ihren Erdenbrüdern drängt sie dazu. Hie und da ist ihnen auch schon ein Punkt, als eine unscheinbare Bethlehemshütte gezeigt, welcher sie sich nähern dürfen, und den Seelenhirten, aber nur den wahren, welche betend für ihre anvertrauten Schafe zu Mir kommen, werde Ich teils durch mittelbare Kundgebungen, teils durch unmittelbares Einfließen offenbaren, wie die Seelen immer mehr für Mich zu gewinnen sind.

„Und die Klarheit des Herrn umleuchtete sie, und sie fürchteten sich sehr."

Solche Seelenhirten, welche also durch Mich dann erleuchtet werden, fühlen ihre gänzliche Ohnmacht, und zagen und fürchten sich; aber diesen wird von ihrer unsichtbaren Umgebung stets wieder Frieden und Trost zugerufen werden, sobald dieselben erschauen, dass das Kind Jesus in einem Herzen aufgenommen worden ist, (als Heiland „Immanuel"); denn nun wissen sie ja, dass der wahre Helfer solchen Seelen zu Hilfe kommt; *„Denn euch ist heute der Heiland geboren, welcher ist – Christus, der Herr."* (Lk. 2,11)

Die Wiedergeburt hat nun begonnen, und diese soll und wird Frieden schaffen und Ruhe.

Dieses wahre Geburtsfest Jesus im Menschen ist gleich der Wiedergeburt ein immerwährender Akt, welcher stets von neuem Segen bringt und Wonne, und ist eben also ein wahres Weihnachtsfest für die wiedergeborenen Menschen.

Möge solch ein Weihnachten doch bald in der ganzen Menschheit gefeiert werden, damit nicht nur Einzelne die himmlischen Chöre vernehmen, sondern dass ein Friedensgruß der ganzen Menschheit in Wahrheit gebracht werden kann. Dazu will Ich ja gerne noch einmal Mich zuerst in einer Bethlehemshütte niederlassen (jetzt geistig), um von dort aus abermals Liebe und Licht den verirrten Hirten und ihren Herden zukommen zu lassen! Amen! Heute euer Jesuskind!

431. Hinweis auf die Erfüllung der großen Verheißung

28. Dezember 1884

„Durch die herzliche Barmherzigkeit unseres Gottes, durch welche uns besucht hat der Aufgang aus der Höhe, auf dass er erscheine denen, die da sitzen in Finsternis und Schatten des Todes, und richte unsre Füße auf den Weg des Friedens." (Lk. 1,78-79)

Liebe Kinder! Diese Worte waren einst dem Zacharias ins Herz gelegt, nachdem derselbe seines Unglaubens wegen verstummt war, bis auf die Zeit, da Johannes sollte beschnitten werden.

Es war dies ein großes Wunder zur selbigen Zeit, welches an diesem Hohepriester geschah. Denn Ich wollte das Volk vorbereiten auf die nahe Zeit, in welcher demselben das wahre Heil vom Himmel angeboten wurde; darum er ihm verkünden musste: „*Die herzliche Barmherzigkeit unsres Gottes hat uns besucht*", damit das wahre Licht die Menschen wieder erleuchten möge.

Das Volk Israel wurde zur damaligen Zeit nicht allein äußerlich darauf aufmerksam gemacht, dass die Zeit der Verheißungen nun da sei, sondern auch die inneren Mahnstimmen ließen sich in vielen Herzen vernehmen. Denn es war zugleich im Geisterreich eine große Erregung durch dieses große Ereignis Meiner Geburt ins Fleisch.

Selbst die hohen urerschaffenen Engel konnten Meine Einhüllung ins Fleisch nicht begreifen, und so wirkten Himmel und Erde zusammen, also dass auch in vielen Gemütern eine bange Ahnung war, dass bald etwas geschehen müsse, um das jüdische Volk wieder geistig mehr zu erheben, denn die Zeremonien und strengen Menschensatzungen genügten manch verlangendem Herzen nicht mehr, weil dasselbe durch geistigen Einfluss mehr geweckt worden war.

Es wiederholten sich solche Zeiten im Alten Bunde öfters, um das Volk wieder mehr in die göttliche Ordnung zurückzubringen, wie bei der Sündflut, bei Sodom und Gomorra, bei der ägyptischen Knechtschaft und dem Auszug durch die Wüste nach Kana, später auch bei den Propheten und Königen. Nur waren diese Mahnstimmen zugleich Bußpredigten durch Heimsuchungen; nun aber bei Meinem Erscheinen ging die größte Liebe voraus, wie denn auch Zacharias verkündete:

„*Gelobet sei der Herr, der Gott Israels, denn er hat besuchet und erlöset Sein Volk, und hat uns aufgerichtet ein Horn des Heils in dem Hause Seines Dieners David.*" (Lk. 1,68-69).

Ihr sehet, wie Ich schon damals Meinem Knechte Zacharias die Worte ins Herz gab, um sie dem Volke zu verkünden, auf dass es für Mein Kommen empfänglich gemacht werde und erkenne, welche Güter Ich austeile.

Leider aber waren es wenige, welche solches annahmen. Aber die wenigen waren für Mich genug, Mein großes Werk auszuführen und Mein Friedensreich auf Erden zu gründen. –

Nun ist abermals die Zeit der Heimsuchung gekommen, und Ich treffe bei Meinem Erscheinen abermals nur wenige, die Mich in Meiner Liebe erkennen, aber wiederum will Ich durch die wenigen Mein Eigentum segnen, und dasselbe groß und herrlich machen; wohl denen welche es fassen, und darum Mir treu bleiben! Amen. Euer Vater.

432. Die Barmherzigkeit und Herablassung des Herrn

Neujahr, 1. Januar 1885

„Und Jesus ging heraus und sah das große Volk, und es jammerte Ihn derselben, denn sie waren wie Schafe, die keinen Hirten haben, und fing an eine lange Predigt." (Mk. 6,34 ff)

Liebe Kinder! Auch heutzutage jammert Mich das Volk, weil viele Menschen verirrten Schafen gleichen, die ihren wahren Hirten verloren haben, und nicht mehr wissen, unter welcher Obhut sie stehen, indem ihre leibliche und geistige Nahrung sehr spärlich ist; sie suchen daher. Und wie einst das Volk den langen Weg in die Wüste nicht scheute, sondern Mir nachging, aus dem Drange mehr Licht über seinen Zustand zu erhalten, so gibt es nun wiederum viele Seelen, die nach Lebenswasser schmachten, was auch daher kommt, weil sie unter starker Beeinflussung derer vom Jenseits stehen.

Das Volk jammert Mich wiederum in dieser Zeit, darum will Ich nun Selbst predigen, auf dass ihnen gutes Himmelsbrot zugeteilt werden kann.

Nun aber leset in diesem Kapitel weiter, und beachtet, was Meine Jünger dabei taten. Dieselben kamen zu Mir aus Liebe zum Volke, weil sie wussten, dass dasselbe so aufmerksam war, dass sie den ganzen Tag auf leibliche Nahrung verzichteten, um Meine Worte zu hören.

Es sind hier zwei Standpunkte angezeigt, der erste gilt den Jüngern, welche mit Mir in engerer Verbindung gleichfalls für ihre Mitmenschen sorgten. Sie sprachen: *„Es ist wüste hier, und der Tag ist nun dahin, lass sie von Dir, dass sie hingehen umher in die Dörfer und Märkte und kaufen sich Brot; denn sie haben nichts zu essen."* (Mk. 6,35)

Sehet, wie Meine damaligen Jünger besorgt waren für das Volk, ihre Fürbitte war eine liebende, sie stellten sich in die Lage der Bedürftigen, und baten für dieselben um die Erlaubnis, dass Ich sie, um sich Brot zu verschaffen, von Mir ließe.

Wie viele Seelenhirten sind in dieser Beziehung noch recht weit hinter Meinen damaligen Jüngern zurück, und verlangen meist von der ärmeren Klasse, dass sie ihre Hantierung hintansetzen sollen, wenn nach ihrer Meinung dieselben Mir einen Dienst erweisen wollen, welcher aber oft mehr den Hirten selbst gilt. Sie klagen dann solche Menschen bei Mir an, als verirrte, und getreue Schafe, anstatt dass sie darauf denken, das vermeintliche Abhaltungsmittel durch ihre Liebe und Fürsorge wegzuräumen, und da gelten gleichfalls die Worte: „*Gebet ihr ihnen zu essen!*" (Mk. 6,37)

Wenn z.B. ein Seelsorger für seine arme Gemeinde zu Mir kommen würde, sowohl um das geistige als um das zeitliche Brot, welchen Segen könnte Ich solch einem guten Hirten und mit ihm seiner anvertrauten Herde zufließen lassen! Ich bin ja noch der alte Gott, und kann segnen wie von Anbeginn der Welt, aber wo bleiben die wahren Bitter um den Segen?

Darum will Ich in Meiner großen Erbarmung Mich solcher annehmen, welche von den Gelehrten und Pharisäern auf ausgetrockneten Boden geführt wurden, und will ihnen Führer erwecken, welche sie zu Mir bringen, auf dass Ich diese Schafe erquicke, und sie in Meinen Lebensgarten einführe, und ihnen zurufe:

„*Fürchtet euch nicht! Du kleine verachtete Herde, denn es ist des Vaters Wohlgefallen euch das Reich zu geben!*" (Lk. 12,32)

Euer Vater.

433. Vom Brot zum ewigen Leben

3. Januar 1885

„*Da sprach Jesus zu ihnen: Wahrlich, wahrlich Ich sage euch: Moses hat euch nicht Brot vom Himmel gegeben, sondern Mein Vater gibt euch das rechte Brot vom Himmel. Denn dies ist das Brot Gottes, das vom Himmel kommt, und gibt der Welt das Leben.*

Da sprachen sie zu Ihm: Herr, gib uns allweg solches Brot.

Jesus aber sprach zu ihnen: Ich bin das Brot des Lebens. Wer zu Mir kommt, den wird nicht hungern; und wer an Mich glaubet, den wird nimmermehr dürsten!" (Joh. 6,32–35)

Liebe Kinder! Als dort das Volk von Mir mit Brot und Fischen gesättigt wurde, da war es nicht allein aus leiblichem Interesse Mir sehr dankbar und wollte Mir nachfolgen, sondern ehe diese Sättigung geschah, hatte es den ganzen Tag noch nichts gegessen. Es war bei ihm eine Aufnahme geistiger Speise vorausgegangen, darum wollte Ich dasselbe Volk hinweisen auf den höheren Genuss, welcher stärkt zum ewigen Leben, was aber von ihm nicht verstanden wurde, sondern es wollte zuvor Zeichen sehen, und berief sich auf Moses, als den höchsten Vermittler zwischen Gott und den Menschen.

Dies ist heutzutage wieder der Fall, die Menschen wollen die Wahrheit mit äußerlichen Wundern bekräftigt haben, weil ihnen das Zeugnis des Heiligen Geistes fehlt, welches ihnen die Kraft des Evangeliums aufdecken soll.

Die damaligen Zuhörer Meiner Worte suchten noch etwas, das sie befriedigen sollte, darum Ich ihnen das Brot vom Himmel anbot: Meine göttliche Lehre. Allein, sie waren eben auch zu materiell geworden, und verstanden daher die Sprache in geistigen Dingen nicht, sondern deuteten alles aufs Natürliche, und so fand Ich wenig Eingang in die Herzen. Und nur weil Mein Wort eine göttliche Aussaat ist, dieses also den ewigen Frühling und Sommer in sich birgt, und stets sich wiederholt zu keimen und zu reifen, so musste Ich oft Worte reden, deren Sinn gar wenige verstanden, und auch bis heutzutage noch von vielen nicht verstanden wird. Aber sie denken doch auch darüber nach; daher sie auch keine Lebenskraft in sich fühlen, auf dass sie sich freuen könnten auf das Fortbestehen im ewigen Leben; denn sie haben keine Erquickung für ihren schmachtenden Geist:

Ich bin das Brot des Lebens! Ich als die ewige Liebe! Wer zu Mir kommt, und Meine Liebe, durch den Gehorsam Meinen Willen zu erfüllen, sich zu erwerben sucht, dessen Verlangen nach Befriedigung des Geistes soll gestillt werden; denn er wird sich stets gestärkt fühlen.

Drum ist die Liebe zu Mir die erste Bedingung für solche, welche zum ewigen seligen Leben eingehen wollen, und so lange sie ihren Hunger und Durst mit etwas anderem zu stillen suchen, werden sie ungesättigt und unerquickt bleiben und auch keinen Vorgeschmack der ewigen Seligkeit in sich tragen.

„*Wahrlich, wahrlich, Ich sage euch: Wer an Mich glaubt, der hat das ewige Leben; denn Ich bin das Brot des Lebens!*" (Joh. 6,47)

Amen. Euer Jesusvater.

434. Wie der Herr Sein Reich gründet

Erscheinungsfest, 6. Jan. 1885

„Wahrlich Ich sage euch: Viele Propheten und Gerechte haben begehret zu sehen was ihr sehet, und haben es nicht gesehen; und zu hören was ihr höret, und haben es nicht gehöret!" (Mt. 13,17)

Liebe Kinder! Diese Worte kann man auch auf die drei Weisen aus dem Morgenlande anwenden; denn auch ihnen wurde das Verständnis der Sprache der Entsprechungen gegeben, und das wahre Geistesauge. Sie fühlten die Finsternis, die unter der Menschheit in Beziehung des Glaubens an einen Gott herrschte, und beteten zu dem Gotte, welcher ihnen durch die Stimme ihres Herzens bekannt war. Vertrauensvoll warteten sie auf den Tag ihres Herrn, oder auf die Zeit, wo dieser Gott Sich ihnen deutlicher zeigen werde. Ihr Denken und Wünschen war auf dieses Ziel gerichtet, und darum war auch ihr Leben wie ihr Wandel sehr gewissenhaft.

Sie prüften sich stets ernstlich, ob sie solch hoher Ehre wohl würdig seien; darum durften sie teilnehmen an Meiner Geburt, und sich mit den leiblichen Augen überzeugen, dass ihr Innewerden ein göttliches und wahrhaftes war, und also erkannten sie im Kinde zu Bethlehem den großen Welterlöser, nachdem sie zuvor auch noch in der Tat ihren Glauben bestätigt hatten, durch die beschwerliche mühevolle Reise, welche zur selbigen Zeit noch weil weit größere Anstrengungen erforderte als heutzutage. Allein die volle Überzeugung, das zu finden, wonach sie sich schon lange sehnten, gab ihnen Mut und Kraft es auszuführen. Sehet, so waren zur Zeit Meiner Geburt da und dort Herzen vorbereitet zu Meinem Empfange. –

Nun aber sollt ihr einen Blick tun auf die jetzigen Zustände, wo Mein Erscheinen abermals erwartet wird, und ihr werdet erkennen, dass abermals dasselbe mehr materiell ersehnt und darum nicht verstanden wird, sogar von solchen, die sich für Meine Auserwählten halten, weil auch diese oft mehr ihre leibliche Armut betrübt, als ihre Geistesarmut, und sie daher lieber auf eine natürliche Erlösung hoffen, denn sie harren von einer Nachtwache zur andern, während Ich vor der Türe stehe und um Einlass anklopfe.

Es ist nun gleichfalls, wie einst, wo die Juden meinten ihren erhofften König aus einem Palast zu erhalten, und von einer

Bethlehemshütte nichts wissen wollten, wo ein Ochsenkarren Meine leiblichen Bedürfnisse herbeiführte.

Und so ist leider, trotz aller geschichtlichen Erfahrung und so vieler Belehrungen, auch unter Meinen Nachfolgern die Hoffnung vorherrschend – Ich komme hoch zu Ross, stolz erhaben werde Mein Auftreten sein. Mit großem Verstand und großer Macht, gleichwie ein Krieger soll Ich Mich zeigen, und alles zertrümmern, was unscheinbar vor ihren Augen, aber oft groß vor Mir ist, während Ich doch in stiller Demut Mein Friedensreich einführen möchte!

Ihr sehet daraus, wie nötig es ist, dass Ich abermals wie bei den drei Weisen Meine Diener beauftrage, auf die Erde herniederzusteigen, um die Herzen von Meiner Liebe zu belehren und sie zu beeinflussen. Daher Ich auch Selbst nun an vielen Orten direkt Meine Wahrheit wieder kundgebe, und sie niederschreiben lasse, um auf diese abermals sehr unscheinbare Weise Mir Eingang zu verschaffen. Und wenn Ich so aufgenommen werde, so kann Mein Erscheinen nur ein allmähliches und nur solchen sichtbar sein, welche sich bestreben, über materielle Wünsche sich zu erheben, und den Wert der geistigen Güter und Wahrheiten höher zu achten.

Diese werden Meine (väterlich-kindliche) Sprache verstehen und Meine Stimme hören (erkennen); also ebenfalls im Geiste erschauen, wie dort die drei Weisen aus dem Morgenland, an welcher Stelle Ich Mich niederlasse.

Solche gleichen den suchenden Weisen, welche zwar zuerst beim Herodes nach Mir forschten, also in glänzender Pracht, und erst als sie Mich dort nicht fanden, durch den Stern nach Bethlehem geleitet wurden.

Ebenso suchen nun viele zuerst durch den Verstand, und erst wenn sie Mich so nicht finden, dann kommt ihnen Mein (neues) Wort zu Hilfe, und weist sie an, in ihrem Herzen eine Stätte für Mich zu bereiten!

So ziehet auch ihr mit den drei Weisen, und lasst euch die Anstrengung dabei nicht verdrießen, bis ihr Mich gefunden habt; ist auch der Weg lang, der Stern (das Wort) leitet euch sicher, und ein freudiges Erschauen wird einst euer Lohn sein! Amen.

435. Lebenswinke beim geistigen Streben

11. Januar 1885

Jesus aber sprach zu ihm: Wer seine Hand an den Pflug legt und sieht zurück, der ist nicht geschickt zum Reiche Gottes!" (Lk. 9,62; 2. Petr. 2,20–22)

Liebe Kinder! Es gibt Menschen, welche beim Anhören einer Predigt oder sonst einer Anregung im Geistigen zu Mir kommen mit den Worten: *„Ich will Dir folgen wo Du hingehst!"* (Lk. 9,57) wie es auch der Fall bei jenem war, welcher Mir nachfolgen, aber zuvor noch alles ordnen wollte, ehe er ernstlich es mit Mir halten wollte.

Gleichwie diesem, so geht es noch vielen Meiner Nachfolger, – *„der Geist ist willig, aber das Fleisch ist schwach"* (Mt. 26,41), – die Seele ist noch ganz in Sorgen verstrickt für ihren leiblichen Organismus, dass derselbe gut gepflegt wird, und alles was in dieser Beziehung ihr Genuss bietet, nimmt ihre Neigung in Anspruch.

Das Vereinen mit dem Geiste, als dem Haupt- und Mitbewohner des Leibes, ist für sie ein schweres Unternehmen, weil derselbe nach Göttlichem und Unsichtbarem strebt, und dessen Liebe von der Art ist, dass er dieselbe entäußert, während die Seele Selbstliebe hat und daher – statt sich mitzuteilen, lieber anzunehmen sucht, weil sie selbst genießen will.

Darum ist es stets ein Kampf für die Seele, in das Drängen des Geistes einzugehen, und daher wird demselben allerlei Beistand geboten, sowohl von außen her, durch das heilige Wort Gottes oder durch den Verkehr mit solchen Menschen, die schon mehr sich zu vergeistigen streben, dann auch noch hauptsächlich durch die den Menschen umgebenden Schutzgeister, deren Einfließen verstärkt werden kann durch Fürbitte anderer Menschen, zumeist solcher, mit welchen solch eine Seele in geistiger Liebeverbindung steht.

Dieser Beistand wird durch das Wort „Gnade" bezeichnet, welche sich bald in dieser, bald in jener Weise äußert, und stets dahin zu lenken sucht, dass die Seele immer mehr eins wird mit dem Geiste; denn nur so kann sie eingehen in das Friedens- oder Himmelreich (Wiedergeburt). Es ist ihr sonst keine andere Bedingung gestellt, weil auch kein anderes Ziel zur Seligkeit ihr gegeben werden kann, als der Friede, oder ihr Einverständnis mit dem göttlichen Geiste (in ihr), der zwar in kleinster Form, aber doch als von Gott abstammend die wahre Demut und die reine Liebe in sich bergend, den Einfluss auf das körperliche Organ, also auf den Leib und dessen Glieder, als dem Diener für Geist und Seele mit dieser teilt; dabei aber dem Urteile (oder der Entscheidung) der Seele im Ausüben der schöpferischen Gedanken bis auf einen gewissen Grad sich unterwirft, und so nach und nach die Seele, besonders durch die Gnade zu sich zieht, so dass sie das Gute immer mehr erkennt und wählt, und so sich stets mehr Göttliches aneignet, um einst vereint mit dem Geiste zu der Freiheit sich wieder zu erheben, welche ihr durch ihr entgegengesetztes Wollen entzogen ward.

So hätte der Mensch die Hand an den Pflug gelegt, um den (Herzens-) Boden vom Unkraut zu säubern, und gute Früchte dort anzubauen. Wenn aber derselbe wieder dem natürlichen Zustande der Seele sich mehr zuneigt, dann ist er nicht tauglich, zum Reiche des Friedens zu gelangen. Euer Jesus.

436. Zur Verklärung Jesu

18. Januar 1885

„Und es begab sich nach diesen Reden bei acht Tagen, dass Er zu Sich nahm Petrus, Johannes und Jakobus, und ging auf einen Berg, zu beten. Und da Er betete, ward die Gestalt Seines Angesichts anders, und sein Kleid ward weiß und glänzte." (Lk. 9,28–31)

Liebe Kinder! Diese Stelle im neuen Testament ist abermals ein Zeugnis von Meiner Gottheit in Jesus Christus; denn es strahlte dieselbe durch den Leib in ihrer ganzen Herrlichkeit.

Da Ich betete und so Meine Seele völlig eins mit dem Geiste ward, so wurde auch der Körper davon durchdrungen und leuchtete in Klarheit, wie es auch Meine Jünger erschauen durften; denn Ich öffnete Ihnen die (geistigen) Augen und Ohren, dass sie den ganzen Vorgang begreifen und vernehmen konnten.

Es war dies eine Vorbereitung auf Meine Leidenstage, woran die ganze Schar der Himmel teilnahm, und diese drei Jünger waren die Repräsentanten der Menschen auf Erden; darum auch sie von einem wonnig beseligenden Gefühle überfallen wurden in der Nähe solcher Geister, die vereint mit Mir fürbittend die ewige Liebe lobpreisten.

Darum Petrus zu Mir sagte: *„Meister, hier ist gut sein, lass uns drei Hütten machen, Dir eine, Moses eine, und Elias eine."* (Lk. 9,33)

Petrus ist hier wieder ein Bild des schwachen Glaubens, welcher in solchen Augenblicken, in welchen er mehr beeinflusst wurde, und daher auch in eine Freudigkeit sich verwandelte, sogleich diese ergreifen möchte, umso darin fortzuleben; aber diesem Glauben eines Menschen fehlt die richtige Unterlage, auf welche er sich stützen kann.

Petrus wusste nicht, was er redete. Da er aber solches redete, kam eine Wolke und überschattete sie, und sie erschraken, da die Wolke sie überzog. Und es fiel eine Stimme aus der Wolke, die sprach: *„Dieser ist Mein lieber Sohn, Den sollt ihr hören!"* (Lk. 9,35) Darum kommt stets wieder eine Zeit, wo eine Wolke den Menschen umgibt, und der klare Blick in die Herrlichkeit Meines Wesens demselben wieder genommen ist; aber dabei auf die Stimme hingewiesen wird, welche aus dieser Wolke spricht: *„Dies ist Mein lieber Sohn, den sollt ihr hören!"*

Diese Stimme soll in jedem gläubigen Herzen stets vernommen werden, um sich nach dem gehörten Worte im Leben und Wandel zu richten.

Wenn euch ein Innewerden zuteilwird, welches euch Beweise gibt von dem göttlichen Nahesein Meiner Liebe, so freuet euch! Aber lasst euch nicht damit genügen, als ob ihr nun alles getan hättet und des Himmelreiches versichert wäret. Denn es kommt immer wieder eine Wolke, die euch verkünden soll, dass es nur Meine Worte sind, auf welche ihr hören sollt und darnach tun; denn der wahre Glauben besteht nicht allein im Fühlen, sondern auch im Ausüben.

So liegt auch in diesem Akte Meiner Verklärung eine Entsprechung für den geistigen Entwicklung – Gang einer Seele. Euer Jesus. Amen!

437. Versuchung Jesu in der Wüste

25. Januar 1885

„Jesus aber, voll Heiligen Geistes, kam wieder von dem Jordan, und war vom Geiste in die Wüste geführt. Und ward vierzig Tage lang von dem Teufel versucht. Und Er aß nichts in denselben Tagen, und da dieselben ein Ende hatten, hungerte Ihn darnach." (Lk. 4,1–13)

Liebe Kinder! Die Erzählung, wie Ich einst in der Wüste gegen die Versuchung zu kämpfen hatte, enthält abermals den (geistigen Entwicklungs-) Gang einer Seele, welche zur Wiedergeburt gelangen möchte. Auch diese geht aus von der Welt, und sucht die stille Einsamkeit, welche ihr aber vorerst eine Wüste ist, weil sie noch zu wenig die Schätze der geistigen Güter erkennt, somit legt sie sich eine Zeitlang eine Entbehrung auf, im Vertrauen auf Mich, dass Ich ihr helfen will. Diese Zeit aber benützt der Feind durch allerlei listige Einflüsterungen.

Zuerst sucht er einen Eigendünkel in der Seele zu erwecken auf ihre Gotteskindschaft, und dann möchte er das Vertrauen auf ihren himmlischen Vater durch allerlei Wünsche für materielle Zwecke, entweder zu einer Überhebung über andere steigern, so dass in derselben die Lust entsteht Wunder tun zu können, um ihren Mitmenschen zu zeigen, dass sie nun einem großen Gotte angehöre, oder, wenn ihm solches misslingt, er dieselbe verzagt und kleingläubig zu machen sucht. Er führt dann die Seele gleichfalls auf einen hohen Berg, und zeigt ihr der Welt Reichtümer und ihre Genüsse, um zu beweisen, in welch große Verleugnungen sie eingehen soll, um auf Meiner Seite treu zu bleiben, und wie hingegen all dieser Genuss ihr zuteilwird, wenn sie dem Materiellen sich wieder zuwenden würde.

Sehet, all dieses geht in einer Seele und ihren Gedanken vor; darum habe Ich es ganz klar durch Mein Beispiel gezeigt, wie diese Versuchungen zu überwinden sind. Durch die Worte der Heiligen Schrift kann solchen Anwandlungen entgegengetreten werden. Und wenn eine Seele sich mit denselben bekannt macht, so wird sie stets wieder eine Antwort finden, welche solche Einflüsterungen Lügen straft. Daher nehme sie auch dieses Kapitel zur Hand, und schreibe sie sich Meine Antworten ins Herz, auf welche der Satan weichen muss; hauptsächlich aber solle die Seele stets bei jeder Abweichung von Mir immer an

Meine Gebote denken: „*Ich bin der Herr dein Gott, du sollst keine anderen Götter neben Mir haben!*" (2. Mos. 20,2-3)

Jede Neigung irgendwelcher Art soll stets der Liebe zu Mir untergeordnet bleiben, die nur ihr höchstes Glück und ihre größte Freude darin suchen solle, mit Mir immer mehr in innige Verbindung zu kommen. So nur kann eine Seele immer richtiger fortwandeln auf dem Wege der Wiedergeburt, wenn sie stets auf der Hut ist, und so wie Ich dort sagen lernt: „Hebe dich weg von mir Satan!" Euer Jesus! Amen.

438. Zur Gefangennahme Jesu

31. Januar 1885

„*Und banden Ihn, führten Ihn hin, und überantworteten Ihn dem Landpfleger Pontius Pilatus.*

Da das sah Judas, der Ihn verraten hatte, dass er verdammt ward zum Tode, gereute es ihn, und brachte wieder die dreißig Silberlinge den Hohenpriestern und den Ältesten und sprach: Ich habe übel getan, dass ich unschuldig Blut verraten habe." (Mt. 27,1-10)

Liebe Kinder! In diesem Abschnitte von Meiner Leidensgeschichte, wird die Übergabe Meiner Person an den Richter erzählt, welchem zuerst noch über Mein Vergehen berichtet werden musste, indem er selbst keine Schuld an Mir finden konnte, während doch die Pharisäer und Obersten des Volkes Mich hart zu verklagen anfingen. Da das Judas sah, reute es ihn, dass er Mich verraten hatte.

Der geistige Zustand heutzutage gleicht wiederum der Zeit Meiner Gefangennahme, indem ebenfalls viele Leiter des Volkes darauf bedacht sind, Meine göttliche Persönlichkeit anzuklagen, und Meine Ehre zu schmälern vor solchen Seelen, welche Mich noch als ihren himmlischen Vater und Gott nicht persönlich verfolgen können, so lassen sie ihren Hass an Meinen Kindern aus, und geben sich oft viele Mühe, aus deren Mitte eine Seele an sich zu ziehen, um dieselbe zu einem Judasdiener zu machen.

Leider ist dieser Fall auch schon oft in solchen Gemeinschaften vorgekommen, welche treu zu Mir zu halten sich eifrig bestreben, dass sich eine Seele von eitlem und materiellem Gewinne verlocken lässt, über ihre Mitbrüder und Schwestern

Böses auszusagen, und dadurch nicht allein diesen, sondern Mir Selbst den größten Schaden zuzufügen. Sie berechnen die schweren Folgen solchen Verrates nicht, bis es zu spät ist dieselben abzuhalten, weil sie gleich Judas denken, dass Ich wunderbar denen helfen werde, welche Mir angehören, und Mich dadurch als einen mächtigen Gott beweisen. Darum ist diese Sünde des Verrates groß, indem solche Seelen dem Satan gleichen, welcher Mich versuchen wollte mit den Worten: *„Bist du Gottes Sohn, so sprich, dass diese Steine Brot werden."* (Mt. 4,3)

Solche Seelen, welche einmal durch die Gnade zur wahren Erkenntnis von Mir und Meinem Wesen gelangt sind, nehmen viel Verantwortung auf sich und müsse es sehr genau nehmen, Mich vor der Welt so zu bekennen, wie der Heiligen Geist es sie lehrt. Aber dieses Bekennen soll nicht allein in Worten sich äußern, sondern auch in der Liebe gegen die gleichgesinnten Brüder. Und wenn ein Glied leidet, sollen alle Glieder mitfühlen, anstatt den Schaden des Bruders Andersdenkenden preiszugeben. Es wird in dieser Beziehung viel gefehlt, und der Segen, welcher auf einer Gemeinschaft liegt, dadurch gestört, was oft die gänzliche Niederlage einer Seele herbeiführt.

Hier sollte das Heiligtum der Treue, der Liebe, des Stilleseins über allerlei Vorkommnisse viel genauer beachtet werden; denn nur so kann Ich in eure Mitte treten; nur diese Liebe untereinander deckt eure Unwürdigkeit zu!

Wenn Ich Mich auf diese Treue, welche ihr einander erzeiget, verlassen kann, so will Ich euch stärken zur großen Arbeit. Darum sorget, dass diese Hauptbedingung erfüllt wird, ehe ihr andere unter euer mangelhaftes Dach bringen wollt. Braucht ihr doch selbst öfters die Worte: *„An den Werken soll man sie erkennen!"* (Mt. 7,16; Tit. 1,16) Darum zeiget, wer eure Kette geschmiedet hat, zum unauflöslichen Bunde, durch treues Zusammenhalten, und ziehet euch zurück, wo euch die Welt schmeichelt Größeres auszuführen, als Ich euch bis jetzt angeordnet habe. Bleibet in der Demut und ihr bleibet dann bei Mir! Euer Vater!

439. Des Heilandes Hinweis der kranken Seelen aufs Vertrauen und die wahre Demut

8. Februar 1885

„Die da gekommen waren Ihn zu hören, und dass sie geheilt würden von ihren Seuchen, und die von unsauberen Geistern umgetrieben wurden, die wurden gesund. Und alles Volk begehrte Ihn anzurühren, denn es ging Kraft von Ihm und er heilte sie!" (Lk. 6,18-19)

Liebe Kinder! In dieser Erzählung von Meinem Wirken unter den Menschen ist Meine Allmacht hervorgehoben, welche sich äußerte durch Heilung vieler Kranken, und durch Austreiben böser Geister.

Zu dem wahren Glauben gehört nicht allein das Vertrauen, dass Ich helfen will, sondern auch, dass Ich helfen kann, selbst in Fällen, wo die Menschen viel zu kurzsichtig sind – auf welche Weise dies geschehen kann.

Die Hauptbedingung, um Meine Hilfe den Menschen angedeihen zu lassen ist, dass dieselben darum bitten, was nur geschieht, wenn solche hilfsbedürftigen Menschen ihre Lage erkennen, ihre Krankheiten fühlen (hauptsächlich wenn dieselben geistiger Art sind), und ein Verlangen tragen in Meine Nähe zu kommen, um sich mit Mir in Verbindung zu setzen.

Durch solch ein Verlangen ist es Mir möglich gemacht, Meine einwirkende göttliche Kraft denselben zu beweisen, und sie sowohl von ihren leiblichen Gebrechen zu heilen, als auch von ihren Leidenschaften, welch letzteres aber viel schwerer geht, weil diese oft so verdeckt in einem Menschen herrschen, dass derselbe gar nicht merkt, wie schleichend solch eine Leidenschaft seine geistigen Kräfte verzehrt, deshalb sicher steht, das Bedürfnis der Abhilfe nicht hat, und sich nicht an Mich wendet, sondern lieber alle Entschuldigungen sich selbst vorbringt, und also nicht ahnt, welche Gefahr hinter seinem Rücken lauert, um unverhofft sich zu zeigen.

Diese Gedanken waren es in Mir, als Ich das Volk überblickte. Mich jammerte dieser Zustand vieler, die noch nicht Mich und Meine Hilfe suchten, und Ich sprach zu Meinen Jüngern: *„Selig seid ihr Armen, denn das Reich Gottes ist euer; selig seid ihr, die ihr hungert, denn ihr sollt satt werden."* (Mt. 5,3+6)

Nicht das Gefühl des Verdienstes, noch das Mitsichselbstzu-friedensein oder das (geistige) Sattsein ist es, welches Ich selig-preise, sondern die wahre Demut, welche stets jeder Seele, die sie innehat, aufdeckt, wie viel ihr noch fehlt, damit sie Meine Kraft sucht.

Es muss gar vieles über eine Seele kommen, ehe sie ihre geis-tige Armut erkennt, und oft lasse Ich es zu, dass dieselbe schwere äußere Demütigungen und Heimsuchungen erdulden muss, um wieder sich selbst besser zu erkennen.

Ohne Selbsterkenntnis hört das geistige Wachstum auf, die Sicherheit ist ein Vorbote des Selbstbetruges, welche vom Feinde als gute Eroberungsmittel benützt werden, um eine Seele zu stürzen[1].

„Wehe euch Reichen (die sich geistig reich dünken), ihr habt eu-ren Lohn dahin!" (Lk. 6,24) *„Darum wachet und betet, dass ihr nicht in Versuchung fallet. Der Geist ist willig, aber das Fleisch ist schwach!"* (Mt. 26,41) Euer Vater.

440. Wink zum Ausgleich zwischen arm und reich

15. Februar 1885

„Es war aber ein Mann, der kleidete sich mit Purpur und köst-licher Leinwand." (Lk. 16,19 ff)

Liebe Kinder! Dieses Gleichnis vom reichen und armen Manne ist dasjenige, welches die Menschen noch am meisten vor der Sünde abschreckt.

Ich habe dasselbe so gegeben, dass es ganz nach dem Er-kenntniszustande der damaligen Juden denselben fassbar war; denn sie waren gewöhnt von göttlich geistigen Dingen alles in einer natürlichen Darstellung zu erhalten; denn das niedere Volk war an geistiger Erkenntnis ganz verarmt, durch die schlechte Leitung der Priester.

Ich musste deshalb Meine Lehre so einrichten, dass es ihnen möglich war dieselbe zu verstehen; aber in die gleichen Worte ist durch Meine Weisheit noch ein tieferer Sinn von geistiger Bedeutung gelegt, dessen Verständnis aber denen vorbehalten

---

[1] „Darum, wer sich lässt dünken, er stehe, mag wohl zusehen, dass er nicht falle." (1. Kor. 10,12)

bleibt, welche geistig streben, und weil dieses Streben nur durch die Liebe zu Mir kann hervorgerufen werden, so stehen dieselben in der Liebe zu Mir, und Mein Geist erleuchtet sie, und führt sie in alle Wahrheit; während solchen, die Mein Wort oft bei einer Handlung anwenden, wobei ihr natürliches Interesse der Beweggrund ist, und sie sich dabei mit Worten aus der Heiligen Schrift zu bedecken suchen, dieses ihnen zum Gerichte wird.

So geht es heutzutage mit dieser Erzählung; die Armen drohen den Reichen öfters mit der Verdammnis, ohne die Liebe und ein gerechtes Urteil dabei walten zu lassen. Sie bedenken nicht, dass der wahre Reichtum in der Liebe besteht, und dass sie also selbst arm sind. Auch glauben sie dabei, ihre äußere Armut berechtige sie den Himmel beanspruchen zu dürfen. Es wären aber diese Worte gegen Meine Liebe und Lehre, so dieselben nicht im Zusammenhange mit einer geistiger Bedeutung stehen würden. Hier aber will Ich euch einen Gegenbeweis für solche zeigen, welche sich auf diese Worte berufen, um dadurch den Glauben an die Verbindung der Geisterwelt mit den Menschen als eine Unwahrheit darzustellen.

Es heißt: „Als er nun in der Hölle und in der Qual war, hob er seine Augen auf, und sah Abraham von ferne und Lazarus in seinem Schoße, rief und sprach: Vater Abraham." (Lk. 16,23)

Nun aber heißt es: „Abraham sprach: Gedenke, Sohn, dass du dein Gutes empfangen hast in deinem Erdenleben". (Lk. 16,25)

Hier ist der Verkehr der Geister nicht nur genau angedeutet, sondern auch deren Zustände, und wie sie zur Erkenntnis und zu etwas Besserem geführt werden.

Und wenn Abraham von einer Kluft redet, so besteht dieselbe nicht in einer Örtlichkeit, sondern die Scheidenwand bildet der geistige Zustand der Seelen, welcher ihre Sphäre bildet, wo eine Annäherung nur durch die Liebe möglich ist.

So ist die Ordnung ja schon auf Erden, dass die Menschen erst durch die Liebe geistig sich verbinden, und also etwas Geistiges gemeinschaftlich wirken können. Wenn diese Liebe aber fehlt, so ist die Arbeit von Mir aus nicht gesegnet.

Die Lieblosigkeit gegen seine Mitmenschen machte dem Reichen Qual, und er wollte nun seine Brüder auf Erden davor warnen lassen.

Sehet, mit dieser Bitte macht er den Anfang zur Umkehr; denn es war ein Akt der Liebe für seine Brüder, und bevor diese sich in ihm regte, war eine starke Kluft zwischen dem reichen Manne und Lazarus.

Darum lasst die Liebe gegen eure Mitmenschen walten, auf dass die Kluft, welche (die göttliche Ordnung ist und) Gutes und Böses trennt, durch die Liebe überbaut werden kann. Doch diese Liebe muss ihren Ursprung haben in der Liebe zu Mir, nur um Meinetwillen soll es geschehen.

Ist sie also beschaffen, so kann sie Wunder wirken auch gegen die Hölle. Besteht dieselbe aber aus allerlei natürlichen Beweggründen, so werde Ich dieselbe durch allerlei Mittel zu reinigen suchen, auf dass sie tüchtig gemacht wird, das Himmelreich sich zu erwerben.

Wer nicht in der wahren göttlichen Liebe sich ausbildet, der ist nicht geschickt zum Reiche Gottes. Amen!

441. Nikodemus - Winke zur Wiedergeburt
Plicht der Liebe

22. Februar 1885

„Es war aber ein Mensch unter den Pharisäern, mit Namen Nikodemus, ein Oberster unter den Juden, der kam zu Jesu bei der Nacht, und sprach zu Ihm: Meister, wir wissen, dass Du bist ein Lehrer von Gott gekommen: denn niemand kann die Zeichen Tun, die Du tust, es sei denn Gott mit ihm.

Jesus antwortete und sprach zu ihm: Es sei denn, dass jemand von neuem geboren werde, so kann er das Reich Gottes nicht sehen.“ (Joh. 3,1–21)

Liebe Kinder! Nikodemus war eine Seele, welche noch den Drang in sich fühlte, nach Wahrheit zu suchen. Er gehörte zu denen, welche durch die Tempellehre nicht mehr befriedigt wurden; denn Meine Wunder, welche er öfter sah und davon hörte, wirkten von außen her auf ihn, dass er an Mich, als einen göttlichen Abgesandten, glaubte.

Doch war daneben das Pharisäertum bei ihm tief eingewurzelt, so dass er in dem pünktlichen Halten der Zeremonien und der sonstigen äußerlichen Anordnungen, die von den Menschen herkommen, die Erfüllung des Gesetzes glaubte. Er hielt deshalb dieselben genau, und ward daher vom Volke geehrt und geliebt vor vielen anderen Pharisäern, die ein Ärgernis gaben durch ihren Lebenswandel.

Aber dem Nikodemus fehlte noch die Hauptsache, der Geist oder das leitende Gewissen, welches nicht um Menschen willen Gutes wählt und tut, sondern um Meinetwillen, und zwar nicht aus Furcht vor Mir, sondern infolge der Erkenntnis Meines Wesens, Meiner Liebe, dann gleichfalls aus Gegenliebe darnach trachtet, das zu wählen und zu tun, was Mir gefällig ist.

Es kann z. B. von zwei Menschen eine Aufgabe erfüllt werden, und zwar von jedem gut, nur mit dem Unterschiede, der eine tut's aus Pflicht, weil es ihm geboten wurde, der andere aber aus Liebe zu dem Gebieter. Dieses Letztere wird wohl dem Gebieter mehr Freude machen, als wenn diese Aufgabe bloß um des Lohnes willen vollbracht wurde. Er wird sich mit diesem (liebetätigen) Menschen mehr in Verkehr setzen, und demselben immer wieder neue Aufgaben zukommen lassen, weil er weiß, dass dadurch dieser Mensch mehr Freude hat, und an Liebe gewinnt, (*„denn wer da hat, dem wird gegeben, dass er die Fülle habe.“* Mt. 13,12)

So ist es zwischen Mir und einer Seele; je mehr sie aus Liebe zu Mir ihre Aufgaben erfüllt, desto mehr kommt sie mit Mir in eine wahre innige Verbindung und vergeistigt sich. Es wird ihr von Stufe zu Stufe mehr Freudigkeit gegeben werden das Gute auszuführen, und so macht sie sich geschickt in Mein Reich einzugehen, welches ist ein Reich der Einigkeit, oder die Vereinigung des Geistes mit der Seele wird zustande kommen.

Sobald die Seele Göttliches sucht auszuführen, und gleichfalls aus Liebe zu Mir sich Meinem Willen unterwirft, ihr Streben, ihre Neigungen zum Materiellen immer mehr aufgibt, weil sie eine Freude findet an dem was Mich angeht, so tritt sie dadurch aus der Materie heraus und ins geistige Streben ein, ihr Wille nimmt eine andere Richtung an, nämlich zum Guten hin, und somit auch ihre Tätigkeit.

Dieses aber geschieht durch die Wirkung des Heiligen Geistes, der stets bemüht ist eine Seele auf diesen Standpunkt zu bringen.

Es ist dies die wahre Wiedergeburt eines Menschen, die stattfinden kann, wenn der Mensch um dieselbe betet, und nachdem ihm entweder durchs Wort oder durch sonst einen

Gnadenakt die Verschiedenheit der Wahl klar gemacht wird. Amen! Euer Vater.

442. Hinweis zur geistigen Wachsamkeit
Wachet und betet!

1. März 1885

„Lasset eure Lenden umgürtet sein und eure Lichter brennen!" (Lk. 12,35)

Liebe Kinder! In diesem Kapitel legte Ich den Menschen klar dar, wie unnötig es ist zu sorgen für solche Dinge, welche Ich als Vater Selbst besorge und ausführe für Meine wahren Kinder, deren ganzes Denken und Streben nur darin besteht, Mir ihre dankbare Liebe entgegenzubringen, und die sich stets bemühen durch ihren Gehorsam Mir Freude zu machen. Denselben gelten die Worte: *„Lasset eure Lichter brennen"*; denn durch ihr Beispiel können sie Mir am sichersten Seelen gewinnen, und dieselben Mir zuführen.

Dazu gehört aber eine große Wachsamkeit; sie müssen stets gerüstet sein, auf dass wenn Ich anklopfe, sie mit Freuden Mir entgegengehen, und Meinen Auftrag auszuführen zu jeder Stunde oder Zeit tüchtig sind.

Es gibt sehr viele redliche Seelen, welche Mir mit großem Eifer dienen wollen; aber sie sind nicht wachsam genug, und bedenken zu wenig, dass der Feind sie stets beobachtet, und gerade in solchen Augenblicken, wo sie Mir geloben, in Meinem Namen etwas mit großer Treue auszuführen, da überfällt er solche Seelen, oft dadurch, dass er ihnen die Wege zeigen und sie beraten will, und ehe sie es merken, sind sie dann schon auf Abwege gekommen, und anstatt für Mich werben zu können, hat der Feind sie auf seine Seite gebracht.

Sehet, hier gilt es stets: *„Lasset eure Lenden umgürtet sein."* Denn bei jedem Vorhaben, wobei ihr etwas für Mich ausführen wollt, da wendet der Feind doppelte List und Macht an. Es sind hier die verschiedenen Zustände angedeutet: die erste, andere und dritte Wache, worin sich eine Seele befindet, wo Ich stets wieder anklopfe und dieselbe besuche. (Lk. 12,38)

Die erste Zeit ist mehr die des Eifers, und da erwägt eine Seele alles noch ängstlich, was sie wieder von Mir trennen könnte, und sie ist darum noch nicht so sicher, als in der anderen Wache, wo sie sich freut, wenn sie Fortschritte im Guten gemacht hat, sich aber schon wieder mehr auf sich selbst verlässt. Die dritte Wache ist gleichfalls eine Fortsetzung des Guten, welches der Seele immer mehr zur Freude und Lust wird. Wenn Ich also eine Seele besuche, so lasse Ich sie Meine Freude fühlen und beselige sie dadurch.

„Wahrlich Ich sage: Er wird Sich aufschürzen und wird sich zu Tische setzen, und vor ihnen gehen, und ihnen dienen." (Lk. 12,37)

Ich werde als Bruder und Vater mit solchen Seelen verbunden werden, die stets wachen, und so immer mehr den Feind von sich abhalten, damit er nicht die sich ansetzende Frucht des Guten wieder raube, sondern Ich werde dieselbe als ein göttliches Gnadengut, bei ihrem Wachen und Beten in ihrem Herzen bewahren.

Welche Ich also finde, denen will Ich ein Mahl der Liebe bereiten, auf dass sie gestärkt weitergehen können auf dem Wege, der ihnen verordnet ist, um das ewige Leben zu erreichen! Amen! Euer Vater.

443. Über die Führung der Kinder Gottes und deren Schwächen

8. März 1885

„Da antwortete Simon Petrus und sprach: Du bist Christus, des lebendigen Gottes Sohn.

Und Jesus antwortete und sprach zu ihm: Selig bist du, Simon, Jonas Sohn; denn Fleisch und Blut hat dir das nicht geoffenbart, sondern Mein Vater im Himmel!" (Mt. 16,16–23)

Liebe Kinder! Petrus war ein Jünger, welcher Mich mit ganzer Hingabe seines Herzens liebte, und dabei aufrichtig gegen Mich und seine Mitmenschen war. Aber er war dabei oft sehr zornig, wodurch er wieder zertrat, was eine hoffnungsvolle Blüte von ihm versprach. Darum musste Ich denselben mit viel Geduld leiten, und eben diese Gnade bewirkte bei ihm ein Dankgefühl gegen Mich, und dadurch wurde er im Innern mehr mit Mir verbunden. Gleichwie Ich sein Innerstes durchschaute, so verhalf ihm seine große Liebe zu Mir dazu, dass er Mich wahrhaft erkannte als Gottes Sohn.

So gibt es noch viele Seelen, welche im Bewusstsein ihrer Schwachheiten sich kindlich an Mich wenden, um Meine Abhilfe. Aber dabei immer wieder von ihren Leidenschaften sich hinreißen lassen. Sie sind schwer zu erziehen, und Ich muss manche Demütigungen über dieselben kommen lassen, damit sie wieder wachsamer über sich selbst werden.

Das Bewusstsein, dass sie durch ihre Liebe zu Mir mit Mir verbunden sind, macht dieselben oft zu sicher, und so erkennen sie den nahen Fehltritt nicht, welcher ihnen droht, weil Ich sie Meine Liebe fühlen lasse. Denn obgleich Ich ihre Fehler bemitleide, so liebe Ich sie doch, weil nur die Liebe Meiner Kinder Mich beglücken kann. Aber Ich muss da Mittel anwenden, sie von den Fehlern zu befreien, indem Ich diese durch allerlei Vorkommnisse ihnen aufdecke. Ist dieses geschehen, so kommen diese Seelen selbst zu Mir, bitten um Beistand in ihrer Schwachheit, und so wird denselben dann klar, dass sie ohne Mich nichts tun können (zu ihrer Erlösung), und dass somit ihr Zustand noch ein sehr mangelhafter ist.

Es geht ihnen wie Petrus, welcher voll Eifer stets für Mich war, aber (oft) durch ein einziges Wort Meinem Willen entgegen handelte, wie in diesem Kapitel erwähnt wird. Er wollte Mich belehren, weil Ich von Meinem Leiden mit den Jüngern sprach: *„Herr, schone Deiner Selbst, das widerfahre Dir nur nicht."* (Mt. 16,22) Daher musste Ich bei solchen Widersprüchen strenge gegen ihn sein.

So ist hier die Erziehung des Petrus ein Vorbild für die Erziehung Meiner späteren Nachfolger. Immer wieder ist es nötig, dieselben durch Heimsuchungen und Demütigungen vor ihrer Sicherheit zu bewahren.

Je mehr Liebe zu Mir eine Seele in sich fühlt, desto mehr Gefahr ist vorhanden, dass sie zu sicher wird, und also nicht merkt, wie viel ihr noch an natürlichen Leidenschaften anklebt, welche ihr eine Niederlage bereiten können, von welch letzterer Ich zwar wieder aufhelfe, aber dieselbe hätte durch stete Wachsamkeit verhütet werden können.

In solchen Zeiten ziehe Ich oft Meine Liebe zurück, wie Ich zu Petro sagte: *„Hebe Dich, Satan, von Mir! Du bist Mir ärgerlich; denn du meinst nicht was göttlich, sondern was menschlich ist."* (Mt. 16,23)

Oft sind es Vernunftgründe, die eine Seele auf Abwege von Mir wegleiten, welche von derselben erst an den Folgen – und hierin Mein Missfallen erkannt wird.

Darum, *„will jemand Mir nachfolgen, der verleugne sich selbst (sei gegen sich und seine eigene Kraft misstrauisch), und nehme sein Kreuz auf sich (täglich), und folge Mir, denn wer sein Leben erhalten will, der wird es verlieren; wer aber sein Leben verliert um Meinetwillen, der wird es finden!"* (Mt. 16,24-25) Amen! Euer Jesus.

444. Das Gleichnis vom Weinstock

15. März. 1885

„Bleibet in Mir, und Ich in euch! Gleichwie die Rebe kann keine Frucht bringen von sich selber, sie bleibe denn am Weinstock; also auch ihr nicht, ihr bleibet denn in Mir.

Ich bin der Weinstock, ihr seid die Reben. Wer in Mir bleibet, und Ich in ihm, der bringt viele Frucht; denn ohne Mich könnt ihr nichts tun!" (Joh. 15,4-5)

Liebe Kinder! Bleibet in Mir und Ich in euch! Diese Worte enthalten alle Bedingungen, welche Ich Meinen Kindern mache, auf dass ein inniges Zusammenhalten in der Liebe stattfinde, durch welches allen Versuchungen vonseiten Meines Gegners ein Damm gebaut ist, weil die göttliche reine Liebe all seine List und Bosheit im klaren Licht erschaut, und sogleich merkt, was gegen Meinen Willen ist.

Eine Seele, welche viel Liebe zu Mir hat, und um Meinetwillen auch zu ihren Nebenmenschen, wird ihre Nebenmenschen stets mehr richtig zu beurteilen wissen, und weil durch die Liebe das Urteil stets ein milderes wird, so bleibt ihr auch der Zugang an die Herzen mehr möglich, so dass sie bei denselben durch ihre Liebe zur wahren Erkenntnis und Besserung oft viel beitragen kann.

Diese Liebe aber muss gepflegt werden, und wie die Rebe ihren Saft vom Weinstocke bezieht, mit welchem sie verwachsen ist, und einen Teil von dessen Wesen ausmacht. So ist eine Seele, wenn sie in der reinen Liebe und somit im Guten wachsen will, von Mir und Meiner Liebe abhängig.

In der Vereinigung mit Mir liegt die Kraft Gutes zu wollen und zu üben; denn es gibt keinen andern Weg; denn ohne Mich könnt ihr nichts tun, das Mir wohl gefällt, und euch geistig beglückt.

Darum machte Ich stets wieder Meine Jünger aufmerksam, wie nicht allein der Glaube, welcher in der Annahme besteht, dass Ich Gott bin, dazu gehört, um ewig selig zu werden, sondern hauptsächlich die Liebe, welche Mich liebt, als Wohltäter und Vater; eine Liebe, welche aus dem Dank entsprossen, durch das Erkennen, dass alles ein Gnadengeschenk von Mir ist, und die durch das immerwährende Empfangen leiblichen und geistigen Segens sich immer mehr steigert, und somit immer mehr Liebe erzeugt.

Auf diese Weise wird das Gesetz aufgelöst, und dagegen durch die Liebe erfüllt, weil die Seele erkennt, dass so die Erfüllung des Gesetzes Freude, Wonne und Seligkeit bewirkt. –

Wer ernstlich anfängt (in solchem Sinne) Liebe zu üben, der wird bald die Beobachtung machen können, dass er wiederum geliebt wird; denn es gibt keinen Menschen, welcher ganz ohne Liebe ist, es gibt aber auch keinen Menschen, welcher dieselbe ganz entbehren kann.

Der Mensch kann eher alles andere entbehren, als die Liebe, weil diese alle anderen Besitztümer ersetzt; z. B.: wenn ein armes Kind eine liebevolle Mutter hat, so fühlt es sich reich genug, die Liebe ersetzt ihm alle Mängel; wenn dagegen ein Reicher keine Liebe zu genießen hat, so bleibt er unbefriedigt. Denn das höchste Kleinod des Lebens, die Liebe, fehlt demselben.

Betrachtet alle Verhältnisse in eurer Umgebung, und es wird euch stets mehr klar werden, dass die Liebe zum Glücklichsein nicht fehlen darf.

Darum bleibet in der Liebe, und somit in Mir, als dem Urquell der Liebe, so bleibe Ich in euch, als euer Vater. (1. Joh. 4,16)

445. Wichtige Lebenswinke

„Wer an Ihn glaubt, der wird nicht gerichtet; wer aber nicht glaubt, der ist schon gerichtet; denn er glaubt nicht an den Namen des eingeborenen Sohnes Gottes.

Das ist aber das Gericht, dass das Licht in die Welt gekommen ist, und die Menschen liebten die Finsternis mehr denn das Licht; denn ihre Werke waren böse." (Joh. 3,18–21)

Liebe Kinder! Nikodemus war ein Mann, der im Stillen von den damaligen Satzungen der Schriftgelehrten und Pharisäer in seinen Innern nicht mehr befriedigt war, sondern der Heiligen Geist deckte ihm die großen Abweichungen von Meinem Gesetze auf; darum suchte er nach Wahrheit. Aber die Furcht vor den Menschen war noch zu groß bei ihm, um solches öffentlich zu tun, deshalb kam er zu Mir bei Nacht.

Es gab seit Meinem Erdenleben nach Meinem Tode immer wieder Nikodemusseelen, welche im Stillen zu Mir kommen; aber zu wenig Kraft besitzen, um öffentlich Mich als Den zu bekennen, welcher Ich in ihrem Herzen bin; denn dazu gehört eine wahre Wiedergeburt. Die Seele muss bemüht sein, sich ganz zu vergeistigen; alle ihre Neigungen und Freuden nur in Mir und Meinen Eigenschaften zu befriedigen. Und somit verliert alles Materielle den Wert vor einer solchen Seele, und es wird ihr leicht dieses oder jenes um Meines Namens willen zu entbehren oder zu verlieren, sei es Ehre, Besitztum oder Freundschaft. Kein Gut ist ihr zu groß, zu lieb, um es daran zu geben, sondern nur Meine Liebe und die Vereinigung mit Mir zu erhalten, dies ist ihr einziges Bestreben.

Ehe sie aber diese Richtung annimmt, muss sie die völlige Überzeugung und Erkenntnis von Meinem göttlichen Wesen haben, und (also) an die Liebe des Vaters, geoffenbart durch den Sohn, glauben. Denn nur die Größe und die Tiefe Meiner Liebe sollen die Menschen veranlassen zur Gegenliebe, und *„darum bin Ich (als Jesus) in die Welt gekommen, auf dass Ich zeugte vom Vater (von der göttlichen Liebe). Das aber ist das Gericht, dass das Licht in die Welt gekommen ist und die Menschen liebten die Finsternis mehr denn das Licht, denn ihre Werke waren böse."* (Joh. 3,19)

Weil die Menschen zu sehr am Materiellen hängen, so weisen sie die Erleuchtung des Heiligen Geistes von sich zurück, und lieben die Finsternis, in welcher sie mehr der Materie huldigen können, und verfallen somit dem Gerichte; denn ohne Meine Liebe und ohne Mich kann der Geist nie befriedigt werden.

Die Verwandtschaft zwischen Mir und ihm ist eine unumstößlich feste; sie kann zwar durch entgegengesetztes Wollen der Seele eine Zeitlang gestört, aber nie ganz aufgelöst werden; darum auch die Seele zu keiner Ruhe gelangt, ehe sie mit dem Geiste harmonisch ist, und dieses kann nur geschehen, wenn sie Mich gleichfalls liebt, weil auch in ihr ein kleines Teilchen Meines Ichs ruht, an welchem der Geist anzuknüpfen sucht, um sie völlig zu vergeistigen. Um dies euch besser begreiflich zu machen, weil Ich ein Beispiel geben.

Sehet, ein Familienvater stirbt, und sein hinterlassenes Vermögen wird unter die Gattin und Mutter, sowie unter die Kinder verteilt; ein jedes erhält dadurch ein väterliches Vermögen, auch die Mutter einen Teil. Stirbt hernach die Mutter, so fließt (mit ihrer Hinterlassenschaft) auch der Teil, welchen sie vom Vater geerbt hat, wieder den Kindern zu, und somit ist in der Mutter Vermögen noch ein kleiner, vom Vater herstammender Anteil, welches alles dann Eins ausmacht.

Ähnlich verhält es sich mit dem Wesen des Menschen und seiner Seele. Ein Teil seines göttlichen Ichs geht direkt vom Vater aus (d. ist der Geist?), durch welchen er zunächst das indirekte kleinere Atom göttlicher Abstammung, welches in jeder Seele vorhanden ist, sodann auch den größeren Teil ihres Ichs wiedergewinnen und an sich ziehen soll.

Der in der Seele schlummernde göttliche Funke ist nämlich stets bemüht ihren Willen für sich zu gewinnen; aber ihr Eigendünkel sucht denselben zu bösem (nach ihrem Gelüsten) zu verleiten. Darum der stete Kampf zwischen Gut und Böse, die Entscheidung hängt von dem Beistande von oben ab. Wer sich um denselben an Mich wendet, der wird Gutes wählen; wer sich dagegen von Mir abwendet, der wird böse werden. Darum ist es nötig, um gut zu werden, dass auch die äußerlich gebotenen Mittel befolgt werden, als z. B. das Wort Gottes fleißig zu betrachten, besonders aber das Gebet zu pflegen, und den Verkehr mit gleichstrebenden Seelen, welche ebenfalls der Stimme des Geistes mehr Gehör schenken.

Denn obgleich Mein Gegner mit List sich der Seelen ganz zu bemächtigen sucht, so ist demselben doch ein Damm gesetzt, indem auch er ein Träger des göttlichen Funkens ist, dessen er sich nicht entäußern (entledigen) kann. Für jetzt ist dieses noch eine Qual für ihn; aber Meine Erbarmung hat es so beschlossen, um auch diesen Funken einst noch zur Flamme anzufachen; darum musste er darauf verzichten sich gleichfalls die Menschenform anzueignen; er erhielt die Erde nur als einen Wirkungsplatz, aber nicht als sein Eigentum, sondern Meine Allmacht hat sich diese vorbehalten, um auch ihn auf derselben wiederum für Mich zu gewinnen.

Ihr aber könnt aus dieser Enthüllung eines göttlichen Geheimnisses ersehen, wie Ich nicht zu viel von den Menschen verlange, um sie in Mein Reich aufnehmen zu können, sondern dass nur Liebe und Weisheit in Meinen Geboten verborgen sind, um alles zu retten, was verloren ist. Und so muss Ich heutzutage abermals sagen, wo Ich fast nirgends Aufnahme finde, um Meinen Kindern Meinen Rettungsplan mehr fassbar zu machen: *„Das ist aber das Gericht, dass das Licht in die Welt gekommen ist, jedoch die Menschen liebten die Finsternis mehr; denn ihre Werke waren böse."* Euer Vater Jesus.

446. Hinweis zum freien Bekenntnis

Palmsonntag, 27. März 1885

„Hosianna! Gelobet sei, Der da kommt im Namen des Herrn, ein König von Israel." (Joh. 12,13)

Liebe Kinder! In der Kirche werden am Palmsonntage die Worte, welche das Volk Israel bei Meinem Einzuge nach Jerusalem Mir zurief, als Thema der Predigt behandelt, und darüber die Zuhörer belehrt; aber wie in denselben eine abermalige Entsprechung für die Jetztzeit liegt, das ahnen gar wenige; denn Ich bin der Mehrzahl gleichgültig geworden, und die Taten, welche sich in Meinem Erdenleben ereignet haben, sind vielen zu einer alten Historie geworden.

Niemand glaubt, dass Mein zweites Wiederkommen so ganz nach der Entsprechung Meines Erdenlebens nun im Geistigen geschieht. Denn auch heute wie damals, von Meiner Geburt an bis zu Meinem Auftreten im Lehramte, ist Meine Lehre ohne besondere Pracht und Kundgebung Meiner persönlichen Mitwirkung fortgepflanzt worden, wie in dem Gleichnis es heißt:

„Lasset das Unkraut (mit)wachsen bis zur Erntezeit" (Mt. 13,30). Eine freie Entwicklung Meiner Lehre sollte es sein, und ist es auch geblieben, indem Ich nur durch Meinen Geist der Liebe und Gnade den zu großen Abweichungen Einhalt tat.

Nun aber ist auch die Zeit herbeigekommen, wo Ich als König innerlich in die Herzen Einzug halten möchte; und viele, welche Mich durch den Geist der Wahrheit kennenlernen, rufen Mir ein Hosianna zu. Aber nicht alle, welche mit einstimmen, bleiben Mir in der Verehrung treu, wenn sie merken, dass Mir statt einer Königskrone eine Dornenkrone zuteilwird, welche von den Schriftgelehrten und Pharisäern mir zugedacht ward. Darum haben die wenigen, welche sich Meine wahren Jünger nennen, eine schwere Aufgabe; denn wenn sie Mir treu bleiben wollen, setzen sie sich allerlei Verfolgungen aus,

So geht es auch jetzt wieder mit der neu geoffenbarten Wahrheit, viele sehen hierin einen Vorboten Meines baldigen Erscheinens, und stimmen ein Hosianna an. Wenn sie aber die Gunst der Pharisäer und Schriftgelehrten dabei einbüßen, so sind sie gleich Petrus, der Mich bei dem geringsten Anlaufe zu verleugnen suchte.

Je näher nun Mein Erscheinen kommt, desto wichtiger ist es, dass Ich von Meinen Kindern frei und offen bekannt werde, als Derjenige, Welchen ihr in Mir erkannt habt aus Meinem Worte.

Seither war eine Stille Verehrung genügend, es wird aber die Zeit kommen Mich öffentlich so zu bekennen, wie ihr Mir Zweige streuet, das Mahl vor Ostern mit euch halten, damit ihr gestärkt seid Mich nach Gethsemane und auf den Ölberg zu begleiten, um – wenn es sein muss – mit Mir zu wachen und zu beten: Ja, wachet und betet, auf dass Ich euch nicht schlafend finde! Amen. Euer treuer Jesus!

447. Soll Ich den Kelch nicht trinken

Zum Karfreitag   3. April 1885

„Soll Ich den Kelch nicht trinken, den Mir Mein Vater gegeben hat?" (Joh. 18,11)

Liebe Kinder! Nachdem Ich zuvor unter heftigem Kampf um eine völlige Unterordnung Meines natürlichen Willens unter den göttlichen Willen gerungen hatte, wurde Mir der Sieg zuteil, so dass Ich mit Ruhe sagen konnte: *„Soll Ich den Kelch nicht trinken, den Mir Mein Vater gegeben hat?"*

Sowohl die (von Mir vorausgesehenen) Leiden, welche auf Meinen Körper warteten, als wie auch der Hass der Menschen, welche Mich umgaben, teils in sichtbarer Weise, teils als schon abgeschiedene Geister, welche vom Fürsten der Finsternis stark beeinflusst waren, sowie dieser Anblick der argen Verwüstung Meines Ebenbildes im Menschen waren es, die Mir jene Momente schauerlich machten, gerade da, wo Meine Liebe in ihrer ganzen Größe sich der Menschen annahm, um sie in ihr verlorenes Paradies zurückzuführen. Und somit waren Meine Seelenleiden noch größer als die körperlichen, indem Meine Seele die Wiederherstellung ihrer Liebe und ihres Gehorsams dem himmlischen Vater (dem Heiligen Geist) gegenüber erlangt hatte, und darum den großen Abfall der Menschen erkannte.

Es war ihr so wohl, dass sie nun in Wahrheit sagen konnte: *„Dein Wille, o Vater, geschehe"* (Mt. 6,10) – trotz allem Wissen was noch über sie kommen werde! Dadurch wurde das Band der Liebe zwischen Mir und der Seele wieder ein inniges und reines, und dieses Liebeband wollte Ich auch den Menschen erwerben, durch Mein Beispiel, durch Meine Lehre und durch Meine Liebe, was auch ohne solch bitteren Tod hätte geschehen können, wenn der Verfall und Entartung der Menschen nicht einen so tiefen Grad erreicht hätten!

So aber musste Ich ihnen den freien Willen lassen, und dadurch kam der große Missbrauch desselben und die große Entfernung von Mir, welche auch heutzutage wieder zunimmt, indem Mein ganzes Erlösungswerk durch den Fürsten der Finsternis immer mehr in seiner Wichtigkeit zu entwerten gesucht wird.

Leider findet derselbe willige Diener und Judasse genug, welche um des Geldes willen einen verräterischen Kuss Mir geben, unter dem Scheine der Aufklärung und Wissenschaft Meine

Gottheit leugnen, und ihre Mitmenschen dadurch betrügen, dass sie Meine göttlichen Liebesgebote aufheben, als bloße Menschenlehre, und bei denselben sich Eingang verschaffen, weil unbedingte Freiheit für dieselben in ihrem materiellen Treiben doch bequemer ist, (als Gehorsam in selbstverleugnender Gottes- und Nächstenliebe).

Will Ich nun Meine geschaffenen Kinder nicht ganz dem Verderben preisgeben, so muss Ich immer wieder Heilspläne zur Errettung derselben machen, und Meine Liebe hat stets um die Menschen zu kämpfen.

Gar viele Karfreitage haben sich für Mich seit Meinem leiblichen Tode wiederholt, aber wenig Auferstehungsfeste; weil die meisten Menschen dieses letztere erst „am jüngsten Tage" zu feiern gedenken; daher sind es nur wenige, die mit Mir Ostern halten. O lasset euch zu diesen wenigen einreihen, übergebt euch Mir, gleichwie Ich Mich selbst damals dem Vater (der göttlichen Liebe in Mir) übergeben habe. Meine Liebe und Gnade wird euch stärken, wenn ihr am Ölberge darum betet und kämpft! Amen! Euer Vater.

448. Friede sei mit euch!

(Lk. 24)   Ostern, 15. April 1885

Liebe Kinder! Nach Meinem Tode ward mit Meinem Leibe auch der Mut und der Glaube an Mich bei Meinen Jüngern in das Grab gelegt! All ihr stilles Hoffen, dass Ich werde auf Erden noch Großes ausführen, und ein Reich gründen, nicht nach äußerer Pracht und Herrlichkeit, (so viel wussten sie aus Meiner Lehre), aber doch ein Reich des Friedens und der Eintracht unter all denjenigen, die Mich liebten. All das schwand bei dem Anblick Meines Kreuzestodes, und ihre Trauer um Mich war groß, aber uneigennützig. Sie fühlten zu sehr den Verlust Meiner Person und Meines Umganges; denn sie liebten Mich herzlich. Viele Worte von Mir, welche den Auftrag enthielten, in Meinem Namen das Evangelium zu predigen, wie Ich ja auch schon von den Jüngern etliche ausgesandt hatte, waren ihnen so heilig und bedeutungsvoll, dass sie dieselben zu erfüllen suchten; aber sie fühlten dennoch ihre Schwäche dabei.

Darum war es für sie eine große Freude und Wohltat, als Ich wieder lebend unter sie trat, mit dem Gruße: *„Friede sei mit euch!"* (Lk. 24,26) und auch ihr Geist wurde neu belebt und feierte ein Auferstehungsfest in der Freudigkeit, um mit neuem Mute nach Meinen Worten zu wirken und zu handeln.

So ist also in dem Akte Meines Todes und nachher Meines Auferstehens eine Entsprechung für den Gang der einzelnen Seele, welche zuerst beginnt mit dem Anhören und Lesen Meines Wortes, und dann zu dem Entschlusse kommt – Mir nachzufolgen.

Tritt sie dann in die Nachfolge ein, so kommen allerlei Verfolgungen über sie, und ihre Erwartungen, ungestörten Frieden und Ruhe zu genießen, werden getäuscht, so dass sie gleich Petrus in manchen Fällen anfängt Mich zu verleugnen, bis sie endlich Meinen Einfluss auf eine Weile nicht mehr fühlt, und also die Seele gleichfalls eine Grablegung durchmacht, weil sie ohne Mich nichts vermag. Aber nach solchem Zustande trete Ich mit Meiner ganzen Macht und Liebe abermals vor die Seele, und frage sie, gleich wie Meine Jünger: *„Warum seid ihr so erschrocken? Und warum kommen solche Gedanken in eure Herzen?"* (Lk. 24,38)

Ein wahres Auferstehungsfest wird der Seele dann zuteil, wenn sie zuvor erfahren hat, wie lieb und unentbehrlich Ich ihr geworden bin. Es tritt alsdann ein anderes Verhältnis zwischen der Seele und Mir ein, welches das Bedürfnis der Liebe und der Vereinigung bedingt; es ist nicht mehr der untergeordnete Zustand des Gehorsams, sondern alles Erfüllen Meiner Gebote wird der Seele nun zur Freude, weil sie im Einverständnisse mit Mir lebt.

Es ist dies ein Auferstehen vom Tode zum Leben, und die Seele, durch Kampf und Leiden den sinnlichen Begierden abgestorben, ergreift das Göttlich-Wahre, das ewiges Leben birgt.

Mein Auferstehen von dem Tode überzeugt sie von Meiner göttlichen Kraft, welcher es möglich ist auch sie aufzuwecken zum ewigen Leben. Und so soll eure Freude bei der Osterfeier eine geistig große sein, weil ihr wisset, dass auch euch eine Verklärung bevorsteht, welche euch der Sündennacht entreißen soll! Amen! Euer Vater Jesus.

449. Vom verborgenen Schatz im Acker

Zur Seligkeit
12. April 1885

„Abermals gleicht das Himmelreich einem verborgenen Schatz im Acker, welchen ein Mensch fand, und verbarg ihn, und ging hin vor Freuden über denselben, und verkaufte alles was er hatte, und kaufte den Acker." (Mt. 13,14)

Liebe Kinder! Ich musste in diesem Kapitel verschiedene Gleichnisse geben über das Himmelreich oder die Seligkeit, weil es in der damaligen Zeit nötig war, den Menschen, welche zu wenig Erkenntnis von geistigen Dingen mehr hatten, durch eine Darstellung aus ihrem materiellen Leben so nach und nach wieder mehr geistige Fassungskraft beizubringen.

Was nun dieser verborgene Schatz im Acker ist, das können nur solche begreifen, die durch einen immerwährenden Verkehr mit Mir der Wiedergeburt sich befleißen, und um diese zu erlangen alles daran geben; sie erkennen die Möglichkeit, durch Meine Gnade gut zu werden, und zu dem Ziele zu kommen, welches Seligkeit heißt.

Aber so wie dieser Schatz verborgen ist im Acker, so ist gleichfalls die Glückseligkeit verborgen in einem Menschen, so lange bis er dieselbe zu suchen beginnt, und sie, wenn er sie gefunden hat, zu hoch, zu würdig hält, um darüber zu reden, und es (sein Geheimnis) zu veröffentlichen; er verbirgt lieber die erhabenen Gefühle, und opfert für ihre immerwährende Erhaltung alles andere, was er vorher geliebt hat.

Dieses Verkaufen ist ein innerer Vorgang im Herzen des Menschen, welchem nun das äußere Besitztum nicht mehr so wertvoll vorkommt, sondern er ist nur darauf bedacht, die gefundene Glückseligkeit im Verkehr mit Mir stets zu suchen und festzuhalten.

Hat die Seele diese Richtung einmal eingeschlagen, so ist sie auf dem Wege zur Wiedergeburt, und fühlt den inneren Frieden, als da ist: die Überzeugung, dass das Fehlende, welchem sie nachzujagen sich bemühte, nun gefunden ist. Sie gelangt zu der Einsicht, dass dieses Fehlende ihr nicht durch materielle Güter ersetzt werden kann, und darum ist ihr Streben danach ein untergeordnetes. Sie gibt sich mit dem zufrieden, was Ich für gut finde, ihr davon mitzuteilen, weil sie durch den steten Umgang mit Mir immer mehr an Liebe und Vertrauen zu Mir gewinnt, und so sich willenlos Meiner Führung überlässt, wenn es auch oft gegen ihren Willen geht, ja sogar durch Selbstverleugnung jeder Art; was Ich oft für nötig finde, und das deshalb geschieht, um sie immer fester an Mich zu fesseln. Denn nur wenn Mein Wille auch zu dem Ihrigen wird, kann sie wahrhaft selig werden, und dann ist das Himmelreich ihr zugesichert. Darum verkaufet alles was ihr habt, um dieses Kleinod zu erwerben. Euer Vater Jesus.

450. Niemand kann zwei Herren dienen

Zur Konfirmation   13. April 1885

„Niemand kann zwei Herren dienen; entweder er wird einen hassen, und den anderen lieben, oder er wird einem anhangen, und den anderen verachten. Ihr könnt nicht Gott dienen und dem Mammon!" (Mt. 6,24)

Liebe Kinder! Diese Worte möchte Ich recht tief ins Herz derjenigen Kinder rufen, welche nach der Kirchenordnung aufgefordert werden, heute ihren Taufbund zu erneuern. Denn dieser Akt wird von Mir gesegnet, wenn er eine Übergabe des Herzens an Mich ist, und die Kinder nun selbst empfänglich sind für die Gaben des Heiligen Geistes, welche sind: die Erkenntnis in göttlichen Dingen und aller göttlichen Wahrheiten. Jedoch nicht also, als ob dieselben nun bei ihnen schon in solchem Grade vorhanden seien, dass eine weitere Ausbildung und ferneres Forschen und Suchen nun nicht mehr nötig wäre, sondern dasselbe soll nun erst recht anfangen, weil nun erst mit dem Austritte aus den Schuljahren der Eintritt ins praktische Berufsleben mehr beginnt, und das Erkennen, Wissen und Ergreifen des Gelernten nun sich in der Tat ausdrücken soll. Hauptsächlich die Liebe und die Neigungen der Seele werden nun den Kindern mehr selbst überlassen.

Sind dieselben bis dahin von ihren Eltern und Lehrern so erzogen, dass sie das Göttliche und somit das Gute höher achten als das Materielle, so will Ich dieselben zur Freude ihrer Erzieher so segnen, dass ihre ewige Wohlfahrt gesichert ist, und also soll der Konfirmationstag als Tag (des Beginnens) der Wiedergeburt ihnen ein heiliger Tag sein, ein Tag des Gelöbnisses, auf welches weiter gebaut werden kann.

Aber wie viele Kinder sind es, in welchen schon von Geburt an der Keim des Guten durch Gleichgültigkeit und böses Beispiel der Eltern erstickt wird, die sich nicht die Mühe und Zeit nehmen, ihre Kinder zu Mir zu führen, und sie von Meiner Liebe und Macht zu belehren, sondern sich oft mehr um ihre Haustiere, als um ihre ihnen anvertrauten Kinder bekümmern.

Bei den Armen heißt es, ich habe weder Mittel noch Zeit mehr zu sorgen, und bei den Reichen gilt es zum guten Tone in der Jetztzeit, nicht mehr solch einfache göttliche Wahrheiten ihren Kindern beizubringen, damit dieselben nicht lächerlich vor den Weltmenschen erscheinen. Es gehört das Beten, das Beschäftigen mit Mir nicht mehr zu einer hohen Bildung, sondern Ich und alles von Mir Ausgehende ist eine untergeordnete Nebensache, und doch müssen die Kinder an ihrem Konfirmationstage den Eid der Treue Mir schwören, weil es so Sitte ist.

Wie viele Meineide kommen an solchen Tagen vor, welche nicht den Kindern, sondern den Eltern und Erziehern zur Sünde angerechnet werden müssen.

Diese zarten Pflanzen verdienen Mitleid; denn sie hören, sehen und wissen nichts Besseres. Daher muss Ich oft hintendrein mit strengen Erziehungsmitteln nachhelfen, wodurch Kinder und Eltern viel Kreuz durchzumachen haben, und es sind dies die Folgen schlechter Erziehung. Wie wenig wird für die Kinder gebetet, dass sie gut werden möchten! Wenn es hochkommt, geschieht es nur bei besonderen Krankheitsfällen für die leibliche Gesundheit. Aber das geistige Verkrüppeln ist nicht, wie viele Eltern meinen, ihre Schuld. Und sehet, darin liegt die größte Ursache des menschlichen Elends, dass zu wenig Wert auf geistige Erziehung gelegt wird, und weil dieselbe nicht gepflegt wird, so wird sie immer seltener; aber dagegen prägt sich der Sinn fürs Materielle immer stärker in den Gemütern aus.

Darum sagte Ich euch: „*Niemand kann zwei Herren dienen!*" Wählet entweder Mich oder die Welt! Ich lege euch beides vor: den Segen oder den Fluch. Und wisset, dass Ich kein Herz annehmen kann als Übergabe, das den Mammon mehr liebt als Mich! Amen! Euer Vater.

451. Zur Auferweckung des Lazarus

25. April 1885

„Jesus spricht zu ihr: Habe Ich dir nicht gesagt, so du glauben würdest, so würdest du die Herrlichkeit Gottes sehen." (Joh. 11,40)

Liebe Kinder! Die Auferweckung des Lazarus enthält eine Entsprechung für geistig tote Seelen, an welcher geistig strebende Menschen zu zweifeln anfangen, ob dieselben noch dazu fähig gemacht werden könnten, geistig erweckt und wiedergeboren zu werden? Obwohl Martha von der Wundermacht ihres guten Jesus überzeugt war, so war ihr Glaube doch zu schwach, dass es Ihm möglich sei, auch den Lazarus aus dem Grabe zu erwecken, weil die Spuren der Verwesung an dessen Leichnam schon stark eingetreten waren, denn sie sagte ja: *„Herr, er stinket schon."* (Joh. 11,39)

So geht es auch bei euch Menschen, wenn ihr einen großen Sünder bedauert, dass er sich in so tiefer Nacht und Unwissenheit befindet, und infolge dieses verfinsterten Zustandes schon so weit gesunken ist, dass ein Verbrechen oder vielerlei schwere Verfehlungen auf demselben lasten, da zweifelt ihr eher an Meiner Gnade und erbarmenden Liebe, als dass ihr glauben könntet, dass dieselbe sich auch noch um solche Sünder Sorge mache. Da heißt es auch von eurer Seite: *„Er stinkt schon!"*

Nach euren Begriffen bürgt eine sündhafte Tat ganz für den geistigen Tod, und gleichwie Martha voll tiefer Trauer meinte: *„Herr, wärest Du hier gewesen, so wäre mein Bruder nicht gestorben; aber ich weiß auch noch, dass was Du bittest von Gott, das wird Gott Dir geben."* (Joh. 11,21)

So ist es auch noch heutzutage, dass Meine Kinder an Meine Hilfe nur bis auf einen gewissen Grad glauben, und Meine Macht und Liebe in solchen Fällen nicht ganz erkennen, und darum auch nicht mit starkem Glauben an Mich um eine Gnadenzuwendung für solch gefallene Menschen, welche doch Meiner Liebe so sehr bedürfen, beten. Daher werden solch arme verirrte Seelen zu wenig der Fürbitte gewürdigt, und wird Mir dadurch nicht der unbeschränkte Zugang bei diesen Seelen ermöglicht, welches doch für Mich zum Zeugnis Meiner Erbarmung würde, und wodurch noch manch verirrte Seele durch solche eine geistige Auferweckung ermutigt würde, gleichfalls sich an Mich zu wenden, auf dass Ich ihr beistehe, ihren Vorsatz ausführen zu können, d.h. eine neue Lebensrichtung anzufangen.

Deshalb ist ein starker Glaube an Meine Macht und Liebe so nötig für Meine Kinder, damit Ich Mich immer mehr durch dieselben verherrlichen kann! Amen! Euer Jesus.

452. Winke über das zweite Kommen des Herrn
Zeitwinke

8. Mai 1885

„An dem Feigenbaum lernet ein Gleichnis; wenn sein Zweig jetzt saftig wird, und Blätter gewinnt, so wisset ihr, dass der Sommer nahe ist." (Mt. 24,32)

Liebe Kinder! Diese Worte gab Ich einst, um Meinen Jüngern einige Kennzeichen zu geben, welcherlei Zustände zu der Zeit stattfinden werden, in welche Mein zweites Kommen fällt.

Leider ist ein solcher Zustand ein Bild des Aberglaubens und Unglaubens, wo besonders Ich wegen Meiner Gottheit angetastet, entstellt, und an vielen Orten ganz verleugnet werde. Aber es wird in jener Zeit neben dem großen Unglauben und der größten geistigen Finsternis auch die göttliche Wahrheit in hellerem Lichte den Menschen zugeführt werden, teils durch Meine seligen Diener, teils durch Mich Selbst, um wahre Kinder für Mich zu erziehen, und solches gleicht dem Zweige, der saftig wird und Blätter treibt an dem Feigenbaume, welchen Ich Selbst durch Meine Liebe und Lehre gepflanzt habe. Allein derselbe wurde von den Arbeitern in Meinem Weinberge nicht richtig gepflegt, sondern der eine schnitt die edlen Zweige mit scharfem Messer ab, welche der Baum treiben sollte, als schon die guten Keime angesetzt hatten, und andere schädigten ihn in sonstiger Weise. Nicht alle Taten solches aus Überhebung; denn oft geschah solch ein unrichtiges Behandeln aus Unwissenheit, aber dessen Gedeihen wurde so immer wieder gehindert.

Wenn nun dieser Baum abermals einen Zweig treibt und frische Blätter, welche Ich Selbst pflege, so ist dies ein Zeichen, dass Ich demselben mit Meiner Liebe, Gnade und Erbarmung nahe bin, und Meine wahren Kinder wissen, wer unter diesem Zweige verstanden ist?

Alle, die Blätter treiben, d.h. in der Liebetätigkeit sich immer mehr üben, sind Meine wahren Kinder, wozu Ich zwar schon gar viele berufen habe; aber nicht alle halten aus in der Treue, welche Ich doch bedingen muss, um Mich mit ihnen zu verbinden und durch sie Mich zu verherrlichen.

Aber zu der Zeit Meines zweiten Kommens wird ein solcher Zweig grünen; jedoch nur von solchen, welche Mich, wenn Ich komme, erkennen in Meiner geistigen Herrlichkeit und Liebe; darum dürfen dieselben nicht bangen, wenn sich all die Gerichte vollziehen, die nötig sind, gleichwie ein Gewitter, das die verdichtete und vergiftete Luft mit Donner und Blitzen reinigt, damit nachher die Atmosphäre umso wohltätiger und erquickender auf alle Kreatur einwirken kann.

Wer den großen Nutzen eines Gewitters zu schätzen weiß, der wird nicht bitten, dass dasselbe unterbleibe, wohl aber um einen gesegneten Ausgang desselben. Also herrscht auch auf geistigem Boden nun eine verpestete und schwüle Luft, welche gereinigt werden muss, sobald der Zweig am Feigenbaum so erstarkt ist, dass der Sturm demselben nicht mehr schaden, noch ihn niederreißen kann.

Also, wenn ihr dies sehet, so wisset, dass es nahe vor der Tür ist: denn ebenso wie Meinen damaligen Jüngern, kann Ich euch nur dieselben Zeichen und Belehrungen geben. Darum merket auf, so werdet ihr euch selbst die richtige Antwort geben können, ob die Zeit nahe oder ferne steht! Amen!

453. Lebenswinke für unsere Zeit der geistigen Sündflut

10. Mai 1885

„Gleich aber, wie es zur Zeit Noahs war, also wird auch sein die Zukunft des Menschensohnes. Denn gleichwie sie waren in den Tagen vor der Sündflut; sie aßen, sie tranken, sie freiten und ließen sich freien, bis an den Tag, da Noah zu der Arche einging; und sie achteten es nicht, bis die Sündflut kam, und nahm sie alle dahin; also wird auch sein die Zukunft des Menschensohnes!" (Mt. 24,37; 1. Mos. 6,3)

Liebe Kinder! In der Zeit, in welcher ihr lebt, gibt es gar viele Seelen, die sich auf Mein zweites Kommen freuen, weil sie die Versunkenheit der Menschen erkennen und fühlen, dass ihnen, die geistig zu streben sich bemühen, der Kampf durch solche materiell gesinnte Menschen immer noch vergrößert wird.

Das Beispiel, der Verkehr mit solch gottlosen Menschen hemmt sie in ihrem Fortschritte; besonders aber solche Seelen, die erst zur Erkenntnis zu gelangen und die Wahrheit zu suchen angefangen haben.

Es ist darum für solche sehr nötig, dass sie den Verkehr mit weltlich gesinnten Menschen so viel als möglich umgehen, was indessen weniger im Berufe, als im gesellschaftlichen Umgange geschehen kann.

Eine Seele die sich immer mehr zu vergeistigen sucht, muss alle Minuten ihrer Zeit wohl einteilen, damit sie für ihre geistigen Betrachtungen mehr verwenden kann, als für ihr Außenleben und ihre materielle Hantierung; denn nur so ist es möglich, dass dieselbe nach und nach sich der geistigen Richtung gemäß äußert, und dadurch ein Zeugnis für deren inneren Wert gibt.

Darum ist es von großem Segen für strebsame Seelen, dass sie sich öfters zurückziehen von den Weltmenschen, und die Einsamkeit oder Gleichgesinnte aufsuchen, umso mit Mir Selbst reden zu können. Ich gab deshalb die Verheißung: *„Wo zwei oder drei in Meinem Namen beisammen sind, da bin Ich unter ihnen!"* (Mt. 18,20)

Solche Seelen dürfen nicht warten auf Mein zweites Kommen, denn Mein geistiges Erscheinen oder Nahesein ist erfüllt an denselben; sie fühlen sich beseligt im Verkehre mit Mir, und wünschen keine äußeren Zeichen.

Gleichwie Noah auf Meine Stimme achtete zu der Zeit, da die Menschen ganz abtrünnig von Mir nur noch den äußeren sinnlichen Genüssen frönten, so ist es wiederum in der Jetztzeit. Daher werde Ich abermals eine Arche zurichten lassen für Meine Kinder, auf dass sie vor der Sündflut bewahrt bleiben, und nicht dem geistigen Tode ausgesetzt sind. Wohl solchen, die die Zeichen der Zeit erkennen, und auf ihre Rettung bedacht sind!

Darum, ihr lieben Kinder, ziehet auch ihr euch immer mehr zurück aus dem weltlich gesinnten Gesellschaftsleben und dessen schalen Vergnügungen; erkaufet die Zeit, auf dass ihr dieselbe verwenden könnt, um mitzuarbeiten an dem Bau der Arche, damit noch recht viele Menschen vom Untergange gerettet werden! Amen! Euer Vater.

454. Zeitwinke zum Himmelfahrtsfest

14. Mai 1885

„Er führte sie aber hinaus gen Bethanien und hub die Hände auf und segnete sie. Und es geschah, da Er sie segnete, schied er von ihnen und fuhr auf gen Himmel. Sie aber beteten Ihn an, und kehrten wieder gen Jerusalem mit großer Freude. Und waren allewege im Tempel, priesen und lobten Gott." (Lk. 24,50-53)

Liebe Kinder! Es wird mit diesen Worten Mein Abschied von der Erde und Meine Himmelfahrt erzählt. Obwohl dieses sichtbare Scheiden auch ohne einen äußeren Akt hätte geschehen können, wie es ja vorher öfters der Fall war, dass Ich nämlich verschwand, weil Ich nicht an Raum und Zeit gebunden bin, so war dieses noch nötig, Meinen Jüngern gegenüber, um dieselben noch mehr in ihrem Apostelamte zu befestigen, und deshalb segnete Ich sie noch sichtbar.

Meine Liebe war sehr groß zu ihnen, und wollte sie so recht stark zu dem großen Auftrage machen, welchen sie unter so viel Kampf und Leiden ausführen mussten. *„Sie aber beteten Mich an, und kehrten wieder gen Jerusalem mit großer Freude, und waren allewege im Tempel, priesen und lobten Gott."*

Diese freudige Gemütsstimmung bei Meinem sichtbaren Abschiede beruhte auf Meiner geistigen Einwirkung. Zuvor waren Meine Jünger furchtsam und verzagt im Gefühle des Verlassenseins, ehe sie den festen Glauben an Meine Gottheit hatten. Denn nur auf diesem Punkte, im Glauben an Mich, dass Ich wahrhaftig Gott bin, ruht die Kraft, dass die Liebe einer Seele zu Mir auch unter allen Leiden und Gefahren ausharrt. Das Bewusstsein, dass Ich ihr Vater bin und als Vater Selbst in Jesu mit den Menschen verkehre, hebt die Seele über die Zweifel empor, denen solche erliegen, die Mein Erlösungswerk, das Ich nach menschlicher Ansicht dem Vater gegenüber brachte, nicht richtig fassen können. Denn diesen fehlt der freie Zutritt zum Vater, ohne welchen kein Mensch recht selig werden kann. Immer ist es die Vermittlungsidee, welche sie davon abhält. Oft aber gehen manche in diesem Vermittlungsglauben auch so weit, dass sie meinen, die Priester könnten ohne ihr (der Seelen) Zutun die Seligkeit für sie erbitten, und darum fehlt der Glaube unter den Christen so häufig, welcher die Liebe mit der Tat verbindet.

Die meisten Menschen halten Meine Lehre als nicht von Gott ausgehend, sondern von einer zweiten Person, Jesus, und verlassen sich dabei auf die Irrlehre von der Versöhnung. Während Meine Liebe Sich Selbst mit Fleisch umhüllte, umso den Menschen, welche sich von Mir entfernt hatten, wieder nachzugehen, und sie aufs Neue zu Mir zu ziehen.

Dieser Glaube an Meine Gottheit muss bei den Christen wieder wahr und fest einwurzeln, ehe Ich abermals erscheinen werde; darum aber der Feind sich an allen Orten bemüht, den Unglauben aufzupflanzen, weil er meint, dadurch Mein Kommen zu verhindern.

Jedoch, wenn dieser Unglaube seinen Höhepunkt erreicht hat, dann will Ich Mich mit Meiner göttlichen Macht zeigen, zum Schrecken der Ungläubigen, und zur Freude Meiner wahren Kinder. Amen! Euer Jesus-Vater.

455. Weichet von mir, Ich kenne euch nicht

17. Mai 1885

„Von dem an, wenn der Hauswirt aufgestanden ist, und die Tür verschlossen hat, da werdet ihr dann anfangen draußen zu stehen, an die Türe zu klopfen und zu sagen: Herr, Herr, tue uns auf.

Und Er wird antworten und zu euch sagen: Ich kenne euch nicht, wo ihr her seid!

So werdet ihr dann anfangen zu sagen: Wir haben von Dir gegessen und getrunken, und auf den Gassen hast Du uns gelehrt." (Lk. 13,25-26)

Liebe Kinder! Es enthält dieses Kapitel Gleichnisse von den Zuständen des Reiches Gottes; wie solches die Fähigkeit in sich hat, sich auszubreiten und sich zu vergrößern, gleich einem Senfkorn, oder gleich einem Sauerteig. Das (unscheinbare) Senfkörnlein fängt unbemerkt an zu keimen und sich einzuwurzeln, und wird so zur reifen Pflanze, die ihre Frucht bringt.

Wie aber dieser kleine Anfang in der Liebe gemacht werden muss, und zwar in der Tat, denn der Mann brachte das Senfkorn selbst in den Gartenboden, oder – er nahm die Worte der Gnade in seinen Herzensgarten auf, und ließ sie darin wuchern, so wird Mein Wort für jeden dasselbe Aufnehmenden von großem Nutzen sein, und noch für viele, welche dadurch ebenfalls zur Wahrheit geleitet werden.

Ebenso nimmt das Reich Gottes einen gar kleinen Anfang, oft bei einer einzelnen Seele, und dennoch kann dadurch Großes bewirkt werden. Aber solches Wachstum muss durch stete Wachsamkeit und treues Kämpfen errungen werden, und es ist also nicht wie viele meinen, dass das Reich des Friedens ihnen geschenkt werden könne, auf ihr bloßes Verlangen oder Hoffen danach, oder durch ihr bloßes „Herr, Herr" sagen.

Das richtige Erkennen Meines Wesens, und das Ergreifen Meiner Liebe und Gnade muss bei einer Seele stattfinden, wodurch sie sich überzeugt, dass Ich sie nur dann beglücken kann, wenn sie Mir folgt, und an ihren Mitmenschen die Liebe auszuüben strebt, welche Ich gebiete.

Es sind gar viele unter den Christen, welche Meinen heiligen Namen zu allem anrufen, und ihn nennen, um dabei äußere Vorteile und Gewinn zu erreichen, und irdischen Gewinn zu machen. Zum Beispiel wird derselbe auch zur Heilung von Kranken oft durch allerlei Zeremoniensprüche missbraucht, wobei solche Menschen in ihrem Herzen oft nicht einmal daran denken, dass Ich nur durch Meine Liebe und Meinen Segen helfe, sondern sie machen eine Art Beschwörungsformel gegen den Satan daraus, und solche Seelen berufen sich dabei noch auf ihren starken Glauben.

Sehet, solchen gilt auch das Wort: „*Weichet von Mir ihr Übeltäter!*" (Lk. 13,27) Denn nur im Vertrauen zu Mir, welches durch die Liebe erweckt wird, liegt der Segen und die Gebetserhörung bei solchen Heilkuren.

Auch in der Zeit Meines Erdenlebens waren die Juden sehr darauf bedacht, zu ihren selbstsüchtigen Zwecken Meinen Namen anzurufen, und viele folgten Mir eben nur in diesem Sinne nach. Darum musste Ich oft stark dagegen lehren, mit solchen Worten, welche leider später Mir missdeutet und anders ausgelegt wurden, und zwar abermals von solchen, die nicht in der Liebe mit Mir verbunden sind, und darum die Wahrheit nicht erkennen. Euer Vater.

456. Zum Pfingstfest – Von der Gnade

24. Mai 1885

„Und es soll geschehen in den letzten Tagen, spricht Gott, Ich will ausgießen von Meinem Geist auf alles Fleisch; und eure Söhne und eure Töchter sollen weissagen, und eure Jünglinge sollen Gesichte sehen, und eure Ältesten sollen Träume haben.

Und auf Meine Knechte und auf Meine Mägde will Ich in denselben Tagen von Meinem Geiste ausgießen, und sie sollen weissagen!" (Apg. 2,17; Joel 3,1)

Liebe Kinder! Am Pfingstfeste erinnern sich die Christen an die Ausgießung des Heiligen Geistes, welche bei Meinen ersten Jüngern und Aposteln stattfand, wobei ein äußeres Zeichen geschah, indem sie in vielerlei Sprachen gewaltig predigten. Es musste zu derselben Zeit noch auf wunderbare Weise Meine göttliche Macht an Meinen Nachfolgern bestätigt werden, indem der Widerstand gegen die Ausbreitung Meiner Lehre sehr groß war, und darum Meine Apostel vielerlei Verfolgungen ausgesetzt waren, wodurch manche Seelen, welche durch sie für Mich gewonnen wurden, wieder vom Glauben abtrünnig wurden.

Somit war es sehr nötig, auch äußerlich Meine Macht zu beweisen; daher Ich denselben eine große Wundermacht verlieh. Aber diese Macht sollte an Meinen Jüngern immer mehr sich im Geistigen durch einen liebetätigen Glauben beweisen. Denn die größte Kraft, welche Ich Meinen Nachfolgern geben will, sind die geistigen Gaben Meines Heiligen Geistes, auf dass die Menschen dieselben sich immer mehr aneignen, und dadurch Mein Ebenbild in sich herstellen, welches das höchste Ziel ihrer Bestimmung ist, damit also die Erde gleichfalls zu einem Himmel (Friedensreich) umgestaltet werde.

Beim Anblick der jetzigen Christenheit und ihrer Versunkenheit findet die Mehrzahl es unmöglich, dass solches geschehen kann, und gar wenige denken darüber nach, ob die Kraft des Heiligen Geistes überhaupt stets noch unter den Menschen fortwirke, und ob dieses auch bei der einzelnen Seele in erhöhtem Maße der Fall sein könne? Somit hört das Streben, sich nach Meinem Ebenbilde zu veredeln, bei der Mehrzahl auf, denn die meisten Menschen sind taub geworden gegen ihre innere Stimme, welche sie dazu antreiben will, und daher verscherzen solche geistig Taubgewordene das höchste Gut – die Gnade, welche sie eigentlich erst zu Menschen macht, und sie über das Tier erhebt!

Wie weit der Verfall der Christen in der Jetztzeit geht, können solche, welche sich noch der Gnade rühmen können, wohl ermessen, und ihnen wird der Geist der Wahrheit in erhöhtem Maße zukommen, so sie darum bitten; darum schon die Propheten auf diese Zeit weissagten:

„Und es soll geschehen in den letzten Tagen." – Das heißt – wenn die Mehrzahl der Menschen aufhört Menschen zu sein, weil sie da mehr den Tieren gleichen, mit ihren sinnlichen Genüssen, wo alles geistige Streben unterbleibt, dann ist das Ende nahe, oder die Auflösung ist gekommen für viele, die nicht mehr das besitzen von ihrer göttlichen Ausstattung, was ihnen der Geist der Gnade zu ihrer Vervollkommnung und zur Erreichung der Seligkeit verliehen hat.

In solcher Zeit werde Ich abermals ausgießen Meinen Geist über alles Fleisch, und eure Söhne und Töchter sollen weissagen, oder: es wird abermals durch Meine Gnade ein großes Pfingsten bei den Menschen stattfinden; denn Ich werde allen nachgehen.

Wohl denen, welche dieses Anerbieten der Gnade in solch trauriger Zeit erkennen, und dieselbe zu ihrem ewigen Gewinn ergreifen, Ich werde sie Selbst lehren, auf dass sie Zeugen werden von Meiner erbarmenden Liebe, und gleichwie Ich einst durch Meine Apostel in wunderbarer Weise auf die Herzen einwirken ließ, also wird es abermals geschehen.

Doch je mehr Meine Jünger in der Liebe und im Glauben an Mich erstarkt sind, desto weniger ist es nötig durch Wunder sie zu bestärken, wodurch doch mehr nur ein beigegebener Glauben erzielt wird, welcher vor Mir keinen so hohen Wert hat, als ein errungener Glaube, der stark geworden ist durch allerlei Trübsal, bei welcher die Liebe und das Vertrauen zu Mir immer mehr zulegen, und die Seele im Verkehr mit Mir sich eine wahre Erkenntnis Meines Wesens erwirbt, dasselbe hoch achtet, und Meinem Ebenbilde nachstrebt. Amen! Euer Vater Jesus, als Tröster und Lehrer durch den Heiligen Geist.

457. Vom verlorenen Sohne

Vertrauen 30. Mai 1885

Liebe Kinder! In diesem Gleichnisse „vom verlorenen Sohne" ist Meine große Liebe und Barmherzigkeit bezeichnet; denn es heißt: *„Und er machte sich auf und ging zum Vater; da er aber noch ferne war von dannen, sah ihn sein Vater, und es jammerte ihn, lief und fiel ihm um den Hals und küsste ihn."* (Lk. 15,20)

So in gleicher Weise ergeht es Meinem Vaterherzen, wenn eine Seele anfängt zu erkennen, wie viel Liebe sie dadurch verschmäht hat, weil sie sich von Mir abwendete, und mehr dem (egoistischen) Verstande als Mir Folge leistete, indem sie sprach: *„Gib mir, Vater, das Teil meiner Güter, das mir gehört."* (Lk. 15,12)

Durch diesen Trotz und verkehrten Standpunkt einer Seele, wo sie alle Gnade misskennt, und sich auf ihren eigenen Willen beruft, der frei handeln darf, bin Ich genötigt, von derselben Meinen Einfluss zurückzuziehen, dass sie ihre Ohnmacht und Armut erkennen lernt, was dann ein Anfang zu ihrer Umkehr ist.

Und weil Mein Vaterauge stets jede Seele beobachtet, so drängt Mich Meine Liebe, solche Seelen dieselbe wiederum stark fühlen zu lassen, weil Meine Freude groß ist, wenn abermals eine Seele gerettet wird.

Der Sohn sprach: *„Ich will mich aufmachen und zu meinem Vater gehen!"* (Lk. 15,18)

In solch bußfertigen Seelen ist das Vertrauen zu Mir durch die einwirkende Gnade bewahrt geblieben, und dadurch der Mut zum Umkehren erhalten worden.

Wie es aber der einzelnen Seele ergeht, dass ihr die Möglichkeit wieder heimzukehren ins Vaterhaus bewahrt bleibt, so ist es auch mit der Gesamtzahl!

Es ist ein stilles Einwirken des Heiligen Geistes an allen Orten, oft bei einzelnen Personen mehr erkennbar. Oft aber auch gleicht dasselbe dem Wachstum in der Natur, das stets stattfindet, ohne dass die Menschen die Zeit oder das Schaffen herausfinden können, und doch ist der Fortschritt durch sichtbare Beweise zu erkennen.

Ebenso geht es auf dem geistigen Gebiete. Immer wieder wird die Erfahrung gemacht, dass der Geist Gottes nicht aufhört, an der Erziehung und Veredlung der Seelen zu arbeiten. Jede Zeit legt Zeugnis davon ab, wie stets die Wahrheit in den Herzen einzelner bewahrt bleibt, um durch sie die Annäherung zu Mir bei noch vielen andern herbeizuführen. Denn der Glaube an Meine Liebe und Barmherzigkeit blieb in allen Zeiten und an gar manchen Herzen nie ganz erloschen, wenn auch die Übermacht des Unglaubens groß ist.

Diese Zeit des Unglaubens gleicht einer Teuerung im Lande, wobei die Seele hungert nach Etwas, das ihren Drang befriedigen soll, welches Drängen ein stilles Heimweh nach dem ewigen Vaterhause ist, oder wo die Seele ihrem göttlichen Ursprunge gemäß befriedigt werden will.

Dieses stille Heimweh wird durch Meinen Gnadenzug bewirkt, und wenn die Seele denselben richtig erkennt, und nun Willens wird, Meine Lehre, Meine Gnade und Hilfe zu ergreifen, was sie durchs Gebet kund gibt, so eile Ich derselben mit voller Vaterliebe entgegen, und führe sie mit Freuden wiederum ein, wo sie vollen Gebrauch von ihren Kindesrechten wiederum machen darf.

Ebenso ist auch der ganzen Menschheit das Recht bewahrt, zu Mir zu kommen. Ich rechne ihre Vergehen nicht an, sondern warte mit aller Vaterliebe auf ihre Umkehr zu Mir, was zwar viele Langmut erfordert; aber doch einmal geschehen wird. Amen! Euer Vater.

458. Vom zweiten Kommen des Herrn und seine Folgen
Zur Wiederkunft   7. Juni 1885

„Sagt ihr nicht selbst: Es sind noch vier Monate, so kommt die Ernte!

Siehe, Ich sage euch: Hebet eure Augen auf und sehet in das Feld; denn es ist schon weiß zur Ernte.

Und wer da schneidet, der empfängt Lohn, und sammelt Frucht zum ewigen Leben, auf dass sich miteinander freuen, der da säet, und der da schneidet; denn hier ist der Spruch wahr: Einer sät, der andere schneidet!" (Joh. 4,35–37)

Liebe Kinder! Die Zeit, in welcher ihr nun lebt mit euren geistigen Bestrebungen, lässt euch fühlen und erkennen, dass auf geistigem Boden die Entscheidung zur Niederlage des Bösen oder zum Siege des Guten nahe ist. Fenn wer Erkenntnis von meinem Wesen und Meinem Friedensplane hat, der überzeugt sich, dass Mein zweites Kommen auf Erden eine große Umwälzung auf derselben hervorrufen wird. Jedoch nicht eine gewaltsame Umwälzung, weil dieses gegen Meine Liebe und Langmut wäre, sondern durch ein kräftiges Einwirken des Heiligen Geistes, sowohl durchs (alte und neue) Wort, als in den Herzen der Menschen selbst, durch innere Erleuchtung.

Dieses geht stets vereint vor sich; denn Ich bereite die Herzen, dass sie mehr empfänglich zur Aufnahme Meiner Worte werden, welche ihnen durch Meine dazu erwählen Diener zukommen, mit welchen Ich im treuen Bunde stehe, und gleich einem Bruder Hand in Hand mitarbeite.

Ich gebe den Samen, sie aber streuen denselben aus, und zur Zeit der Ernte schneiden und sammeln sie mit Mir, und freuen sich über den geistigen Gewinn, welchen die Seelen dadurch erhalten haben.

So gleicht ihre Liebe der Meinigen, sie lieben uneigennützig, ihre Freude besteht darin, dass sie andere glücklich und selig wissen, und dadurch wird Mein Vaterherz erquickt.

Dieses Verhältnis zwischen Mir und solchen Dienern, die Meine wahren Kinder sind, ist an vielen Orten zu finden; aber nur solche werden es finden, die in Meinem Namen suchen, und Sorge tragen durch ihre Fürbitte, dass Mein Friedensreich sich immer mehr als Tröster und Lehrer durch den Heiligen Geist ausbreite, weil sie fühlen, dass es bei ihnen angefangen hat, und weil sie daher dessen hohen Wert zu würdigen wissen. Es drängt sie andere gleichfalls glücklich zu machen, und daher lasse Ich oft wunderbarerweise dieselben einander kennenlernen.

Der Heiligen Geist Selbst vermittelt eine solche Verbindung, auf dass ein gegenseitiges Erkennen und Ermutigen stattfindet; denn überall bin Ich bei der treuen Arbeit als Mitverbundener.

Und wenn euch nun klar wird, wie viel zu tun ist, und wie wenig Arbeiter ihr erschauet, so tröstet euch damit, dass Ich als der Allmächtige mitarbeite, und die Zahl derer, die zu Mir halten, wohl kenne, und darum auch gut zu ordnen verstehe, wie und wann die Ernte geschehen muss.

Euch aber gebührt es, stets zu sorgen und mitzuarbeiten, damit Ich eine desto reichlichere Ernte erhalte, welche Freude ihr einst mit Mir teilen sollt.

Darum sammelt Frucht zum ewigen Leben, auf dass sich miteinander freuen, der da säte und der da schneidet! Amen. Euer Vater Jesus.

459. Von den erwählten Knechten des Herrn

14. Juni 1885

„Und Er hat Seine Wurfschaufel in der Hand; Er wird Seine Tenne fegen, und den Weizen in Seine Scheune sammeln; aber die Spreu wird Er verbrennen mit ewigem Feuer." (Mt. 3,12)

Liebe Kinder! Johannes war als Wegbereiter von Mir bestimmt, um die Menschen auf Mein Kommen aufmerksam zu machen, und er war darum auch mit meinem Geist erfüllt, welcher ihn Meinen Rettungsplan, dass derselbe geistiger Art sich ereignen würde, erkennen ließ. Er sah mit seinem Geistesauge das große Verderben der Menschen, die argen Zerrbilder in der Entstellung Meines Ebenbildes; er erkannte aber auch Meine Gottheit in Mir; und darum auch Meine Allmacht, welcher es wohl möglich ist, dem Verderben zu steuern.

Dieses gab ihm Mut, mit Ernst und scharfen Worten den Pharisäern entgegenzutreten, und ihre Heuchelei aufzudecken; auch war es die Beeinflussung Meines Geistes, welche ihn zu seinem schwierigen Auftrage tüchtig machte; denn Ich erwähle Mir stets Männer und Propheten, welche Meine Reichspläne auszuführen bestimmt sind. Weil aber auch solche Seelen, wie die andern Menschen, zum Guten und Bösen Neigung haben, so ist der Feind, Mein Gegner, besonders darauf bedacht dieselben zu stürzen, und benützt alle ihre für Meine Zwecke günstigen Anlagen in ihnen, um dieselben zu seinem Nutzen zu erobern.

Ihre Standhaftigkeit sucht er in Eigensinn zu verwandeln, ihr Vertrauen vermessen zu machen: gleichwie derselbe auch Mich Selbst aufforderte, Mich von der Zinne des Tempels herunterzustürzen; denn sein Einfluss ist ein sehr starker. Daher es auch oft bei solchen Männern vorkommt, dass sie ungeahnt große Gefahr laufen, weil der Satan alle List anwendet dieselben zu verderben, wozu demselben leider auch viele dienstbare Geister folgen, die ihm dazu behilflich sind.

Ich muss darum auch Meinen Schutz für solche Seelen verstärken, und aus ihren Abirrungen Gutes stiften, Meine Gnade ihnen reichlich zufließen lassen, was Ich aber mehr tun kann, wenn für solche von ihrer Umgebung und von ihren Gleichgesinnten gebetet wird; denn es ist höchst notwendig, dass Mir solche Seelen erhalten bleiben, hauptsächlich in Zeiten, wo Ich große Bekehrungsversuche machen muss, um die Zahl Meiner

Kinder zu vermehren, die immer mehr abnimmt, und doch die Zeit der Ernte nahe ist.

Sorget auch ihr, dass durch eure Liebe und euer Zutun die Freudigkeit solcher erhalten bleibt, in welche Ich den Drang lege, für Mein Reich zu werben, und wenn euch auch manches dabei zu unternehmend vorkommt, so wisset, dass Ich stets nach dem innersten Drange im Herzen und dessen Triebfedern Meine Hilfe und Meinen Segen dazu gebe; denn Ich weiß ja wohl, dass Ich es mit schwachen Menschen zu tun habe; aber Ich bin auch langmütig, die Schwächen derselben mit Meiner Vaterliebe zu übersehen, und bin mächtig genug sie zu beschützen. Johannes sagte darum zu den Pharisäern von Mir: *„Er wird Seine Tenne fegen, und den Weizen in die Scheunen sammeln"*; also will Ich es wiederum in der Jetztzeit halten. Amen! Euer Vater!

460. Von den Bedingungen der Nachfolge Christi

21. Juni 1885

„Wer Mir dienen will, der folge Mir nach. Und wo Ich bin, da soll Mein Diener auch sein! Und wer Mir dienen wird, den wird Mein Vater ehren!" (Joh. 12,26)

Liebe Kinder! Ich kann unter keiner andern Bedingung eure Dienste, die ihr Mir anbietet, um euch mit Mir immer mehr zu verbinden, annehmen, als dass ihr euch ganz nach Meinem Willen richtet. Denn nur teilweise sich demselben unterzuordnen, wie es euer Verstand für gut findet, das hat für Mich keinen Wert.

Gleichwie Ich in Meiner ganzen Schöpfung nur etwas Ganzes, Vollendetes erschaffe, und dieses Ganze sich wieder nach allen Richtungen in viele Teile verzweigt, umso den höchsten und ganzen Nutzen davon zu erzielen, so halte Ich es auch bei den Menschen in ihren geistigen Aufgaben.

Ich kann ihnen nicht eine einzige Anordnung, welche Meine Liebe gab, abändern oder nachlassen, sondern dieselben müssen alle pünktlich beachtet und erfüllt werden; sogar auch die kleinsten Aufträge, damit deren Unterlassen dem großen Ganzen nicht schade.

Ist darum eine Übergabe an Mich gemacht, und seid ihr in einen Bund mit Mir getreten, so verstärke Ich bei solch einer

Seele die Erleuchtung und Erkenntnis, dass ihr manches durch den Heiligen Geist aufgedeckt wird, was sie nun als eine Sünde und Abweichung von Mir besser erkennt, als in ihrem unwiedergeborenen Zustande.

Darum den Weltkindern eine Übertretung des Gesetzes keine Unruhe bringt; dagegen aber einem Kinde von Mir, weil dasselbe in sich ein Zurückziehen Meiner Liebe (infolge solcher Verfehlung) fühlt, was Ich eintreten lassen muss, um dasselbe vor weiteren Fehltritten zu bewahren.

Es ist mit anderen Worten bei solchen Seelen ihr Gewissen zarter und feiner; denn der Geist legt ihnen den Sinn der Wahrheit und des Wortes nicht nur oberflächlich, sondern in voller Bedeutung aus, damit sie dadurch immer mehr am geistigen Wachstume gewinnen. Es ist gleichsam ein Wachen der Gnade über solchen. Aber darum haben sie auch größere Verantwortung über ihr Denken und Handeln, weil ihnen die nötige Kraft angeboten wird Gutes zu wählen und zu tun, und daher können ihnen die nötigen Übungen – für das Gute zu streiten, nicht erspart werden.

Dieser Streit besteht nicht sowohl nach außen, mit ihren Nebenmenschen, als vielmehr mit sich selbst, zwischen dem Geiste und dem Fleische oder dem Verstand.

Diese innere Entscheidung, welche dem äußern Handeln vorausgeht, oder zu demselben veranlasst, ist es, welche nach Meinem Willen geschehen muss, ehe Ich Mich als Vater beweisen kann. Und weil Ich vor allem die Liebe gebiete, so muss stets mit derselben und durch dieselbe diese Entscheidung getroffen werden; dann gebe Ich Meinen Segen dazu!

Ich will dies durch ein Beispiel näher erklären: Das Gebot: *„Du sollst nicht ehebrechen"* (2. Mos. 20,14) habe Ich Selbst gegeben, daher soll es befolgt und dessen Übertretung bestraft werden.

Als Ich aber der Ehebrecherin sagte: *„Haben diese dich nicht gerichtet, so richte Ich dich auch nicht!"* (Joh. 8,11) so waren diese Worte zwar wohl gegen Mein Gesetz, nicht aber gegen Meine Liebe.

Es gibt also Fälle, wo die Liebe das Gesetz auflöst, und solche Liebe ist vor Meinen Augen Wert, und einem solchen Liebe Übenden gelten die Worte: *„Wer Mir dienen will, der folge Mir nach"*, im geistigen Sinne! Amen!

461. Verhaltenswinke für die Diener des Herrn

28. Juni 1885

„Er forderte aber die Zwölfe zusammen, und gab ihnen Gewalt und Macht über alle Teufel, und dass sie Seuchen heilen konnten. Und sandte sie aus, zu predigen das Reich Gottes, und zu heilen die Kranken." (Lk. 9,1-2)

Liebe Kinder! Ich muss euch auf die Aussendung Meiner Apostel hinweisen in dieser Zeit, wo es abermals nötig ist, Mir den Weg zu Meinem zweiten Kommen zu bereiten, denn die Erziehung Meiner jetzigen Jünger anspricht der Erziehung Meiner ersten Apostel.

Dieselben musste Ich zuerst für Mich gewinnen, ihr Zutrauen zu Mir stärken, und die Überzeugung in ihnen wecken, dass Ich der wahre Gott bin, ehe sie tüchtig waren, andere für Mich zu gewinnen, und die damit verbundenen Beschwerden und Selbstverleugnungen zu bestehen.

Ich gab ihnen deshalb Verhaltensregeln auch nach außen und Winke über die sie erwartenden Verfolgungen. Denn nur so kann eine Seele Mir wahrhaft treu dienen, und steht Mir gegenüber richtig, wenn dieselbe, wohlwissend, welche Unannehmlichkeiten von außen durch ihr Unternehmen auf sie warten, dennoch für Mich eifrig bleibt, im Vertrauen, dass Ich sie nicht nur nicht verlassen, sondern ihr kräftig beistehen werde!

Solche Jünger grübeln nicht viel, auf welche Weise dies geschieht. Denn es geht denselben wie einem Soldaten, welcher weiß, dass ein tüchtiger Heerführer an der Spitze steht, welcher schließlich stets gesiegt hat, wenn auch viele Gefechte nötig waren, und selbst Niederlagen vorkamen.

Ein solcher Soldat wird dennoch treu zur Fahne halten, nicht allein weil er geschworen hat, sondern das Vertrauen zu seinem Feldherrn, welchen er als einen weisen und gerechten Mann hat kennen lernen, wird ihm Entschlossenheit und Mut geben, mit Todesverachtung zu kämpfen, und sich auch auf solche Stellen zu begeben, wo die Gefahr groß ist. Denn er weiß ja, wie unbedingt nötig es ist, dass der Heerführer sich auf seine Soldaten verlassen kann.

Also müssen auch Meine Reichsverteidiger willenlos Mir folgen, und dürfen nicht selbst einen Entwurf machen, auf welche Weise es wohl für sie am bequemsten ginge, ohne Mir den Gehorsam ganz zu brechen. Sie sollen willenlos auf Mich hören, ohne selbst beurteilen zu wollen, ob es wohl ratsam sei, Meinen Anordnungen ganz zu folgen; denn Ich kann denselben keinen Schritt erlassen, der nötig ist, um den Sieg zu erhalten.

Und wenn auch nicht alle Nachfolger mit Freudigkeit auf Meine Pläne eingehen, so müssen doch einzelne unter Meinem Heere sein, auf welche Ich Mich ganz verlassen kann.

Und so wie Ich bei Meinem Erdenleben jedem Jünger so viel Gaben verlieh, als es nötig war, um für Mich werben zu können, und dieselben stets auch nach außen versorgte, so geschah es auch seither, und wird auch ferner geschehen.

Immer richtet sich die Ausstattung nach der Aufgabe, nach dem Zeitpunkte, und nach dem Standpunkte eines Jüngers. Und weil Ich stets zu erobern suche, so habe Ich noch nie aufgehört Mir tüchtige Streiter zu erziehen. Also wenn Ich diesem oder jenem mehr auferlege, so wisset, dass Meine Weisheit es so für gut findet, und Meine Liebe dabei für den Streiter und für den Sieg sorgt. Amen. Euer Vater.

462. Von der Macht des Gebets bei Krankheiten

(Joh. 5) Kurwinke   5. Juli 1885

Liebe Kinder! In diesem Kapitel wird euch erzählt von vielen Heilungen der verschiedenartigsten Krankheiten, und wie Meine Liebe sich stets tätig zeigte auch im äußeren Wohltun. Denn die wahre göttliche Liebe will sich nicht allein auf das Geistige beschränken, sondern sie äußert sich auch im praktischen Leben, im Verkehr und Handeln gegen ihre Mitmenschen.

So gab Ich auch durch Meine wohltätigen Wunder den Menschen ein Beispiel wie Segen wirkend die Liebe ist, und diese reine göttliche Liebe hat stets die Kraft in sich, durch ihr (uneigennütziges) Wollen anderen leidenden Nebenmenschen ihr Leiden zu lindern, und oft dasselbe ganz zu heilen. Nur muss dieses Wollen rein aus der Liebe hervorgehen, und darf kein anderer Grund noch dabei stattfinden, (was nicht so leicht geht). Denn beim Gelingen einer solchen Heilung ist der Mensch, durch welchen eine solche Kraft ausgeht, oft sehr versucht sich zu überheben, und dies gehört nicht in den Bereich der wahren Liebe.

Darum kann Ich so gar wenigen eine Heilkraft anvertrauen, weil die Seelen dadurch leicht, statt zu gewinnen, mehr verlieren würden, deshalb muss Ich meist Selbst die Kur übernehmen. Doch lasse Ich auch äußere Anwendungen von Mitteln zu, in welche Ich einen besonderen Segen lege, wenn Ich darum gebeten werde.

In solchen Fällen müssen Meine Kinder freilich auf die Freude dabei verzichten, dass durch ihre eigene Hilfe etwas geschieht; aber ein wahres Kind von Mir befriedigt sich schon damit, dass es Mir die Heilung eines Kranken fürbittend übergibt, und Mir ruhig alles überlässt, nach Meinem Willen dabei zu handeln.

Bei solcher Teilnahme an des Nächsten Leiden hat die Liebe den richtigen Standpunkt eingenommen, und darf sich Meiner Hilfe freuen, auch schon durch äußere oft sofortige Abnahme der Leiden, und erhält dabei auch noch den geistigen Segen. Diese (Wunder-) Heilmethode kann jeder Mensch sich aneignen; auch braucht er individuell nicht besonders dazu angelegt zu sein; denn die wahre Liebe ist es, in welcher diese Kraft liegt, und wer in der wahren Liebe steht, der ist ja in inniger Verbindung mit Mir, und darf die Worte auf sich anwenden:

„Mein Vater wirket bisher, und Ich wirke auch!" (Joh. 5,17)

Obschon Ich in der Jetztzeit nur selten einen Menschen mit besonderen Wundergaben und Heilkräften ausrüste, so sind dieselben doch noch ebenso vorhanden, wie in früheren Zeiten. Aber sie sind vor dem Erschauen des materiellen Menschen tief verborgen, und für denselben unerklärlich, damit er sich nicht daran versündige.

Dagegen ist es Meinen wahren Kindern erlaubt, Mich im Stillen zu bitten, dass Ich Mich als Wunderarzt beweise. Damit aber der geistige Segen für ihre Bitten nicht verlorengeht durch Überhebung im Bewusstsein solcher (Gebets-) Kraft, verzögere Ich öfters die Heilung, oder lege den Schein der guten Wirkung auf äußere Mittel.

So werde euch auch diese Belehrung zum Segen! Amen! Euer Jesus als Arzt.

463. Vom Fundament des geistigen Lebens

12. Juli 1885

„Darum, wer Meine Rede höret und tut sie, den vergleiche Ich mit einem klugen Manne, der sein Haus auf einen Felsen baute.

Da nun ein Platzregen fiel, und ein Gewässer kam, und wehten die Winde und stießen an das Haus, fiel es doch nicht, denn es war auf einen Felsen gegründet." (Mt. 7,24–25)

Liebe Kinder! In Meiner ganzen Lehre ist immer wieder hervorgehoben, dass die Annahme dieser Lehre nichts nütze, wenn die Menschen dieselbe bloß mit den Worten bekennen, aber nicht in der Tat. Denn nur durch die Tat kann sich der Mensch den großen Segen aneignen, welcher darin enthalten ist.

Wer nicht in das Befolgen Meiner Worte eingeht, der wird auch nicht zu der großen Erkenntnis gelangen, welche in denselben enthalten ist. (Joh. 7,17)

Denn wie soll Ich Mein ganzes Wesen solchen enthüllen, welche da meinen, bloß mit ihrer (menschlichen) Vielwisserei sich mit Mir unterhalten und Mich ihren Freund nennen zu können, weil auch Ich weise bin!

Dagegen erheben sie sich in ihrem Eigendünkel hoch über Mich, und tun was sie gelüstet; daher bleibt es ihnen verborgen wie sehr Ich in der liebe mit den Menschen verbunden bin.

Ich muss von allen Meinen Verehrern verlangen, dass sie Mir auch folgen, sonst hat ihre Beziehung zu Mir weder für Mich noch für sie selbst einen Wert, und weil nur durch Gehorsam das Einzige und Höchste erzielt werden kann, so muss Ich denselben allerlei Proben auferlegen, durch welche ihnen Gelegenheit geboten ist, sich darin immer mehr zu befestigen und zu stärken, damit sie in Zeiten, wo schwerere Aufgaben und Stürme über sie kommen, dennoch aushalten.

Je größer die Leistungen, desto größer der Lohn, welcher im geistigen Fortschritte besteht.

Darum musste Ich stets wieder auf das Halten Meiner Gebote aufmerksam machen, nicht um dadurch für Mich etwas zu erzielen, sondern gleichwie ein Lehrmeister einen Lehrling dadurch tüchtig macht in seiner Zunft, dass er ihm zeigt, wie er selbst dieses oder jenes ausführt, damit etwas Nützliches oder auch etwas Künstliches daraus entsteht. Ebenso muss auch Ich verlangen, dass Meine Kinder auf Mich blicken und Mich nach-ahmen; auch wenn sie noch gar nicht verstehen wie etwas sein oder werden solle!

Ich verlange Vertrauen zu Mir, und zwar unbedingtes; denn nicht immer ist es gut, wenn der Verstand mit zu Rate gezogen wird.

Was ihr deshalb aus Gehorsam zu Mir tut, das ist, wird und bleibt gesegnet, zeitlich und ewig. Denn auch auf den zeitlichen Segen sollen Meine Kinder Wert legen; jedoch in Geduld warten, bis (und ob) Ich es für gut finde, denselben ihnen zuzuteilen. Es sei ihnen genug, auf Meine Verheißung sich zu verlassen, so wird auch ihr Haus beim Sturme feststehen, und nicht wanken! Amen! Euer Vater Jesus.

464. Vom Besessensein und dessen Heilung

19. Juli 1885

„Und siehe, ein Mann unter dem Volke rief und sprach: Meister, ich bitte Dich, besieh doch meinen Sohn; denn er ist mein einziger Sohn. Siehe, der Geist ergreift ihn, so schreit er alsbald, und reizet ihn, dass er schäumet, und mit Not weichet er von ihm, wenn er ihn gerissen hat. Und ich habe Deine Jünger gebeten, dass sie ihn austrieben, aber sie konnten nicht!" (Lk. 9,38)

Liebe Kinder! Es ist in diesem Kapitel von einem Besessenen die Rede, und gezeigt in welch hohem Grade sich das Übel bei diesem Menschen äußerte, so dass dessen ganze Gesundheit dadurch untergraben wurde.

Es ist bei allen Besessenen der Fall, dass der Leib dadurch ge-schwächt oder krank wird, wodurch leider die Menschen es erst wahrnehmen, welch großes Leiden sie behaftet. Denn solche Leiden wurzeln nach und nach ein, und am leichtesten bei sol-chen Menschen, die keine geistigen Anregungen an sich wirken lassen, sondern alle Gelüste im Leiblichen zu befriedigen su-chen, und daher ohne Sorge für das Wohl des Geistes wie des Leibes dahin leben, und nur trachten zu erreichen, was sie ma-teriell wünschen.

Bei solchen Menschen befreundet sich die Seele (unbewusst) mit bösen Geistern, und diese benützen dann auch den Diener der Seele – den Leib, zu ihrem Dienste. Sie scheuen sich nicht, allerlei Unsinn mit demselben zu treiben, um auch noch andere sie umgebende Menschen für sich zu gewinnen, oder auch dieselben zu plagen.

Wenn ein solch böser Geist in den Besitz eines Menschen gekommen ist, so ist er nicht mehr allein in seinen Ausübungen, sondern ein ganzes Heer solch gleichgesinnter Geister umgibt denselben, und sie triumphieren über ihren Sieg. Darum gehört ein wahrer und starker Glaube dazu, um sich in einen solchen Kreis hineinzubegeben, und solche Geister zu demütigen. Denn viele durchschauen einen solchen Menschen, welcher ihnen entgegentritt, und ist derselbe nicht ganz enge mit Mir verbunden, so dass er sich nur auf Meine Kraft und Meinen Beistand dabei verlässt, im Bewusstsein seiner eigenen Schwäche, oder in wahrer Herzensdemut, so weichen diese bösen Geister nicht, sondern toben noch viel stärker.

So war es auch bei Meinen damaligen Jüngern der Fall, sie bauten auf die Ausrüstung, mit welcher Ich sie unter die Menschen schickte, und hielten diese Kraft für ihr unabhängiges Eigentum, verzichteten deshalb auf Meinen Beistand und Meine Hilfe dabei, und somit folgten ihnen diese Geister nicht.

Das Bewusstsein, dass nur durch Mich und mit Mir geholfen werden kann, ist die erste Bedingung, wenn Ich Meinen Segen dazu geben solle.

Ich kann Meine Jünger und Nachfolger nur dann als Werkzeuge gebrauchen, wenn sie ganz nach Meinem Willen sich dabei verhalten. Denn diese Geister wissen gar gut, was dazu gehört, sie zu beherrschen. Darum fliehen sie nicht sogleich bei Nennung Meines Namens, wenn derselbe nicht schon vorher in eines Menschen Herzen eingeschrieben ist. Und nur der Abdruck Meines Ebenbildes in einem Herzen macht eine Übermacht möglich.

Darum befleißigt euch Meines Ebenbildes, weil eine ungeheure Macht darin liegt, auch sogar im Kampfe gegen die Geisterwelt, zum Siege zu verhelfen! Amen!

465. Verhaltensregeln für geistig Strebende

(Vaterbrief Nr. 304) 26. Juli 1885

„Wenn du ein Mittags- oder Abendmahl machst, so lade nicht deine Freunde, noch deine Brüder, noch deine sonstigen Verwandten, noch deine Nachbarn, die da reich sind, auf dass sie dich nicht wieder laden, und dir vergolten werde, sondern wenn du ein Mahl machst, so lade die Armen, die Krüppel, die Lahmen, die Blinden, so bist du selig." (Lk. 14,12–14)

Liebe Kinder! Zur Zeit als Ich den Pharisäern diese Verhaltensregeln gab, weil dieselben stets nur darauf bedacht waren doppelt wieder zu empfangen, was sie etwa opferten, da waren diese Worte bei denselben nur ganz auf ihr Äußeres bezogen, weil sie nicht mehr fähig waren den geistigen Sinn Meiner Worte zu fassen, obgleich dieselben für Meine späteren Nachfolger einen riefen geistigen Sinn haben, hauptsächlich für solche, die durch den Heiligen Geist sich angetrieben fühlen andere zu belehren, und Mein Wort ihnen mehr klar zu machen.

Solche Seelen sind zum größten Teile von den allgemeinen Kirchenlehren abgesondert, und stehen in ihren Anschauungen mit denselben nicht im Einverständnisse, weil sie geistig dazu sich berufen fühlen, während die allgemeinen Kirchenlehrer ihr Amt als ihren äußeren Beruf betrachtend, denselben zumeist auch nur äußerlich betreiben, und also gar selten ein Lehrer nach Meinem Sinne unter denselben zu treffen ist. Daher sind sie auch nicht empfänglich für die Worte, welche Mein Geist solchen in den Mund legt, welche geistig dazu berufen sind, durch die Gnade.

Für diese gelten die Worte: *„Wenn du ein Mahl machst, so lade die Krüppel, die Lahmen, die Blinden."* Es sind da solche Seelen gemeint, welche ihre geistigen Gebrechen und Schwächen fühlen, und sich nach Hilfe und Beistand sehnen. Solche sind es auch, welche in diesem Zustande bloß nehmen, aber nicht wiedergeben können.

Diesen bedürftigen und hungernden Seelen sollt auch ihr das Mahl bereiten, und es in Meinem Namen tun, weil ihr wisst, dass ihr nichts erwarten dürft für eure Arbeit, sondern stets aufs Neue wieder mutig fortmachen sollt, aus Liebe zu Mir, weil solches Mein Wille ist.

Alle andern Triebfedern und Beweggründe sind von Mir aus nicht gesegnet in eurer Mission, darum lasst euch nicht durch äußere Berechnung oder Verstandesanschauungen irre machen stets von Neuem solche einzuladen, die geistig arm sind, und achtet nicht auf jene Gäste, die da obenan sitzen möchten, und die euch ebenfalls ein Mahl anbieten aus ihrer Schatzkammer. Verzichtet auf dasselbe, und lasst euch mit dem begnügen, dass Ich bei den Armen und Krüppeln mit zu Tische sitze, so wird euch auch das vor der Welt so unscheinbare Mahl mehr segensreichen Genuss bringen.

Denket daran, dass Ich schon auf Erden in Meinem heiligen Wort euch Belehrung darüber gegeben habe, wie es in diesem Kapitel steht, und fahret fort, bei allen Widersprüchen, die euch begegnen, stets euch an Mein Wort und Meine Verheißungen zu halten, so werdet ihr nicht zu Schanden werden! Amen! Euer Vater Jesus.

466. Von Petri Verleugnung

2. August 1885

„Petrus aber saß draußen im Palast; und es trat zu ihm eine Magd und sprach: Und du warst auch mit dem Jesus aus Galiläa. Er leugnete aber vor allen und sprach: Ich weiß nicht was du sagst." (Mt. 26,69)

Liebe Kinder! Die geistige Entsprechung dieser Erzählung könnt ihr wohl selbst herausfinden; ihr wisset ja und erfahret täglich, wie viele Menschen es gibt, die einen starken Petrusglauben haben, aber zur Zeit der Not und Gefahr wankelmütig werden, und Mich – wenigstens nach außen - verleugnen, wenn sie auch im Innern noch von etwas anderem überzeugt sind.

Es gibt Fälle in den täglichen Vorkommnissen, auch bei Meinen Kindern, wo sie Mich gar oft verleugnen, sogar bei ganz unbedeutenden Vorkommnissen. Ihr Verstand verblendet sie (was hier unter dem Bilde der Magd angedeutet ist), und sie nennen es „Klugheitsregeln, welche zu beachten seien, um kein Ärgernis zu geben", wobei die guten Geister sehr betrübt werden, weil der Glaube bei solch einem Menschen noch zu schwach ist, sich auf die Durchhilfe seines Gottes und Vaters zu verlassen; auch wenn dabei im ersten Augenblicke eine Gefahr oder ein Verlust droht, oder auf ein kleine Zeit Unangenehmes ihm bereitet wird.

Es ist und bleibt solches ein Zurückziehen von Mir, und daher muss Ich es als eine Schwäche ansehen, welche Meine Liebe und Barmherzigkeit zwar immer wieder verzeiht; aber solche Seele beraubt sich selbst vielen geistigen Gewinnes, und kann also nicht in Meine Dienste eingereiht werden, wie es sein sollte, wenn Ich Mich ganz auf ihr offenes, freies und getreues Bekenntnis verlassen könnte.

Es muss auch bei euch also kommen, dass ihr mehr Mich fürchtet und zu Mir haltet, und euch nicht mehr durch allerlei weltliche Rücksichten bestimmen lasst, euch lieber zurückzuziehen von einem Platze (oder Posten), welchen Ich euch zugewiesen habe, weil Ich weiß, dass dort der Feind am ehesten zu treffen und zu besiegen ist.

Denn wie kann ein Krieger siegen, wenn er das Schlachtfeld zu betreten zu ängstlich ist, und lieber sich in einem Schlupfwinkel zu verbergen sucht; seine Gegner werden triumphieren über ihn. und sich als Sieger betrachten.

So geht es auch mit Meinen Kämpfern, sie sollen stets geharnischt dem Feind entgegentreten, sich bewusst, dass ihre Kraft und Macht ihnen von Mir und von Meinem ihnen innewohnenden Heiligen Geiste zufließt, welcher oft mit einem Schlage, mit einem Wort viel zu erobern weiß. Nur müsst ihr in steter Wachsamkeit und im Verkehre mit Mir beharren, hauptsächlich wenn ihr in eine solche Lage kommt, wo euch der Feind entgegentritt und euch zum Kampfe auffordert.

Es kommt die Zeit, wo ihr nicht mehr bloß Schüler sein könnt, sondern wo ihr zeigen müsset, was ihr gelernt habt. Euer Vater Jesus.

467. Zur Auferweckung des Lazarus und vom Herrn des Lebens

(Joh. 11) 9. August 1885

Liebe Kinder! Die Auferweckung des Lazarus ist eine Bestätigung Meiner Gottheit; denn nur Gott kann Leben geben, weil Er allein der Urheber alles Lebens ist.

Und wenn es auch den Anschein hat, als ob das Leben durch die Gesetze der Natur bedingt wäre, so bin Ich dabei doch der

Gesetzgeber, und kann allein verfügen über das Leben, nach Meinem Wohlgefallen.

Dafür gibt die Erde seit ihrer Entstehung Zeugnis, dass kein Mensch, keine Macht, kein Kraut und kein noch so geschickter Arzt imstande ist, das Leben – sowohl im Menschen als in einem sonstigen Lebewesen – zu fesseln; denn dieses hab Ich Mir aus Liebe vorbehalten, um Meine geschaffenen Kinder dadurch mehr Selbst zu erziehen. Es soll ihnen dies der stärkste Beweis sein, dass sie von Mir abhängen, und dadurch sollen sie sich angetrieben fühlen sich an Mich zu wenden, besonders in solchen Fällen, in welchen es sich um die Erhaltung des Lebens handelt.

Würden die Menschen bedenken, wie viel Gefahren das Leben ausgesetzt ist, woran die täglichen Vorkommnisse sie erinnern sollen, so würden sie es höher achten, Mich zum Beschützer und Erhalter zu haben, und würden darum mehr suchen sich enger mit Mir zu verbinden.

In dieser Ansicht über das Leben herrscht eine große Gleichgültigkeit, aus welcher oft erst der Tod die Menschen aufrüttelt. Viele denken bei ihren Sorgen und Hantierungen gar nicht daran, dass sie jede Minute nicht sicher sind, ob sie dieses Leben mit einem andern vertauschen müssen, und bemühen sich gar zu wenig, für das ewige Leben sich vorzubereiten, und sich dafür tüchtig zu machen. Denn obgleich sie dasselbe zwar nicht durch ihre eigene Kraft empfangen können, so ist doch ihr Streben danach und ihr Zutun dabei erforderlich, um sie zu den Seligen einst einreihen zu können.

Der Glaube an Mich und Meine Allmacht muss die Seele erheben, dass sie beim Gefühle ihres Kranksein, ihrer Mattigkeit, und auch ihres oft fast gänzlich abgestorbenen freien Willens zum Guten, durch Meine Liebe wiederum erweckt und tüchtig gemacht werden können, das ewige Leben zu erlangen.

Gleichwie Martha sprach: *„Herr, wärest Du hier gewesen, mein Bruder wäre nicht gestorben!"* (Joh. 11,28) also sollt auch ihr euer ganzes Vertrauen auf Mich setzen, sowohl beim Anblicke leiblicher Krankheiten, als bei der Beobachtung eines geistigen Absterbens, sowohl an euch, als an andern, und sollt euch an Meine Verheißungsworte halten, die Ich aussprach: *„Ich bin die Auferstehung und das Leben. Wer an Mich glaubt, der wird leben. ob er gleich stürbe!"* (Joh. 11,25). Euer Vater Jesus.

468. Von der verkehrten und von der rechten Art

(Mt. 13)　　　　　　　　　　　　　　　　　　15. August 1885

Liebe Kinder! Nachdem Ich in verschiedenen Gleichnissen bei Meinen Jüngern und dem Volke über das Reich Gottes geredet hatte, und dieselben Mir nicht widersprechen konnten, weil zugleich der Heilige Geist ihnen im Innern die Wahrheit Meiner Worte bezeugte, so suchten sie auf allerlei Hindernisse zu stoßen, um die Wahrheiten, welche ihnen nicht nach Wunsch waren, weil sie zu stark gegen ihren bösen und verkehrten Lebenswandel zeugten, zu entkräften.

Darum bemühten sich viele der Pharisäer und Schriftgelehrten Meine Person vor dem Volke unbedeutend zu machen: „Woher kommt diesem solche Weisheit und Taten, ist er nicht des Zimmermanns Sohn, heißt nicht seine Mutter Maria und seine Brüder Jakob, Joses und Simon und Joël, und seine Schwestern (Pflegekinder Josefs) sind sie nicht bei uns! Woher solle denn Ihm das alles kommen? (Mt. 13,54ff)

Sehet, liebe Kinder, solche Fragen stellen die Menschen bei göttlichen Wahrheiten, welche Ihnen oft durch einen einfachen armen Menschen enthüllt werden!

Es ist dies ein Zeugnis ihres inneren Zustandes, dass sie meinen auch Ich richte Mich im Verkehr mit einer Seele oder irgendeinem Menschen nach dessen äußeren Verhältnissen, und halte eine in der Welt hochgestellt Person ebenfalls für würdiger mit ihr zu verkehren, als einen Armen und Unscheinbaren. Sie vergessen dabei ganz, sich Meiner Darniederkunft in die Welt zu erinnern, wo Ich auch einen (natürlichen) Schafstall einem Palast vorzog. Aber in jenem Stalle war die Herrlichkeit des Himmels größer, als im Tempel zu Jerusalem, denn da herrschte nur noch der Schein von der Gottheit; aber in der Bethlehemshöhle war Ich Selbst mit Meiner Liebe, Größe und Macht.

Ebenso ergeht es Mir mit den Herzen, in welchen Ich Wohnung nehme, dieselben sind von Mir auch nicht durch äußere Pracht ausgezeichnet, noch durch Reichtum, es ist dieses gar selten der Fall, sondern ihr demütiges Herz ist es, das Ich besuche.

Darum gehören solche Nachfolger von Mir, welche noch Wert auf die äußere Stellung ihrer gleichgesinnten Brüder legen, noch zu der verkehrten Art, welche die Welt höher achtet als Mich, und solche sind noch nicht reif genug zum (tieferen)

Verstehen des (eigentlichen) geistigen Sinnes Meiner Lehre. Sie halten sich noch zu viel am Äußeren auf, und erkennen Mich noch zu wenig, als den liebenden Vater der Armen und Schwachen, durch welche Ich Mich zu verherrlichen suche.

Es ist ein untrügliches Zeugnis den Weltmenschen gegenüber, wenn Ich einem einfachen Menschen, der ohne alle Gelehrsamkeit aufgezogen wurde, Meine Worte der Wahrheit ins Herz lege, um durch ihn sie auch andern mitteilen zu lassen.

Wenn ihr durstig seid und eine Quelle mit frischem Wasser findet, so werdet ihr zuerst trinken, ehe ihr euch nach dem Kanal erkundiget, durch welchen euch das Wasser zugeführt wird, auch wird es euch selten gelingen denselben genau kennenzulernen, und ihr werdet euch mit dem guten Wasser zufrieden geben, welches euch erquickt hat und euch immer wieder erquickt.

Ebenso haltet es mit dem (neuen) direkt geoffenbarten Worte, forschet nicht misstrauisch nach dem Kanal, durch welchen es euch zufließt, sondern überlasset Mir dabei die Wahl, wen Ich dazu bestimme, dass ihr euch nicht durchs Grübeln darüber des vollen Segens beraubet, und prüft das Wasser, ob es lebendig zur Tat macht, und euch erquickt, wenn ihr schmachtet, damit Ich leichter mit euch verkehren kann als euer Vater.

469. Kinder Gottes müssen uneigennützig geistig lieben lernen

23. August 1885

„Denn wer den Willen tut Meines Vaters im Himmel, derselbe ist Mein Bruder, Schwester und Mutter!" (Mt. 13,50)

Liebe Kinder! Ihr sehet, wie Ich in diesen Worten recht deutlich Mich aussprach, über das was dazu gehört, dass eine Seele mit der Mir verwandten Liebe liebt, und zwar muss dieselbe Meinen Willen tun, welcher Liebe heißt.

Darum muss eine jede Seele, welche mit Mir verkehren will, immer mehr uneigennützig geistig lieben lernen; sie darf ihre Liebe nicht abgrenzen zwischen solchen, welche sie mehr würdig findet ihrer Liebe und solchen, welche oft mehr ihre Abneigung herausfordern. Denn Ich, als der allwissende Gott, welcher nicht nach dem Scheine einen Menschen beurteilt, weil Ich dessen Wesen genau erkenne, lasse die Sonne über Gute und Böse scheinen, und gehe (wie es ein guter Hirte zu tun pflegt) mit großer Barmherzigkeit den verirrten Schafen mehr nach, obwohl sie Meine Liebe noch nicht an sich zu schätzen wissen, wie andere, die dieselbe schon mehr verkostet haben.

Hier, in diesem Punkte, geht es Meinen Kindern noch schwer die wahre Liebe zu üben, weil sie meinen, dass sie mehr um Meine Ehre eifern, wenn sie solche Abtrünnige von Mir meiden, und durch ihr Zurückziehen von ihnen sie merken lassen, dass sie noch verirrte Schafe sind. Aber Mein Wille ist dies nicht; denn davon gab Ich einst Zeugnis auf Erden. Als Ich auf derselben wandelte, nahm Ich Mich der Zöllner und Sünder an, ohne auf das Richten der Pharisäer und Schriftgelehrten zu achten; Ich aß und trank mit ihnen, um ihr Vertrauen zu gewinnen und Meinem Wort Eingang zu ihrem Herzen zu verschaffen.

Es ist ein Grundgesetz, dass eine Seele nur durch die Liebe für Mich gewonnen werden kann, und nur dieses ist vor Meinen Augen gültig.

Alle scharfen Bußpredigten und Drohungen, in welchen nicht Meine große Liebe und Barmherzigkeit gepredigt wird, sondern vielmehr die Seele durch Strafe- und Tod-Androhungen geängstigt und wenn es hoch kommt zu einem heuchlerischen Bekenntnisse gezwungen wird, haben keinen Segen von Mir zu erhoffen.

Nur wer in der Liebe zu seinen Mitmenschen, und dadurch auch aus Liebe zu Mir und also in Meiner Liebe die Seelen zu belehren und sie Mir zuzuführen sucht, der steht mit Mir in wahrer Verbindung, und Ich werde ihn einst als wahren Bruder oder Schwester in Mein Reich einführen.

Alle andern Verwandtschaftsansprüche, die sich aufs Äußere beziehen, wie z.B. als große Opfer, um den Weltmenschen gegenüber als Heilige angesehen zu werden, ebenso Bußübungen in leiblicher Form haben weder auf Meinen Segen, noch auf himmlischen Lohn zu hoffen.

Nur wer Meinen Willen tut – Meine ewige Liebe stets auch in sich mehr und mehr aufzunehmen und auszubilden, zu dem werde Ich eingehen, und bei ihm bleiben ewiglich! Amen.

470. Von der bußfertigen Sünderin

30. August 1885

*„Und siehe, ein Weib war in der Stadt, die war eine Sünderin,
Da die vernahm, dass Er zu Tische saß in des Pharisäers Hause,
brachte sie ein Glas mit Salbe, und trat hinab zu Seinen Füßen,
und weinte, und fing an Seine Füße zu netzen mit Tränen, und mit
den Haaren ihres Hauptes zu trocknen, und küsste Seine Füße,
und salbte sie mit Salbe."* (Lk. 7,37)

Liebe Kinder! Es gibt kein besseres und wahreres Bild der
Reue, und der Demut, als es in diesem Kapitel dargestellt ist;
denn das ganze Benehmen dieser Sünderin zeugt davon, dass es
bei ihr keine (falsche) Reue um der Strafe willen war, sondern
dieselbe war betrübt Meiner Liebe nicht würdig zu sein, und
wollte durch ihre Handlung dieselbe zu gewinnen suchen. Sie
fühlte zu sehr Meine geistige Liebe zu ihr, und dieses trieb sie
zur Dankbarkeit an. Sie hatte nur das eine Ziel im Auge, mit Mir
in Liebe verbunden zu sein, und weil Ich Selbst diese Triebfeder
in sie legte, und dieselbe annahm, so ließ Ich es zu, dass sie sich
vor den Pharisäern und vor Meinen Jüngern und noch vielen anderen Zeugen offen ausdrücken konnte.

Wer mit solch demütigem, schuldbewusstem und vertrau-
ensvollem Herzen sich Mir naht, der darf Meine ganze Vaterliebe genießen, und wenn er noch so starke Gewissensbisse hat.
Ich werde ihn nicht allein vor Mir, sondern auch vor den Weltmenschen wieder zu reinigen wissen. Denn er hat seine Schuld
durch die Liebe getilgt, und Ich werde ihm gleichfalls Meine
Liebe zufließen lassen, wie solchen, denen es durch die Gnade
schon leichter gemacht ist sich an Mich anzuschließen.

Es ist bei denselben (letzteren Gerechten) nicht ihr eigener
Verdienst, wenn ihnen nicht so viele Versuchungen gedroht,
und sie deshalb nicht so viele grobe Sünden aufzuzählen haben,
sondern es war ihre Führung eine leichtere[1], darum lege Ich
stets alles in die Waagschale, und rette mit Meiner Weisheit und
Liebe nicht allein Meine Verehrer, sondern auch Meine Gegner,
welche – nachdem ihnen die Erleuchtung zuteilwird – Mir oft
getreuere Kinder werden als solche, welche durch ihre Erziehung und Umgang gewohnt sind mit Mir zu verkehren, aber nie
zu einer wahren Selbstprüfung gelangen, ob sie Meiner Liebe

---

[1] *„Das gerechte Leben ist nicht unser (Verdienst), sondern des Herrn, und ist eine
Gnade."* spricht Maria in der Jugend Jesu Kap. 6,28.

auch Wert sind; daher auch ihr Herz nicht demütig genug Mich liebt.

Bei denen aber, welche als Brand aus dem Feuer geholt und so dem Sündenpfuhle entrissen werden, geht dann ein tiefes Erkennen ihrer Unwürdigkeit voraus, und sie ergreifen Meine Liebe mit dankbar demütigem Herzen, und dieses ist der wahre Standpunkt einer Seele, welcher Ich Mich dann erbarme, und sie tausendfach segnen will! Amen! (Lk. 5,8) Euer Vater Jesus.

471. Vom Gegensatz zwischen Verstand und innerem Wort

6. September 1885

„Wer Mich verachtet, und nimmt Meine Worte nicht auf, der hat schon Der ihn richtet; das Wort, welches Ich geredet habe, das wird ihn richten am jüngsten Tage." (Joh. 12,48)

Liebe Kinder! Wer Mich verachtet, indem er die Heilige Schrift nicht als ein Buch göttlicher Offenbarungen anerkennt, sondern einen Gott leugnet, wie es leider heutzutage eine große Zahl solcher Menschen gibt, die alles, was auf dem Erdboden vorkommt, seien es Elementarereignisse oder sonstige Erscheinungen in der Natur, als auf dem Gesetze beruhend hinzustellen suchen, und ihre Mitmenschen dadurch in Zweifel und Unruhe über ihren Glauben bringen, der betrügt sich selbst. Und solchen wird es nicht gelingen ihre Ansichten mathematisch zu beweisen, sondern sie werden oft sagen müssen: *„Hier ist Gottes Finger!"* (2. Mos. 8,19) und werden sich zu ohnmächtig fühlen, den Naturereignissen mit etwas anderem entgegenzuwirken. Auch reiben sich solche Menschen auf, durch ihr vieles (Grübeln und) Denken, worüber ihr Geist krank und verwirrt wird.

Sind etwa (in dieser Zeit des Verstandeskultes) nicht Beispiele genug in den Irrenhäusern anzutreffen, wo hauptsächlich die sogenannten Gelehrten die Mehrzahl bilden. Sie sind dem Gerichte durch ihren Unglauben verfallen; denn an ihnen wirkte der Gnadengeist ganz besonders, um sie vor dem Untergange zu retten. Aber oft missbrauchen solche Menschen ihr besseres Wissen und Erkennen, und statt dieses zur weiteren geistigen Ausbildung anzuwenden, prahlen sie vor der Welt mit ihrer Viel-

wisserei, und sinnen auf „neue Entdeckungen", wie sie es heißen, während Ich der alte Gott bin, und stets ganz einfach regiere, auch den Menschen deshalb einfache Gesetze gab, welche
sowohl die weiseren, als die einfältigen Menschen begreifen und
befolgen können, und dadurch selig werden.

Nun aber hat die Welt, und besonders die Christenheit, mit
vieler Mühe einen himmelhohen babylonischen Turm gebaut,
und die Sprachen sind so verwirrt (Ich meine nicht die Natio-
nalsprachen, sondern die Auffassung Meines Bibelwortes), dass
nur noch solche Menschen geistig etwas gewinnen können, welche auf die Stimme des Innern noch etwas halten, und darum
auf dieselbe aufmerken, und also sich mit Mir darüber beraten.
Solche werden dann den Willen Meiner Liebe befolgen, und sind
dadurch auf dem richtigen Wege, welcher zum ewigen Leben
führt. Sie erkennen wie arm die Seele ist, ohne einen Gott, welcher Sich ihrer annimmt, und sie väterlich erzieht, und sind
freudig bei der Wahrnehmung, dass sich Meine Liebe und Macht
oft in großen Naturereignissen beweist, während die Gottes-
leugner zittern, und keinen Trost finden, in ihrem Unglücke;
denn – sie sind gerichtet!

Darum tuet Fleiß, dem Glauben an Mich und Meine Worte
dadurch den Stempel der Göttlichkeit aufzudrücken, dass ihr sie
befolget, damit Ich euch so leiten und segnen kann, dass eure
Mitmenschen sich ein Beispiel an euch nehmen können, und sie
sich dadurch gleichfalls zu Mir wenden! Amen! Euer Gott und
Vater.

472. Gehorsam, Demut und Vertrauen
An Gottes Segen ist alles gelegen

13. September 1885

*„Und als Er hatte aufgehört zu reden, sprach Er zu Simon:
Fahre auf die Höhe, und werfet eure Netze aus, dass ihr einen Zug
tuet!" (Lk. 5,4)*

Liebe Kinder! Abermals muss Ich euch hinweisen auf den
Fischfang des Petrus, nachdem Ich zu ihm sagte: *„Fahre auf die
Höhe"!* Die Höhe des Wassers ist die Mitte des Meeres (oder
sonstiger Seen und Flüsse), und die darauf Schiffenden sind nun
ganz auf den Wind angewiesen, und von keiner schützenden

Seite umgeben, welche ihnen bei Gefahr Rettung bieten könnte, sondern sie müssen da ganz im Vertrauen auf gut Glück fortsegeln.

Ebenso sollen Meine Nachfolger im Glauben solche Höhe erreichen, in welcher sie ohne jeden andern Schutz und Anhaltspunkt sich ganz auf Mich verlassen, um zu ihrem Ziele zu gelangen.

Gleichwie aber der Schiffer die Gefahren schon vorher aus Erfahrung weiß, welche mit der Schifffahrt verbunden sind, diese aber dennoch unternimmt. So sollen auch Meine wahren Kinder, welche Mir dienen wollen, die Gefahr nicht scheuen, welche damit verbunden ist, wenn sie sich auf die Höhe des Glaubens wagen, um dadurch auch ihre Mitmenschen zu demselben zu bewegen. Nur müssen sie dabei stets auf Mich hören, ob es auch Mein Wille ist!

Auch Petrus, in dessen Fischfang hier eine Entsprechung liegt, hatte die ganze Nacht gearbeitet, und nichts gefangen, weil er durch seine eigene Kraft und Arbeit etwas erzielen wollte; erst als Ich Mich seiner annahm, und dann von ihm erkannt wurde, dass nur durch Mein Wort der Segen auf die Arbeit gelegt wurde, machte er einen großen Fischfang.

Sehet, in Meinem Namen auf die hohe See fahren, das nur kann das Gelingen eurer Arbeit hervorbringen; aber dort fehlt auch dem Glauben Meiner Kinder noch viel. Denn sie verwechseln so gerne ihre eigene Kraft mit der Meinigen, und wenn Ich dann ein Gelingen ihrer Mühe und Arbeit nach ihrem Sinne zuließe, so würden sie bedeutenden geistigen Schaden nehmen.

Darum verziehe Ich oft mit Meinem Beistande, obgleich Ich weiß, dass sie mit redlichem Herzen arbeiten; aber sie müssen zuvor ihre eigne Ohnmacht erkennen, auf dass kein Auflehnen noch Sichersein, anstatt durch ihren Eifer sie näher zu Mir zu bringen, sie vielmehr von Mir trennte. Denn Meine Vaterliebe sorgt zuerst, dass das Kind Mir treu bleibt, und sich immer mehr mit Mir verbindet, was aber durch Selbstüberhebung stets behindert wird.

So ging es auch bei Petrus, es ward ihm gezeigt, dass er nichts fangen konnte ohne den Meister; aber durch Dessen Beihilfe wurde er nicht allein reichlich gesegnet in seiner Arbeit, sondern auch der Glaube an Meine Liebe und Macht wurde stark in ihm. Amen! Euer Vater.

473. Über die Zulassung des Besessenseins

20. September 1885

„Einer aber aus dem Volke antwortete und sprach: Meister, ich habe meinen Sohn hergebracht zu Dir, der hat einen sprachlosen Geist." (Mk. 9,17; 27–29)

Liebe Kinder! Es ist euch hier eine Erzählung gegeben vom Treiben eines Besessenen, oder eines Menschen, in welchem ein böser Geist sich das Regiment von dessen Organismus angeeignet hat, und also denselben nach seiner Willkür beherrscht, allerlei Unfug treibt und oft auch redet, so dass ein gesunder Mensch ratlos wird, auf welche Weise diesem zügellosen Treiben könnte abgeholfen werden, wie es auch Meinen Jüngern erging, welche fragten: *„Warum konnten wir ihn nicht austreiben?"* (Mk. 9,28) worauf Ich ihnen sagte: *„Diese Art kann mitnichten ausfahren, denn durch Beten und Fasten!"* (Mk. 9,29)

Nur im Gebete liegt die Kraft und Übermacht gegen solch böse Geister; denn das Gebet ist ein festes Vertrauen zu Mir, welches ein jeder besitzt, der Mich liebt, und darum auf Meine Liebe hofft, dass dieselbe abhilft.

Wenn aber durch die Liebe geholfen werden solle, so soll diese sich auch auf den verirrten Geist erstrecken. Und sehet, hierin liegt der Hauptgrund, und war es auch noch bei Meinen ersten Jüngern (warum die Kur misslang), dass dieselben wohl für den Besessenen Liebe und Mitleid hatten; nicht aber für den Geist, der sich böse und tobend zeigte, und weit mehr das Erbarmen nötig hatte, als der Geisteskranke.

Ich lasse es auch deshalb zu, dass solche Geister in die Menschen fahren, um durch diesen Akt sie auf den Weg der Besserung zu leiten, und darum ist es so nötig, dass andere Menschen, welche Zeugen von solchen Heimsuchungen sind, mit gläubigem Herzen zu Mir kommen, und für einen solchen Geist um Erbarmen flehen.

Der wahre Wert des Glaubens besteht nicht darin, dass geholfen werden kann, sondern dass ihr gleich Mir einem verirrten Geist eure Liebe zukommen lasst; dann will auch Ich Mich barmherzig an demselben bezeugen, um eures unverschämten Bettelns willen.

Dass bei solchen Vorkommnissen, wie beim Besessensein, Meine Liebe auch besondere Heilspläne hat, das sollt ihr fest glauben, und deshalb mit vollem Vertrauen euch auf Mich verlassen, dass nur Gutes dadurch bewirkt wird; wenn es euch auch zur Zeit der Not oft als eine Strafe vorkommt, und es euch recht schwer wird dabei kindlich zu Mir aufzuschauen.

Gerade in solchen Zeiten sollt ihr euch als wahre Kinder von Mir beweisen, und durch euer ruhiges Hoffen Meinem Namen Ehre machen.

So befleißigt euch auch in den schwersten Glaubensproben zu siegen, durch euren festen Glauben, der seine Festigkeit auf die Liebe zu Mir und euren Mitgeschöpfen gründet, und leget ab alles eigene Zutun, so will Ich euch als Meine wahren Kinder ausstatten zu den Werken, welche auch Ich einst als Wunder tat. Amen! Euer Vater Jesus.

474. Worin das wahre Brot des Lebens besteht

27. September 1885

„Da sprach Jesus zu ihnen: Wahrlich, wahrlich, Ich sage euch: Moses hat euch nicht Brot vom Himmel gegeben, sondern Mein Vater gibt euch das rechte Brot vom Himmel; denn dies ist das Brot Gottes, das vom Himmel kommt, und gibt der Welt das Leben.

Da sprachen sie zu ihm: Herr, gib uns allweg solches Brot!" (Joh. 6,32)

Liebe Kinder! *„Ich bin das Brot des Lebens!"* (Joh. 6,48) Den geistigen Sinn dieser Worte haben Meine Jünger gleichfalls nicht begriffen zu der Zeit, als Ich dieselben zu ihnen sprach. Weil ihr Sinn noch zu sehr aufs Äußere, Materielle gerichtet war, so konnten sie Geistiges noch zu wenig herausfinden aus solchen Vergleichungen.

Es muss dieses Öffnen des Geistesauges und Ohres nach und nach auf geordnete Weise sich entwickeln, und weil das Zutun der Seele dabei nötig und bedingt ist, so geht es damit bei den meisten langsam. Denn die Seele ist träge zum Geistig-Guten, und wählt lieber das, was ihr bequem ist, d.h. sie steht mehr mit dem Äußeren (Weltlichen) im Rapporte, und reizt den Körper zu solchen Handlungen an, welche augenblicklichen Genuss im Materiellen bieten, anstatt dass sie an ihrer Veredlung zu arbeiten sich alle Mühe gibt. Daher sie auch sehr viel auf die äußeren Formen hält, z. B. auf das Halten der Gesetze, anstatt mehr mit dem Geiste vereint dieselben durch die göttliche Liebe zu erfüllen.

Darum sind auch die Gesetze, welche Ich durch Moses gegeben, mehr für den noch natürlichen Menschen passend, welcher noch nicht die reine göttliche Liebe erfasst hat, wie sie in Meinem Wort im Neuen Bunde von Mir Selbst den Menschen angeboten wird als wahres Brot zum ewigen Leben.

Wer aber nun aus Liebe zu Mir Meine Gebote erfüllt, der hat den Anfang zum ewigen Leben gemacht, und ist fähig im Himmel fortzuleben. Er bedarf keiner andern geistigen Speise mehr, weil es auch keine gibt, die den Geist sättigt, außer der Wahrheit, welche von Mir ausgeht.

Diese Speise kann Ich aber nicht nach Willkür verschenken, sondern sie muss bei Mir abgeholt werden, durch das Forschen in der alten und neuen Schrift mit redlichem Herzen. Denn nur so kann eine Seele Mich erkennen lernen, und in sich wahrnehmen; jede andere Art und Weise mit Mir sich zu verbinden ist nicht die richtige.

Es gibt zwar Vorkommnisse in der Welt, als da sind Wunder, welche momentan viele Seelen in Erstaunen setzen, und sie zum Glauben nötigen; aber dadurch wird wenig für das wahre Wohl der Seelen erzielt. Denn dieser Glaube ist ein erzwungener und kein frei errungener, und wird bald abnehmen, sobald die erste Aufregung über das Wunderbare sich gelegt hat.

Es ist dies ein Glaube ohne selbst erstrebte Liebe, und kann nur durch Meine Gnade erhalten bleiben; wenn eine Seele Mein Wort höher achtet, als das Wunder.

Darum sorget auch ihr, dass die Seelen, die Ich euch zuführe, durch Mein Wort und die göttliche Liebe zum wahren Glauben gelangen, auf dass sie nicht, wie einst die Israeliten zu Moses Zeiten, zwar Manna essen, aber dabei nichts fürs ewige Leben gewinnen! Euer Vater!

475. Welcher ist der Größte im Himmel

Von Liebe und Demut   4. Oktober 1885

„Es erhob sich aber ein Zank unter ihnen, welcher unter ihnen sollte für den Größten gehalten werden?" (Lk. 22,24)

Liebe Kinder! Es ist darunter ein solcher Streit verstanden, wobei die Meinigen sich untereinander befragen, was es wohl für Tugenden es seien, welche in ihnen Mein Ebenbild am sichersten und ähnlichsten herstellen, weil nur diejenigen groß vor Mir sind, welche einzugehen suchen in Meinen Willen, und somit auch in Mein Wesen.

Dieses aber, wie ihr wohl wisset, besteht und gründet sich auf Liebe und Demut; darum auch die Menschen in dieselben eingehen müssen, wenn sie zu den Großen im Himmelreiche einst gezählt werden wollen.

Das wahre Glück oder die wahre Seligkeit besteht in deren Innewerden, oder in einem Gefühle, das nicht mit Worten beschrieben werden kann; denn es ist geistig, und darum nur geistig zu erfahren, und kann auch nur geistig mitgeteilt werden, durch die Liebe, welche gleichfalls göttlich-geistiger Natur sein muss, und sich dann nur in Handlungen kundgeben kann nach außen.

Um aber der Liebe Gelegenheit zu geben sich bezeugen zu können, hauptsächlich in einer Gemeinschaft, welche aus geistigen Kindern von Mir besteht, deshalb statte Ich jedes besonders dazu aus, und gebe verschiedene Gaben, damit sie sich untereinander unentbehrlich fühlen sollen, und so das eine dem andern mitteilsam sein kann.

Dadurch ist auch der Überhebung ein Damm entgegengebaut, weil jedes neben seinem (besonderen) Besitze auch einen (besonderen) Mangel an sich wahrnehmen kann, so es sich redlich selbst prüft.

Meine Apostel wurden durch den Heiligen Geist über diesen Punkt gründlich unterrichtet, und darum tüchtig gemacht Seelen für Mich zu erziehen. Leset 1. Korinther 12,13: *„Es sind mancherlei Gaben, aber es ist Ein Geist, und es sind mancherlei Ämter, aber es ist Ein Gott, Der da wirket alles in allem! Nun aber hat Gott die Glieder gesetzt, ein jegliches sonderlich am Leibe, wie Er gewollt hat. So aber alle Glieder Ein Glied wären, wo bliebe der Leib!"*

Über diese Worte Meines Apostels denket nach, und ihr werdet die verschiedenen Ausstattungen und Vorkommnisse, welche ihr auf dem geistigen Gebiet erschauet, besser verstehen lernen, und dieselben zu benützen suchen zum Aufschwunge des Geistigen; darum Ich auch solche Vorkommnisse zulasse, bei denen die Triebfeder nicht auf dem Göttlich-Geistigen beruht, wobei aber die Seelen in Meinem Dienste tauglich gemacht werden Gutes zu bewirken.

„Ihr aber, strebet nach den besten Gaben, und Ich will auch euch noch einen köstlicheren Weg zeigen" (1. Kor. 12,31), welcher im 13. Kap. beschrieben ist: *„Denn die Liebe höret nimmer auf, so doch die Weissagungen aufhören werden, und die Erkenntnis aufhören wird!"* (13,8) Amen! Euer Vater.

476. Über den Heilmagnetismus

(Vaterbrief Nr. 439)   11. Oktober 1885

„Und alles Volk begehrte Ihn anzurühren, denn es ging Kraft von Ihm und heilte sie alle." (Lk. 6,19)

Liebe Kinder! Schon öfters wurde euch gesagt, und wurdet ihr darüber belehrt, dass Ich die Menschen nach Meinem Ebenbilde erschuf, sowohl in geistiger, als in leiblicher Ausstattung, um dieselben als Kinder von Mir einst in den Himmel aufzunehmen.

Wie aber ein leiblicher Vater dem Sohne sein Geschäft nicht überlassen kann, wenn derselbe sich nicht nach seinem Wissen richtet, und dadurch sich die Fähigkeit erwirbt, die ganze Kunst seines Vaters zu erlernen, damit er tüchtig ist, die Geschäfte des Vaters zu besorgen, so geht es auch Mir mit den Menschen. Ich muss die Entwicklung und Ausbildung dieser Gaben, welche Ich in die Menschen legte, durch gewisse Bedingungen zu verwahren suchen, damit dieselben nicht zum Unheile statt zum Segen werden.

Daher sind dieselben schlummernd vorhanden, und müssen durch den Willen zum Guten geweckt und angeregt werden, und so sind dieselben nun nur noch hie und da unter den Menschen so ausgebildet, dass man sich vom Vorhandensein dieser Anlage überzeugen kann. Wie z. B. der Magnetismus, welcher in der Jetztzeit wieder mehr anerkannt und angewendet wird, und auch von den Ungläubigen nicht mehr geleugnet werden kann; denn es heißt in dem obigen Texte: *„Und alles Volk begehrte Ihn anzurühren, denn es ging Kraft von Ihm und heilte sie alle!"*

Ihr sehet daraus, dass in Mir eine große magnetische Kraft lag, welche Ich gleichfalls durch Meinen Körper zur Heilung der Kranken entäußerte, und euch auch hierin als Meister voranging, im Verbande mit der göttlichen Liebe oder dem Vater in Mir, dieselbe zum Segen Meiner Mitmenschen anzuwenden.

Somit könnt ihr euch bei Ausübung des Magnetismus auf das Neue Testament und auf diese Worte berufen, wenn eure Gegner dieses Heilverfahren zu tadeln anfangen. Aber ihr sollt diese Kraft auch hochschätzen, und sie zu Meiner Ehre, und aus Liebe zu Mir und euren Mitmenschen anwenden, ohne jeden Eigennutz und Vorteil, auf dass die Weltmenschen erkennen, aus welchen Herzen solche Kraft kommt, welche nicht allein dann den Leib gesund machen, sondern auch der Seele eine Anregung zum Guten geben soll.

So habt ihr dann mit dem anvertrauten Pfunde nach Meinem Sinne gewuchert. Während andere, welche Ich zwar ebenfalls ihre magnetische Kraft zum Heilen benützen lasse, ihren Lohn einst dahin haben. Auch diese werden dann sagen: *„Haben wir nicht in Deinem Namen viele Taten getan!"* allein sie müssen von Mir weichen als Übeltäter. (Mt. 7,22)

Richtet euch auch in dieser Beziehung nach Meinem Willen, auf dass ihr völlig werdet in der Liebe, und das ewige Leben empfanget! Amen! Euer Vater.

477. Von der Ordnung der geistigen Entwicklung

Unreife   17. Oktober 1885

„Aber der Herr sprach: Wem soll Ich die Menschen dieses Geschlechts vergleichen, und wem sind sie gleich? Sie sind gleich den Kindern, die auf dem Markte sitzen, und rufen gegeneinander, und sprechen: Wir haben euch gepfiffen, und ihr habt nicht getanzt, wir haben euch geklagt, und ihr habt nicht geweint." (Lk. 7,31)

Liebe Kinder! Auch jetzt frage Ich euch: Wem soll Ich die Menschen dieses Geschlechtes vergleichen? Denn die meisten unter ihnen sind geistig blind, sie hören wohl viel von Mir und göttlichen Dingen; aber sie lassen es beim Hören, und sind zu sehr mit sich selbst oder vielmehr mit ihrem Leibe (d.h. mit den natürlichen Bedürfnissen) beschäftigt, darum finden sie nicht Zeit, über Mich und geistige Dinge nachzudenken. Und weil sie deshalb Mich nicht erkennen, so ist ihnen auch ihr eigenes Wesen unklar, und sie wissen daher nicht, zu was sie bestimmt sind.

Gerne würden sie sich mit den materiellen Genüssen befriedigen, wenn die Gnade ganz von ihnen weichen würde. Allein der Heiligen Geist in ihnen tritt immer wieder hervor, um seine Ansprüche geltend zu machen, und lässt auch die größten Sünder nicht immer in behaglicher Ruhe, sondern rüttelt sie auf zum Nachdenken.

Dies ist der inwendige Bußprediger, welcher das Herz für Mich zubereiten will, dass Ich einziehen kann.

Diese inneren Mahnungen erkennen die Menschen nicht immer als einen Gnadenruf, sondern halten dieselben oft für einen Einfluss des Satans, welcher sie mit Vorwürfen anklagt. Darum muss Ich Mitleid mit denselben haben, weil sie gleich den Kindern nicht unterscheiden lernen, wer mit ihnen (innerlich) verkehrt.

Da will oft ein Blinder den andern leiten, während sie doch alle zu sehr ins Materielle verstrickt sind, was mit dem „auf dem Markte sitzen" bezeichnet ist, und einander anklagen.

So ist es auch noch heutzutage, jedes sucht die Konsequenzen der Erfahrungen, welche es auf geistigem Boden an sich macht, von sich abzuschütteln, und dieselben lieber dadurch zu verwerten, dass es sie auf andere anwendet, und diese belehren und bekehren will; während doch solch eine Seele sich selbst noch nicht fest überzeugt hat, woher solch innere Sprache mit sich selbst kommt.

Wenn eine Seele geistig geweckt werden soll, da kommt zuerst der Bußprediger, welcher der Seele ihre Verirrungen vorhält. Dieser Zustand entspricht dem Johannes, als Prediger in der Wüste, und hernach kommt die Belehrung, der Trost und die damit verbundene Freudigkeit, darüber, dass die Seele Mich nun gefunden hat, als einen liebenden Vater, Der mit ihr Sich vereinen will.

Ist dieser Standpunkt erreicht, so ist die Seele fähig, ihre Liebe zu Mir im Tun und Handeln zu beweisen, erhaben über Zweifel.

Darum muss Ich noch viel Langmut üben, und die Menschen als Kinder behandeln, welche meinen, dass es genug sei, wenn sie bei andern Kindern von ihrem lieben Vater reden, während sie doch selbst den Vater mehr beleidigen als Ihn lieben, bis sie reif zur wahren Erkenntnis sind. Amen. Euer Vater Jesus.

478. Das Beispiel vom Kinde

Gemeinschaftspflege 25. Oktober 1885

„Wer aber euch tränket mit einem Becher Wassers in Meinem Namen, darum, dass ihr Christo angehöret, wahrlich Ich sage euch: Es wird ihm nicht unvergolten bleiben.

Und wer der Kleinen Einen ärgert, die an Mich glauben, dem wäre es besser, dass ihm ein Mühlstein um seinen Hals gehängt, und er in das Meer geworfen würde!" (Mk. 9,41-42)

Liebe Kinder! Auch in diesem Kapitel ist etwas enthalten, was euch einen Blick auf den geistigen Standpunkt Meiner damaligen Jünger tun lässt, welcher auch heutzutage bei Meinen jetzigen Nachfolgern derselbe ist.

Nämlich als Ich die Jünger fragte: *„Was handelt ihr miteinander?"* (Mk. 9,33) Da schwiegen sie stille; denn sie hatten miteinander auf dem Wege gehandelt, welcher der Größte wäre!

So geht es auch unter denen, die Mir gefallen wollen, sie sehen dabei auf ihre Mitbrüder, ob sie wohl besser seien, und bei Wahrnehmung einer Schwäche an diesen, gefallen sie sich selbst mehr als Mir, weil sie dadurch ihre Eigenliebe verstärken.

Darum führte Ich ein Kind in der Jünger Mitte. Wie ein Kind weiß, dass es noch viel zu lernen hat, und darum sich gerne leiten lässt, also sollen auch Meine Kinder sich stets das Gefühl bewahren, dass sie noch in manchen Stücken von ihren Mitbrüdern Rat und Belehrung annehmen. Weil Ich die Gaben mannigfach austeile, dem diese, jenem eine andere, auf dass der Liebe Gelegenheit geboten ist, sich tätig untereinander zu beweisen, und so das eine Gemeinschaftsglied dem andern dienen kann, gleichwie die Glieder eines Leibes, was zwar nach äußeren Formen und dem Scheine nach schon bei vielen beobachtet wird. Aber das Dienen in Rat und Warnung wird mehr durch die Eigenliebe zurückgewiesen als angenommen, und erregt gegenseitiges Ärgernis

Darum segne Ich das Dienen erster Art, und das Dienen zweiter Art muss Ich von beiden Teilen verlangen, um Meines Namens willen, dass der, welcher ratet, in göttlicher Liebe ratet, und der, welcher Rats bedarf, denselben dankbar annimmt, und ihn nicht eher verwirft, als bis er es ernstlich geprüft hat.

Ich brauche solch gegenseitige Vermittlung bei den Gemeinschaftsgliedern, weil Ich den freien Willen dadurch ehre, anstatt dieselben durch Meine eigenen Worte gleichsam zu zwingen.

So übet euch auch in diesem Punkte, welcher eine große Selbstverleugnung braucht, bis die widerstrebende Eigenliebe getötet ist, auf dass ihr euch zusammenfügen lernet zu einem Leibe, an welchem Ich ebenfalls als Haupt Mich beteiligen will. Amen! Euer Vater Jesus.

479. Von der wahren Herzensdemut

1. November 1885

„Nachdem Er aber ausgeredet hatte, ging Er gen Kapernaum. Und eines Hauptmanns Knecht lag todkrank, den er Wert hielt." (Lk. 7,1-2)

Liebe Kinder! Ich führe euch in der Person des Hauptmanns ein Bild vor – wie der wahre Glaube beschaffen sein muss. Zuerst ist es die Liebe, welche der Hauptmann dadurch an den Tag legte, dass er Mich bitten ließ seinen Knecht gesund zu machen. *„Er hielt denselben wert"*, heißt es von ihm. Auch zeugten die Ältesten der Juden von des Hauptmanns Liebe: *„Er ist es wert, dass Du ihm das erzeigest, denn er hat unser Volk lieb, und die Schule hat er uns erbaut."* (Lk. 7,4)

Er hatte also ein Herz von wahrer Nächstenliebe durchdrungen; denn er dehnte dieselbe nicht nur auf seine Hausgenossen aus, sondern auch auf das Volk, für welches er in geistiger Weise sorgte, dadurch, dass er ihnen eine Schule erbauen ließ.

Was aber den Wert seiner Liebe erhöht, das ist die wahre Herzensdemut, welche er dabei Mir und andern gegenüber an den Tag legte, wie es heißt: *„Da sie aber nun nicht ferne vom Hause waren, sandte der Hauptmann Freunde zu Ihm, und ließ Ihm sagen: Ach Herr, bemühe Dich nicht, ich bin's nicht Wert, dass Du unter mein Dach gehest; darum ich auch mich nicht würdig*

173

erachtete, dass ich selbst zu Dir käme, sondern sprich nur ein Wort, so wird mein Knecht gesund!" (Lk. 7,6-7)

Wer solch Demut besitzt im Herzen, dem komme Ich entgegen, wie Ich dort nach Kapernaum ging, weil Ich wohl wusste, dass der Hauptmann eine Sehnsucht nach Mir hatte, und das große Vertrauen in Meine Liebe und Macht setzte, dass Ich den Knecht gesund machen würde. Denn durch seine Liebe und sein Vertrauen wurde Ihm in Innern das wahre Licht und die wahre Erkenntnis von Mir, so dass er in allen Stücken so viel Weisheit erhielt, nach Meinem Sinne zu leben und zu handeln: *„Auch ich bin ein Mensch, der Obrigkeit untertan, und habe Kriegsknechte unter mir, und spreche ich zu einem: Gehe hin! So geht er hin, und zum andern: Komme her! So kommt er, und zu meinem Knechte: Tue das! So tut er's!"* (Lk. 7,8)

Vergleichet nun mit diesem Bilde der Ordnung und Einigkeit die jetzigen vielen Klagen der Vorgesetzten und Herrschaften, so werdet ihr herausfinden, wo die Hauptwurzel des Übelstandes zu finden ist, dass nun so wenig Liebe und Vertrauen bei der dienenden Klasse der Menschen gegen ihre Vorgesetzten und Herrschaften anzutreffen ist.

Es ist das Beispiel dieser, welches nicht geeignet ist Liebe und Gehorsam zu erzielen, wie sie selbst zu wenig Liebe in Wort und Tat ihre Mitmenschen fühlen lassen; aber auch dabei ein hochmütiges Herz haben, das sich auch Mir gegenüber keiner Schuld bewusst ist, und darum Mich nicht verlangt um abzuhelfen.

Würden solche Menschen ihre Schwachheit erkennen, und im Gefühle derselben sich an Mich wenden, so gäbe Ich auf solche Mir wohlgefällige Bitten ihnen ein neues Herz und einen neuen Geist (Ps. 51,12), und verstärkte Meinen Gnadenzug auch an ihren Untergebenen; denn diese sind leider auch geistig oft sehr krank.

Wie wohlgefällig ist Mir darum solch ein Dienstherr, welcher Meine Hilfe anruft, um diese Kranken gesund zu machen! Wie Ich solche Bitte schnell erhöre, das könnt ihr daran sehen, dass Ich nach Kapernaum ging, auf dass der Hauptmann Mich fand.

Solch Bittenden gehe Ich mit Meiner Hilfe entgegen; besonders aber solchen, welche in demütiger Liebe, wie dieser Hauptmann, Mir diese Bitte vortragen.

Darum lernet auch ihr gleich wie der Hauptmann lieben, glauben und hoffen! denn Ich sage euch: *„Solchen Glauben habe Ich in Israel (d.h. unter den Gläubigen) nicht gefunden!"* (Lk. 7,9) Amen! Euer Jesus.

480. Mein Reich ist nicht von dieser Welt

Friedensreich   8. November 1885

„Jesus antwortete: Mein Reich ist nicht von dieser Welt! Wäre Mein Reich von dieser Welt, Meine Diener würden darob kämpfen, dass Ich den Juden nicht überantwortet würde; aber nun ist Mein Reich nicht von dannen!" (Joh. 18,36)

Liebe Kinder! *„Mein Reich ist nicht von dieser Welt!"* antwortete Ich Pilatus, welcher auf die Anklage der Juden Mich fragte: Was hast Du getan? Denn er fand nichts Strafbares an Mir! So ging es zu allen Zeiten, seit Meinem Tode, dass auch Meine meisten Nachfolger nicht fassen konnten, wie Ich so wenig Gebrauch machte von Meiner königlichen Macht, sogar oft in Fällen, da der Verstand meint, dass ein Einschreiten von Meiner Seite zum großen Segen für viele werden, und Meine Herrlichkeit offenbaren würde.

Auch solche sind noch nicht ganz frei von dem Glauben, dass Mein Reich nicht allein ein innerliches Friedensreich ist, sondern sie suchen stets noch etwas Materielles, einen äußeren Wohlstand mit zu verbinden, weil sie noch zu wenig erkennen, wie sehr die Seele dem Materiellen zugeneigt ist. Darum muss Ich derselben durch Meine Gnadenführung so viel als möglich ihre Glücksgüter entziehen, der durch Vorkommnisse verschiedener Art, seien es Verluste, Krankheiten oder sonstige Heimsuchungen, sie auf das Unbeständige solcher Güter aufmerksam machen.

Die Worte, welche Ich Pilatus gegenüber aussprach: *„Mein Reich ist nicht von dieser Welt!"* gelten für alle Menschen, gleichwie auch diese: *„Wäre Mein Reich von dieser Welt, Meine Diener würden darob kämpfen, dass Ich nicht den Juden überantwortet würde; aber nun ist Mein Reich nicht von dieser Welt."*

Diesen Ausspruch sollten all Meine Kinder sich stets ins Gedächtnis rufen, wenn sie auf Meine sichtbare Hilfe hoffen, während sie doch wissen, dass Ich keine Bitte gewähren kann,

175

wodurch zwar nach außen oft ihre Lage erleichtert, aber das geistige Wachstum gestört würde.

Gleichwie Ich einst in die Welt gekommen bin, um von der Wahrheit zu zeugen, und dabei vielen Leiden und dem Tode entgegenging, obwohl Ich es an Mir Selbst hätte leicht verhindern können, indem Mir ja alle Macht zu Gebote stand, der Zweck Meines Kommens aber dann nicht erfüllt worden wäre. Also sollen auch Meine wahren Nachfolger ihr Ziel nach Meinem Beispiele zu erreichen suchen, welches nicht ist eine irdische Macht und Herrlichkeit in Meiner Nachfolge zu erlangen, sondern das innere Friedensreich, damit wenn die Seele den irdischen leiblichen Organismus verlassen muss, sie nicht arm sich fühlt, bei den Entbehrungen sinnlich-materieller Genüsse, sondern glücklich darüber sie schon auf Erden zu würdigen gelernt hat.

Darum wohl allen, welche Mir in Wahrheit nachsprechen lernen; *„Mein Reich ist nicht von dieser Welt!"* Denn Diese werde Ich aufnehmen in Meines Vaters Wohnungen! Amen! Euer Vater.

481. Warum der Herr so lange verziehen muss

15. November 1885

„Und Er wird ein König sein über das Haus Jakob ewiglich, und Seines Königreiches wird kein Ende sein." (Lk. 1,33)

Liebe Kinder! Es kommt immer wieder vor, sowohl bei den einzelnen Seelen, als bei größeren Gemeinschaften von Glaubensgenossen, dass sie zweifeln ob Ich zur Herrschaft auf Erden gelangen werde? was daher kommt, weil sie erschauen die große Entfremdung gegen Mich, und die Entartung der Menschen, welche kaum noch als Abkömmlinge von Mir zu erkennen sind. Denn es gibt so viele, welche mehr den Tieren ähnlich und unempfänglich sind für alles, was Göttliches in sich birgt. Daher solche, welche Mich suchen, verzagt sind, und im Stillen die Frage an Mich richten: Warum Ich so lange verziehe Mein Reich einzunehmen?

Diesen will Ich gleichfalls eine Frage vorlegen, und zwar diese: „Wie soll Ich's denn machen?" Ich bin der Gott der Liebe, und kann nur solche in Mein Reich aufnehmen, welche Liebe zu Mir und ihren Mitmenschen haben. Um aber diese Liebe bei den

Menschen zu erzielen, gehören eben auch Liebe und Geduld dazu, und nicht Strafe und Gericht (oder Zwangsmittel).

Es ist ohnehin schon (durch falsch Lehren und verkehrte Auffassung) der Begriff von Mir als einem furchtbaren Richter so sehr bei den Menschen eingewurzelt, dass auch solche, welche durch Meine Gnade aufgerüttelt werden, sich scheuen mit Mir, zu verkehren; denn sie ängstigen sich wegen einer Strafe von Mir, welche sie meinen durch ihr Betragen verdient zu haben.

Dazu kommt noch die irrtümliche Ansicht, dass Ich die Gesetze gegeben habe, um dadurch Mir einen Dienst erweisen zu lassen, während Ich dieselben nur dazu gab, um die Menschen zu beglücken.

Würden es nur in einer Gemeinschaft alle dahin bringen, sich genau an dieselben zu halten, so könnte man da wahrnehmen, wie glücklich und befriedigt jedes einzelne Mitglied sich fühlen würde. Hierzu kann Ich aber nicht zwingen, sondern darf nur durch allerlei Mittel suchen die Menschen zu Mir zu locken.

Jede Heimsuchung, jedes Gericht, welches Ich anwenden (oder besser zulassen) muss, damit die Seelen nicht ganz (geistig) zugrunde gehen sollen, steht vor den Augen der Weltmenschen als lieblos da, und erhöht ihre Furcht, und somit ihre Abneigung vor Mir.

Darum geht das Einnehmen Meines Reiches so langsam, aber dessen ungeachtet doch sicher voran. Denn schon bei Verkündigungen Meiner Geburt, weissagten die Engel von dem großen Heilsplane: *„Und er wird ein König sein über das Haupt Jakob ewiglich, und Sein Königreich wird kein Ende nehmen!"*

Es ist von Ewigkeit beschlossen alle Menschen zu retten; nur müssen dieselben es Meiner Liebe und Weisheit überlassen, und selbst so viel es möglich ist, dazu beitragen, dass sie Seelen für Mich anwerben, hauptsächlich durch ihr gutes Beispiel und ihre Liebe.

Darnach trachtet! So werdet ihr in euch den Anfang des Friedensreiches machen. Amen! Euer Vater.

482. Ein Prophet gilt nichts im Vaterlande

Duldet und vertrauet!   Kirchlicher Jahresschluss 21. November 1885

„Jesus aber sprach zu ihnen: Ein Prophet gilt nirgends weniger, als im Vaterlande, und daheim bei den Seinen." (Mk. 6,4)

Liebe Kinder! Schon so oft hörte Ich von solchen klagen, welche sich Mühe geben Mir Seelen zuzuführen, dass sie zu wenig Achtung und Gehör finden bei denen, welche sie so gerne belehren möchten. Dies kommt daher, weil dieselben zu sehr auf ihre eigene Person sehen, und auf die Verhältnisse, in welchen oft ein Kind von Mir aufgewachsen ist; denn solch ein Kind von Mir ist ihnen oft von zu geringer Geburt oder zu arm.

Menschen, welche geistig noch ganz blind sind, setzen zu viel auf das Äußere, ihre ganze Auffassung besteht noch in Verkehrtheit, und darum kann ein Diener in Meinem Namen und in Meiner Liebe von denselben nichts anderes erwarten, sondern er muss mit der größten Liebe und Geduld seine Missionsarbeit beginnen, bis er es so weit mit solchen Pfleglingen bringt, dass dieselben fassen lernen, dass Ich Mir tüchtige Arbeiter für Mein Reich in der Kreuzschule erziehen muss. Meine Diener müssen also den Weg der Entsagung und Duldung zuerst selbst gegangen sein, ehe sie andere darüber belehren können.

Darum bin auch Ich arm und klein auf Erden gewandelt, um euch ein Beispiel auch in diesem Punkte zu hinterlassen, und euch zur Zeit der Anfechtung auf Mein Vorbild hinzuweisen. Denn auch bei Mir hieß es: *„Ein Prophet gilt nirgends weniger, als in seinem Vaterlande und unter den Seinen."*

Die Zulassung dieser Verachtung gereicht einem Propheten (Träger göttlicher Wahrheiten) zum Segen; denn nirgends sucht der listige Feind die Eigenliebe mehr beizubringen, als bei solchen, welche im geistigen Erkennen und im inneren göttlichen Verkehre bevorzugt sind vor andern. Bei diesen ist es gar bald geschehen, dass ihre Freude darüber sie zur Überhebung und Sicherheit verleitet. Daher stelle Ich Wachen für dieselben auf, und dies sind meist ihre Gegner, welche sie ganz genau beobachten und hüten, (allerdings) um sie zu stürzen; aber unter Meiner Zulassung werden dieselben zum Segen für sie.

Darum ihr alle, die ihr in Meinem Missionsdienste stehet, oder in demselben eintreten wollt, seid darob nicht verzagt und murret nicht, wenn ihr von da und dort Demütigungen erdulden müsst, welche Ich nach eurer Meinung ablenken sollte, da sie euch in eurem Eifer hemmen.

Bedenket, Ich habe bessere Einsicht in der Erziehung als ihr, darum vertrauet auf Mich! und überlasset alle eure Führungen Mir!

Ich lege den Hauptwert nicht auf viele Arbeit, sondern sorge, dass Meine Arbeiter selbst den größten Gewinn dabei machen.

Gleichwie Ich, besonders im Anfange Meiner Lehrjahre, vom Volke verachtet und verspottet wurde als Zimmermann und Zimmermannssohn, aber ruhig dabei Meinen Auftrag ausführte, so sollt auch ihr stets das Ziel im Auge haben, euch nicht durch Hindernisse stören lassen, und das aufgetragene Werk deshalb nicht hintansetzen, weil Ich nicht nach eurem Wunsche euch zu Hilfe komme. Sehet auf Mein Vorbild und bleibet treu im Nachwandeln eurem Vater. Amen!

483. Zum 1. Advent

29. November 1885

Liebe Kinder! Auch ihr seid Meine Kinder, welche Ich berufen habe in meinem Dienste zu arbeiten, und Ich will Mich zu euch halten. Es soll in jeder Not und Zeit die Quelle des lebendigen Wassers euch zufließen und nicht versiegen, so ihr nicht selbst mit allem Mutwillen den Kanal verunreiniget, durch welchen es euch zukommt.

Nicht allein ihr, sondern noch viele sollen sich daran laben, in dieser von allen wohltuenden Lehren und Wahrheiten entblößten Zeit der geistigen Dürre, wo die in der Heiligen Schrift enthaltenen Wahrheiten entstellt und verdreht werden.

Aber Ich komme und richte wieder auf, was darniederliegt; der große Advent bricht an und ist für euch schon da; denn gleichwie Ich zuerst durchs Wort Mich den Menschen einst näherte, sowie durch Verheißungen, also ist es auch jetzt wieder das Wort, welches Meinem persönlichen Erscheinen vorausgeht. Je mehr ihr euch durch Meine Worte reinigen lasst, desto näher kommt die Zeit, in welcher Ich die Meinen (persönlich sichtbar) besuchen kann.

Wenn daher noch manche Reinigungsmittel an euch angewendet werden, um euch tüchtig zu Meinem Empfange zu machen, so betrübet euch nicht darob, sondern freuet euch vielmehr; denn Ich werde nicht allein, sondern mit all den Meinigen kommen, und Meinen vollen Segen euch bringen.

Dies ein kleiner Adventsgruß an die Meinen! Von eurem treuen Vater.

484. Vom großen Abendmahl

6. Dezember 1885

„Er aber sprach zu ihm: Es war ein Mensch, der machte ein großes Abendmahl und lud viele dazu!" (Lk. 14,16)

Liebe Kinder! Dieses Gleichnis bezeichnet den Gang bei Ausbreitung Meiner Lehre. Denn obwohl viele im Innern von der Wahrheit derselben völlig überzeugt waren, weil Ich Selbst sie berufen hatte, so waren es aber äußere Dinge und Verhältnisse, welche dieselben von einem offenen Bekenntnisse abhielten. Darum musste Ich unter den Heiden Gäste zum Mahl einladen, weil das Volk Israel es verschmähte, und so wurden Meine Tische dennoch voll.

Allein diese Einladung hat noch kein Ende; denn es ist noch Raum da, und sie wird fortgesetzt werden, solange Seelen vorhanden sind, welche die wahre Himmelspeise noch nicht verkostet haben.

Immer wieder will Ich Diener ausrüsten und aussenden, welche auf die reichen Vorräte an Meinem Tische aufmerksam machen, nämlich – Ich werde unter Meinen wahren Kindern, welche Mich in Tat und Wahrheit lieben, immer wieder einzelne Seelen mit voller Kraft ausrüsten, dass sie tauglich werden andere zum Mahle einzuladen, indem sie denselben den wahren Sinn Meiner Worte auslegen können, damit die nach Wahrheit schmachtenden Seelen erquickt werden.

So ist es seither in jeder Zeitperiode geschehen. Immer wieder habe Ich Männer und Propheten durch den Heiligen Geist besonders erleuchten lassen, um durch diese auch andere zu erwecken und zu gewinnen. Aber leider finden stets auch Entschuldigungen statt, warum sie diese Einladung nicht annehmen können; besonders weil gar viele sich für geistig gesund und gesättigt halten, also ihre geistige Armut nicht einsehen und erkennen.

Darum muss Ich Meine Knechte beauftragen, Solche einzuladen, welche ihre geistigen Gebrechen noch fühlen, und im Gefühle ihrer Schwachheit zu verzagt sind, den vollen Gebrauch von Meiner Vaterliebe zu machen.

Diesen sende Ich entgegen, auf dass sie zu Mir kommen, und das Mahl mit Mir halten. Denen aber, welchen ihre äußeren Angelegenheiten mehr Sorge machen, und die daher Meiner Einladung wenig Gehör schenken, diesen wird wenig Genuss Meiner Liebe zuteilwerden; sie können nicht zeugen von dem beseligenden Umgange mit Mir. Wohl aber werden Meine Diener einst sagen: *„Herr, es ist geschehen, wie Du befohlen hast, aber es ist noch Raum da!"* (Lk. 14,22)

Es wird einst niemand sich entschuldigen können, dass nicht der Geist der Wahrheit auch bei ihm angeklopft habe. Aber viele werden bekennen müssen, dass sie dieses Anklopfen verachtet und ihrem materiellen Treiben ihre ganze Aufmerksamkeit zugewendet haben.

Darum, ihr alle, welche eingeladen seid, folget dem Ruf, und lasst euch nicht durch Nebensachen abhalten, mit Mir das Mahl zu halten. Euer Vater.

485. Vom Sämann

18. Dezember 1885

Er legte ein Gleichnis vor, und sprach: Das Himmelreich ist gleich einem Menschen, der guten Samen auf seinen Acker säte. Da aber die Leute schliefen, kam sein Feind, und säte Unkraut zwischen den Weizen, und ging davon. Da nun das Kraut wuchs, und Frucht brachte, da fand sich auch das Unkraut.

Da traten die Knechte zum Hausvater und sprachen: Herr, hast Du nicht guten Samen auf Deinen Acker gesät? Woher hat er denn das Unkraut?" (Mt. 13,24)

Liebe Kinder! In diesem Gleichnisse heißt es: *„Da aber die Leute schliefen, kam sein Feind."* Denn wenn die Menschen sicher sind und unbekümmert um das, was um sie her vorgeht, wie es im Schlafe der Fall ist, so können ihre Feinde sich ihrer bemächtigen, und ihnen allerlei Übles zufügen.

Dies ist schon beim natürlichen Schlafe der Fall; aber noch weit mehr, wenn der Mensch in einer geistigen Sicherheit lebt, so hütet er sich nicht vor einem Überfalle vonseiten des Fürsten der Finsternis durch Wachen und Beten.

Durch dieses Sicher- und Unbekümmertsein um seine geistige Entwicklung wird dem Feinde Gelegenheit geboten, die gute Saat, welche durch die Gnade in das Herz eingelegt worden ist, zu verdrängen. Und allerlei Unkraut oder Anregungen zu materiellem Erhaschen verderben dann die guten Vorsätze, welche durch den guten Samen erzeugt werden; so dass beide nebeneinander den Menschen regieren; und dadurch wird die Ernte der guten Frucht spärlich ausfallen.

Die Knechte oder Diener in Meinem Reiche, welche Ich zu den Menschen schicke, als unsichtbare Leiter und Beschützer, bei euch „Schutzgeister" genannt, sind darum oft recht besorgt um ihre anvertrauten Zöglinge, und möchten dieselben oft mit Gewalt durch starke Zuchtmittel vom Unkraut reinigen; allein Meine Weisheit weiß wohl, dass dadurch der Mensch nicht viel gebessert wird, im Gegenteile oft dabei zugrunde geht.

Darum tröste Ich dieselben bis zur Zeit der Ernte, oder auf die Zeit, wo Ich eine Seele durch den Tod abfordere; denn dann will Ich zu den Schnittern sagen: *„Sammelt zuvor das Unkraut, und bindet es in Büscheln, dass man es verbrenne."* (Mt. 13,30)

Wenn ihr daher einen Menschen sehet, bei welchem die Kräfte gebrochen sind, und der vielleicht ans Lager gefesselt ist, so denket, die Zeit der Ernte ist da vor der Türe, und Ich habe die Schnitter angewiesen, das Unkraut zuvor zu sammeln, dadurch dass die Kraft und Lust seine Leidenschaften auszuüben, ihm durch Untauglichkeit seines Körpers entzogen wird, und darum nun die Seele einer andern (besseren, weil mehr geistigen) Richtung folgt, wozu sie sonst nicht gelangt wäre.

Es ist diese Einrichtung für viele, die größte Gnade, welche Ich an ihnen beweise. Darum aber wachet und betet, auf dass der Feind nicht zu viel Unkraut auf euren Herzensacker säe, damit zur Zeit der Ernte Meine Schnitter nicht mit scharfen Sicheln das Unkraut entfernen müssen, und ihr gar kleine Garben in Meine Scheune mit hinüberbringet! Amen! Euer Vater.

486. Herr, hilf mir!

20. Dezember 1885

„Petrus aber antwortete Ihm und sprach: Herr, bist du es, so heiße mich zu Dir kommen auf dem Wasser.

Und Er sprach: Komm her!

Und Petrus trat aus dem Schiffe, und ging auf dem Wasser, dass er zu Jesu käme. Er sah aber einen starken Wind, da erschrak er, und hob an zu sinken, schrie und sprach: Herr hilf mir!" (Mt. 14,28)

Liebe Kinder! Ihr ersehet auch aus diesem Kapitel, wie Ich immer wieder Wunder tat, um Meine Jünger zu der Überzeugung zu bringen, dass alle Macht im Himmel und auf Erden Mir gegeben ist, Denn die Menschen sind für rein geistige Beeinflussung noch zu materiell, und darum musste Ich auch bei Meinen Jüngern Wunder tun, um ihren Glauben zu erwecken und zu erhalten.

Jetzt nun sollte es in der Christenheit besser sein, nachdem die Ausbreitung Meiner Lehre und Meines Reiches doch das größte Zeugnis birgt, indem weder Macht noch Verfolgung den Fortschritt und das Wachstum des Christentums nicht einmal nach außen bisher verhindern konnten; und auch in Zukunft wird es nicht gelingen, Meinen Plan zu verderben.

Und wie Meine Jünger mit ihrem Schiffe mitten auf dem Meere Not litten von den Wellen, denn der Wind war ihnen zuwider, so steht es nun wiederum mit Meinen Nachfolgern, sie fühlen sich unsicher, ob sie nicht untergehen werden, in der großen Flut des Unglaubens. Obgleich sie Mich lieben, so vermissen sie doch Meine persönliche Nähe in ihrer Bedrängnis. Aber in der vierten Nachtwache kam Ich zu Meinen einstigen Jüngern, und ging auf dem Meere, und so werde Ich auch jetzt in dieser Zeit zu Meinen Nachfolgern kommen.

Auf eine unbegreifliche Weise will Ich Mich denselben nähern.. Manche werden zwar erschrecken und Mein Erscheinen für ein Gespenst halten und große Furcht haben. Die Menschen im Allgemeinen erkennen in Meinem direkten Verkehre mit Meinen Kindern Mich und Mein Wort nicht, nur der wahre Glaube (entsprechend dem Petrus) begreift und erfasst es. Aber dieser Glaube ist auch noch zu sehr mit dem Verlangen nach Wundern verbunden, und möchte dadurch den Nebenmenschen zeigen, dass Ich es bin, welcher zu ihnen kommt; gleichwie auch Petrus hat: *„Lass mich zu Dir kommen auf dem Wasser."*

Ich gewährte ihm diese Bitte, um ihm zu zeigen, wie wenig gegründet sein Glaube noch war, indem ein kleiner Windstoß das Sinken bei ihm verursachte.

Sehet, so liegt in diesen Versen für euch ein Bild eures eigenen Glaubensweges, da der Glaube bald groß und stark ist, und durch äußere Vorkommnisse sich gehoben fühlt; wenn aber Ich eine Probe über denselben verhänge, so wird er klein und verliert den Mut. Doch dann sehet abermals auf Petrus, welcher zu Mir schrie und sprach: *„Herr, hilf Mir!"* und Ich werde auch gegen euch Meine Vaterhand ausstrecken und sagen: *„O ihr Kleingläubigen, warum zweifelt ihr?"* (Mt. 8,26) Euer Vater. Amen!

487. Bist Du's, der da kommen soll?

25. Dezember 1885

„Bist Du's, Der da kommen soll, oder sollen wir eines andern warten?" (Lk. 7,20)

Liebe Kinder! In dieser Frage Meines Vorläufers Johannes liegt eine Entsprechung, besonders für euch, aber auch für alle, welche mit Liebe und Sehnsucht auf Mein zweites Kommen warten. Gleichwie Johannes vom Geiste Gottes belehrt wurde, dass das Reich Gottes nahe sei, und es seinen Mitmenschen verkündete im kindlichfesten Glauben, dass seine Augen den Messias erschauen werden; dabei aber doch noch nicht von Dessen Erscheinen, auf welche Weise dies stattfinden sollte, sich klareren Begriff machen konnte, und daher Mich fragen ließ:

„Bist Du's, Der da kommen soll, oder sollen wir eines andern warten?"

Also geht es in der Jetztzeit vielen Meiner Nachfolger, sie harren auf Mich mit Sehnsucht, und wissen doch nicht recht auf welche Weise Mein Kommen geschehen soll, und welchen Segen sie wohl davon haben werden. Denn auch Johannes war noch der (irrigen) Meinung, dass Ich Meine göttliche Abkunft mit Pracht und Glanz nach außen bestätigen würde.

So geht es nun wiederum Meinen Nachfolgern, was daher kommt, weil auch sie noch das Materielle höher achten, als das Geistige, und darum zu sehr vom Materiellen verblendet sind, so dass sie die geistige Annäherung von Mir nicht scheuen, obwohl Ich schon – aber damals durchs Wort – Mich offenbare, um mit Meinen Kindern zu verkehren.

Nur das Wort ist das Mittel, sie zu gewinnen, und sie von meiner Liebe zu ihnen zu überzeugen. Würde Ich Mich ihnen (wie Ich bin) in Armut zeigen, so würden dieselben mich nicht anerkennen, weil solches ganz entgegen ihren Begriffen von Mir wäre. Und doch trage Ich in Meiner Liebe das Gewand der Demut, in welchem Ich Mich auch allein nur den Menschen annähern kann. In Meiner Gerechtigkeit und Heiligkeit aber das Gewand der Macht und Weisheit, wo die Menschen sich vor Mir verkriechen müssten, als vor einem verzehrenden Feuer.

Darum bleibt Mir kein anderes Mittel der Annäherung, als das Wort, und dieses gleicht dem Sterne, der über der Bethlehemshöhle steht, und den Ort anzeigt, in welchem Ich Mich niedergelassen habe.

Es (das neue Wort des Herrn) wird auch nur von denjenigen Weisen anerkannt, die von Oben her beeinflusst sind, diesem Sterne zu folgen, bis sie Mich finden. Aber die Weltklugen (als Herodesse) sind es, welche dem (neugeborenen) Kinde wieder nach dem Leben trachten, und alle auszurotten suchen, welche das Kindlein in der Krippe verehren. Denn sie suchen dieselben zu töten (d.h. ihr Fünkchen der wahren Erkenntnis) durch ihre (sophistischen) Verstandesanschauungen, und verfolgen sie, weil sie in denselben ihre Gegner erkennen; da sie gleichfalls geistig beeinflusst sind, aber von unten, und sich ängstigen, ihre Herrschaft über ihre Mitmenschen zu verlieren.

Darum, „*selig ist, wer sich nicht an Mir ärgert*" (Lk. 7,23), sondern Mich als Gott des Himmels und der Erde in der Bethehemshütte erkennt, an Mich glaubt und Mich liebt! Amen! Euer Vater Jesus.

488. Von der Wiederkunft Christi

27. Dezember 1885

„*Und alsdann wir erscheinen das Zeichen des Menschensohnes am Himmel. Und alsdann werden heulen alle Geschlechter auf Erden, und werden sehen kommen des Menschen Sohn in den Wolken des Himmels mit großer Kraft und Herrlichkeit.*

Und Er wird senden Seine Engel mit hellen Posaunen, und sie werden sammeln Seine Auserwählten von den vier Winden, von einem Ende des Himmels zu dem andern." (Mt. 24,30)

Liebe Kinder! In der Weihnachtszeit, in welcher das Andenken an Mein Kommen ins Fleisch gefeiert wird, denkt manche Seele an Mein zweites oder Wiederkommen, und hofft dabei, dass dadurch eine Wendung der Zustände oder eine Abhilfe der Übelstände auf materiellem Gebiete eintreten werde.

Diese Hoffnungen kommen aber nicht aus einem erleuchteten Herzen, sondern sind dem Verstande entsprungen, welcher eben in das Materielle mehr Wert setzt, als in geistige Güter. Wenn Ich daher komme, unter dem Zeichen des Kreuzes (als Zeichen des Menschensohnes), sowohl im allgemeinen, als zu einer einzelnen Seele, so werde Ich mit Traurigkeit, statt mit Freuden angenommen, weil viele den Wert (und Segen) des Kreuzes zu wenig kennen, und also ist Mein Annähern ihnen zu verhüllt, weil es gegen ihre Anschauungen geht. Sie erwarten Meinen Besuch ganz anders, während Ich Mir doch zuerst durch das Kreuz Bahn brechen muss.

Daher wenn Ich eine Seele besuche, so geht das Zeichen des Kreuzes entweder voraus oder mit Mir. Darum merket hieran, dass dann die Zeit nahe ist, wo Ich die Meinigen besuche, und mit Kraft und Herrlichkeit Mich ihnen zeigen will.

Ich sende Meine Engel oder dienstbaren Geister vor Mir her, mit hellen Posaunen, d.h. der Einfluss derselben wird ein stärkerer (deutlicherer) werden, sowohl bei den Einzelnen, als auch im allgemeinen, wenn Ich Mein Reich einnehmen will; und diese (Engelsgeister) werden sammeln Meine Auserwählten von den vier Winden, und von einem Ende des Himmels bis zum andern.

Ihr (Geister-) Einfluss wird ein großer und starker sein, denn sie wissen, dass die Zeit nahe ist, in welcher Ich Mein Reich einnehmen will, als alleiniger König und Herrscher über die Menschen. –

Prüfet darnach die Jetztzeit, ob ihr solchen Posaunenschall auf geistigem Boden vernehmet, und ihr werdet freudig bekennen müssen, dass ihr gewürdigt seid denselben vernehmen zu dürfen, und zwar auf ganz direktem Wege.

Also erkennt eure Erwählung, aber auch eure Aufgabe dabei, als Erstlinge, auf dass wenn Ich komme, Ich euch nicht schlafend finde, als solche, von welchen gesagt werden kann: „*Und Er kann in Sein Eigentum, und sie nahmen Ihn nicht auf!*" (Joh. 1,11)

Ihr habt Mich schon so oft eingeladen, darum sorget auch für eine Mir entsprechende Aufnahme. Ihr wisst, dass Ich nicht mehr verlange als ein demütiges gehorsames Herz! Amen! Euer Vater Jesus.

489. Siehe, Ich stehe vor der Tür und klopfe an!

1. Januar 1886

„*Der Geist des Herrn ist bei Mir, derohalben er Mich gesalbt hat, und gesandt, zu verkündigen das Evangelium den Armen, zu heilen die zerstoßenen Herzen, zu predigen den Gefangenen, dass sie los sein sollen, und den Blinden das Gesicht, und den Zerschlagenen, dass sie frei und ledig sein sollen.* (Lk. 4,18)*

Und zu predigen das angenehme Jahr des Herrn!" (3. Mose 25,10)

Liebe Kinder! Den Propheten wurde der Geist der Weissagung zuteil; hauptsächlich sahen sie, wie und in welcher Weise Ich einst kommen werde. Darum sind alle diese Worte zuvor von Mir Selbst eingegeben worden, um die Menschen auf Mein Erscheinen richtig vorzubereiten.

Weil aber diese Beziehungen sich mehr aufs Geistige bezogen, so ging es damals, wie in der Jetztzeit. Die Menschen waren zu materiell und schätzten eine geistige Vervollkommnung zu wenig, sie achteten daher den Wert des Heilandes für die Sünder nicht, sondern hofften auf irdische Herrlichkeit, und den damit verbundenen Genuss.

Darum wurden die Propheten nicht allein missverstanden, sondern auch öfters misshandelt. Sie waren Meine Vorläufer, was der Hölle bekannt war, und darum stießen sie auf harten Wiederspruch.

Auch Ich Selbst hatte eine schwere Aufgabe, in die dickste Finsternis hinein das Licht zu stellen, und hatte mehr mit den Einflüssen der Hölle zu kämpfen, als mit den Menschen, welche unbewusst von derselben stark beeinflusst worden sind.

Daher zu Meiner Zeit die vielen Besessenen, die meist Mich dadurch zu verderben suchten, aber das Gegenteil erzielten;

denn sie mussten auf diese Weise zu Meiner Verherrlichung beitragen.

So ist es auch jetzt in eurer Zeit wieder; Ich habe viele Propheten erweckt, welche von Meinem zweiten Kommen zeugen; aber sie finden gar wenig Gehör. Es ist nun abermals der materielle Besitz das höchste Ideal der Menschen, zu welchem Ich der Geber sein soll; geschieht dies nicht nach des Menschen Wunsch, so bin Ich ganz ausgewiesen.

Darum nimmt die Hölle vorerst fast die ganze Erde in Besitz, weil sie weiß, dass Mein zweites Kommen nahe ist, und schon die Posaunen des Vorläufers überall ertönen.

Es sind abermals Seher und Seherinnen berufen, welche die Seelen aus ihrer Lauheit erwecken sollen; und wenn ihr alle, welche ihr Geistesauge aus Liebe für Mich und Mein Reich offen haltet, euch umschauet, so werdet ihr erkennen, dass die Jetztzeit es ist, von welcher es heißt: *„zu predigen das angenehme Jahr des Herrn!"* (Lk. 4,19) denn *„siehe, Ich stehe vor der Tür und klopfe an"* (Offb. 3,20); aber nicht allein bei der einzelnen Seele diesmal, sondern ganze Völker sollen erfahren, dass Ich Meinen starken Arm erhebe, zum Wohle der Menschheit.

Darum, sehet euch vor, der Herr kommt, ehe ihr's meinet, auf dass Er nicht auch euch schlafend finde, sondern mit Freude empfangen wird. Amen. Euer Vater Jesus.

490. Selig seid ihr Armen!

3. Januar 1886

„Selig seid ihr Armen, denn das Reich Gottes ist euer! Selig seid ihr, die ihr hungert, denn ihr sollt satt werden! Selig seid ihr, die ihr hier weinet, denn ihr werdet lachen! Selig seid ihr, so euch die Menschen hassen, und euch absondern, und schelten euch, und verwerfen euren Namen, als einen boshaftigen, um des Menschensohnes willen!" (Lk. 6,20)

Liebe Kinder! Es liegt eine bange Ahnung in den Gemütern der Menschen, wie sich wohl die Zukunft entwickeln werde; denn es sehen viele das Versunkensein der Menschen in allen Stufen der Gesellschaft, wo oft ein Mitglied durch seine Verhaltensweise an den Tag legt, dass da für alles gesorgt wird, was zur Erheiterung und Genusssucht beiträgt, d.h. es wird gut gesorgt für den Leib, aber die Seele muss dabei an geistiger Erquickung darben.

Wenn aber eine Seele darunter ist, welche nicht ganz befriedigt werden kann von dem, was materiell dargeboten wird, so eile Ich mit Meiner Gnade ihr entgegen und leite sie zu dem lebendigen Wahrheitsquell, und biete ihr Himmelsbrot an, auf dass sie sich sättige an Meinem Tische, und so an ihr Meine Verheißung erfüllt werden: *„Selig sind, die da hungert, denn sie sollen satt werden!"*

Dieses Bangesein vor den Dingen, die da kommen sollen, ist ein Beweis, dass in solchen Herzen Mein Friede noch nicht eingekehrt ist; denn wo Ich das Herz regiere, da kann dasselbe freudig schlagen, auch bei noch so trüben Drangsalszeiten, weil es von Mir belehrt ist über Mein Liebe-Walten, und sodann statt Strafgerichte darin zu erkennen, dasselbe als Gnadenrufe annimmt, welche die Menschen aus der Finsternis dem anbrechenden Morgenrot entgegenführen sollen.

Darum sage Ich auch allen, welche um meines Namens willen Verfolgung leiden, und den Hass der Menschen ertragen wollen, um dieselben nach Meinem Beispiel durch die Liebe wieder auf den richtigen Weg zu bringen, der allein zum ewigen Leben führt. *„Selig seid ihr!"*

Ihr sehet, es wird in allen Verhältnissen und Zeiten den Menschen Gelegenheit geboten, sich geistig auszubilden, um sie für die Seligkeit zu gewinnen; darum dürfen Meine wahren Kinder mit Mut und getrost der Zukunft entgegengehen, weil ihnen die Gelegenheit – in Meiner Liebe und in Meinem Dienste zu arbeiten, nie dabei entzogen wird, sondern ihre Aufgaben noch viel größer werden! Denn da heißt es: *„Du bist Mir in wenigem getreu gewesen, Ich will dich über vieles setzen."* (Mt. 25,21)

Denket euch daher nicht Pläne für die Zukunft aus, sondern erwartet mit kindlichem Vertrauen, was Ich jeden Tag über euch beschließen werde. Diesen väterlichen Rat beachtet, wenn euch vor der Zukunft bange werden will! Amen! Euer Jesus.

491. Wo ist der neugeborene König der Juden?

6. Januar 1886

„Wo ist der neugeborene König der Juden? Wir haben Seinen Stern gesehen im Morgenlande, und sind gekommen Ihn anzubeten.

Da das König Herodes hörte, erschrak er, und mit ihm das ganze Jerusalem." (Mt. 2,2)

Liebe Kinder! „Wo ist der neugeborene König der Juden?" Diese Frage könnte oder sollte in der Jetztzeit also heißen: Wer ist nun Herrscher über die Menschen? Oder wie werden die Menschen beherrscht? Und die Antwort wäre nicht schwer zu geben, sie heißt: Überhebung und Eigenliebe wollen regieren – in allen Schichten der menschlichen Gesellschaft. Darum würden nun ebenfalls die Herodesse, welche nach äußerem Ansehen und Besitz trachten, erschrecken, wenn sie von den Weisen nach dem König gefragt würden, welcher erschienen ist, um nur durch die Liebe zu regieren.

Die Weisen sagten: „Wir haben Seinen Stern gesehen im Morgenlande!" Hier sind unter den Weisen in der Entsprechung für den geistigen Zustand der Jetztzeit diejenigen verstanden, welche durch die Wahrheit erkennen, wie die Liebe zur Herrschaft gelangen muss, damit der König das Friedensreich einnehmen kann. Es wird ihnen durch den Heiligen Geist die große Macht und Herrlichkeit aufgedeckt, welche durch Mein Kommen den Menschen zuteilgeworden ist, und die durch Mein zweites Kommen nun ganz regieren wird.

Die Weisen oder Seelen sind überzeugt, dass Ich schon auf Erden bin, und die Wahrheit oder der Stern leitet sie an, Mich zu suchen und zu finden in der Bethlehemshöhle, oder in ihrem Herzen, wo der Weltverstand Mich nicht findet. Wenn daher solche Seelen mit den Weltmenschen zusammenkommen und von Mir zeugen, da erschrecken dieselben; denn ihr Gewissen wird wachgerufen, und sie führen und fürchten dann ihre Niederlage- Darum meinen sie durch List solchen Seelen den Untergang bereiten zu können, welche von Mir zeugen, gleichwie es vom Herodes heißt:

„Da berief Herodes die Weisen heimlich und erlernte mit Fleiß von ihnen, wann der Stern erschienen wäre!" (Mt. 2,7)

Sie forschten aber fleißig unter dem Scheine, als ob sie das Kindlein anbeten wollten, aber nur um es besser zu verderben;

denn sie setzen sich allem entgegen, was göttlicher Einfluss heißt, um ihr Ansehen und ihre Herrschaft nicht zu verlieren.

Wenn ihr nun merkt, dass auch ihr den Weisen gleicht, die nach Mir suchen, um Mich ehren und lieben zu können, so befragt euch nicht zuvor bei den Weltmenschen und Schriftgelehrten, sondern folget dem Stern oder der Wahrheit im Stillen, welche ganz sicher euch zu Mir leitet, und euch vor den Verfolgungen zu beschützen weiß, welche ihr euch oft durch Unvorsichtigkeit oder Unwissenheit selbst zuzieht.

Wer Mich verehret, wie einst die Weisen, durch Liebe und Gehorsam, über diese will Ich Meine schützende Segenshand ausstrecken, und sie vor Gefahr behüten, auf dass sie sicher in ihrer ewigen Heimat anlangen! Amen! Euer Vater.

492. Wachet, denn ihr wisset nicht, wann der Herr kommt

10. Januar 1886

„Und seid gleich den Menschen, die auf ihren Herrn warten, wenn er aufbrechen wird von der Hochzeit, auf dass wenn er kommt und anklopft, sie ihm bald auftun.

Selig sind die Knechte, die der Herr, so er kommt, wachend findet. Wahrlich, Ich sage euch, er wird sich aufschürzen, und wird sie zu Tische setzen, und vor ihnen gehen, und ihnen dienen!" (Lk. 12,35)

Liebe Kinder! Es ist sehr nötig, dass Ich die Seelen auf Mein zweites Kommen vorbereite, und dasselbe deshalb noch verzögern muss, weil Mein Erscheinen auf Erden in der Jetztzeit dem größeren Teile der Christen zum Gerichte, den geistigen Tod verursachend, würde.

Der Begriff von Mir und Meinem Wesen ist nun ganz der Wahrheit entgegengesetzt. Darum würden gar viele Seelen Mich nicht anerkennen und aufnehmen, sondern sich an Mir ärgern. Deshalb ist es so wichtig für dieselben, mehr Erkenntnis von Mir zu erhalten, um Mich in allen Meinen Eigenschaften richtig aufzufassen, sowohl in der Liebe und Weisheit, als in der Heiligkeit und Gerechtigkeit, damit Ich durch Meinen Heiligen Geist Mich den Menschen belehrend nähern kann, und sie den geistigen Segen, welcher mit Meinem Erscheinen verbunden ist, höher achten, als leibliche Wohlfahrt.

Denn dass Ich nicht die Erde bei Meinem Kommen umwandeln will, sondern nur die Herzen, dieses müssen die Menschen zuerst glauben. Die Erde ist schön und ergiebig genug, um allen Menschen so viel zu liefern, dass ihr Leib, als Diener des Geistes, erhalten werden kann.

Würden die Menschen nicht durch gegenseitige Lieblosigkeit einander den Besitz zu entziehen suchen, sondern in brüderlicher Liebe teilen, so wäre jeder reichlich versorgt, und die Erde die Vorhalle des Himmels auch im geistigen Sinne, und sodann könnte Ich mit Meiner Liebe bei ihnen aus- und eingehen, weil der höchste Grad der Liebe sich den Ausdruck im Dienen wählt!

Wer die reine göttliche Liebe in sich sucht, der wird nicht verlangen, dass man ihm dienen solle, sondern wird selbst seinen Mitmenschen zu dienen suchen, um sie gleichfalls in die beglückende Sphäre der Liebe zu ziehen. Denn je mehr Liebe in einer Familie herrscht, oder in einem geistigen Geschwisterkreise, oder in einer Gemeinschaft, desto mehr himmlischer Vorgeschmack wird denselben zuteil, und sie fühlen Meine geistige Annäherung, welche eher möglich ist bei einem ruhigen, gemütlichen Gedankenlaufe, der mehr mit höheren geistigen Anschauungen sich beschäftigt, als mit den aufregenden materiellen Vorkommnissen, welche Ärger, Klagen und Unzufriedenheit über die Mitmenschen hervorrufen, und wo dann der Verstand den Gedankenstrom regiert, um durch allerlei selbstische Genugtuung sich die Unruhe und Aufgeregtheit zu dämpfen.

Sehet, liebe Kinder, dort bin Ich dann noch nicht zu finden, sondern nur bei solchen, welche in allem ihrem Wollen und Handeln auf Mein Beispiel in der Liebe sehen, mit denen werde Ich Mich zu Tische setzen, und das Mahl der Liebe genießen, welches Stärkung für alle Ewigkeit verleiht! Euer Vater. Amen!

493. Nicht zureden, sondern Selbstüberzeugung ist nötig

17. Januar 1886

„Als nun die Samariter zu Ihm kamen, baten sie Ihn, dass Er bei ihnen bliebe; und Er blieb zwei Tage. Und viele glaubten um Seines Wortes willen, und sprachen zum Weibe: Wir glauben nunfort nicht um deiner Rede willen; wir haben selbst gehört und erkannt, dass Dieser ist wahrlich Christus, der Welt Heiland." (Joh. 4,40)

Liebe Kinder! Diese Worte der Samariter zum Weibe sind es, welche die Seele fest im Glauben machen; die Überzeugung von meiner Göttlichkeit muss jeder Seele durch die Gnade gegeben werden, nachdem sie zuvor durch ihr eigenes Zutun sich dazu tauglich oder empfänglich gemacht hat.

Dieses Zutun besteht im Suchen und Forschen in der Heiligen Schrift, denn sie ist es, die von Mir zeugt (Joh. 5,39), damit die Seele dann bekennen kann: *„Wir haben selbst gehört und erkannt!"*

Welch großen Wert diese Worte für eine Seele haben, davon können solche zeugen, welche den vollen Glauben in sich tragen, dass Ich der wahre Gott und Vater in Jesu bin.

Darum ist es nötig, dass solche nicht allein von Mir zeugen, ihren Mitmenschen gegenüber, wie es die Samariterin tat, sondern auch, dass sie für dieselben um Erleuchtung durch den Heiligen Geist anhalten. Denn alles Erzählen und Beweisen (und Predigen) den Mitmenschen gegenüber ist bloß eine Vorarbeit an den Herzen, zu welcher noch die Gnade kommen muss, um den wahren Glauben denselben beizubringen.

So geht es heutzutage auch mit all den direkt von Mir geoffenbarten Worten. Es können dieselben nur bei solchen Eingang finden, welche redlich nach Wahrheit suchen, wozu sie teilweise durch allerlei Vorkommnisse im Leben veranlasst werden; oft auch durch das Einflüstern ihres Schutzgeistes, was aber die Menschen noch nicht zu begreifen vermögen, weil sie noch zu wenig Kenntnis von der Verbindung zwischen Dies- und Jenseits haben. Aber so viel sollten doch alle Menschen begreifen, dass ein immerwährendes Walten zwischen Himmel und Erde stattfindet, welches von Mir ausgeht, und durch das Wort „Gnade" bezeichnet ist.

Die Gnade ist unaufhörlich tätig an jeder Seele, und benützt jede Gelegenheit der Seele geistige Güter anzubieten; sei es im

Verkehr mit den Mitmenschen, oder durch Lesen solcher Bücher, in welchen Gnadenworte enthalten sind, oder auch durch Unglücksfälle, oder sonstige Heimsuchungen. Überall kann ein Mensch, der auf die Gedanken seines Innern merkt, herausfinden, wie die Gnade sucht anzuknüpfen und auf Göttlich-Gutes hinzuarbeiten.

Gleichwie Ich in Meinem Erdenleben dort das Wasserholen der Samariterin benützte, um sie auf das wahre Lebenswasser aufmerksam zu machen, und dann durch sie noch viele herbeigerufen wurden, also regiere Ich noch, und bediene Mich in manchen Fällen eines Weibes, um zu zeigen, dass nicht an der Person oder Form es liegt, die Wahrheit richtig zu beurteilen, sondern dass Mein Geist und Meine Gnade es sind, welche mitwirken, und so wahren Glauben erzeugen an Mich und Meine Worte! Amen! Euer Jesus!

494. Vom Verlorenen und Seelen-Erziehungswinke

24. Januar 1886

„Welcher Mensch ist unter euch, der hundert Schafe hat, und so er deren eins verliert, der nicht lasse die neunundneunzig in der Wüste, und hingehe nach dem verlorenen, bis dass er's finde.

Ich sage euch: Also wird auch Freude im Himmel sein über einen Sünder, der Buße tut, vor 99 Gerechten, die der Buße nicht bedürfen." (Lk. 15,4+7)

Liebe Kinder! Wenn eine Seele auf Meine Seite getreten ist, so fängt sie an in der Heiligen Schrift nach immer mehr Wahrheit zu suchen, und was sie so im Anfang aus Pflicht tut, das wird ihr dann zur Lust und Freude. Denn manche Stellen und Worte sind nun fassbarer für sie, und deren Sinn erhält eine ganz andere Bedeutung, als solches vorher bei ihr der Fall war.

Eine solche Seele ist dem wiedergefundenen Schafe zu vergleichen, von welchem Ich im Gleichnis redete, welches zuvor zwar unter dem Hirten geleitet wird, allein es hört nicht auf Seinen Ruf, sondern geht seinen eigenen Weg, deshalb verirrt es sich.

Solch einer Seele, welche nicht besonders böse ist, sondern mich als ihren Herrn und Gott erkennt, aber dabei nicht strebt mit Mir verbunden zu werden, wie ein getreues Schaf, das Meiner Stimme nur allein folgt, solchen geht Meine Gnade nach, und sucht sie ganz zu besitzen. Und wenn dann solche Seele anfängt Mich zu verstehen und Mich zu lieben, so freuen sich Meine wahren Kinder mit Mir, und Ich teile diese Freude mit ihnen und fordere sie dazu auf: Freuet euch mit Mir, Ich habe Mein Schäflein wiedergefunden, das verloren war!

Dieses Gleichnis wird von vielen gar oberflächlich genommen, weil sie meinen unter dem verlorenen Schafe sei nur ein äußerlich grober Sünder verstanden, wo ihre Kraft doch nicht hinreiche dasselbe mitzusuchen, und es zur Umkehr zu veranlassen, daher fühlen sie sich auch nicht verpflichtet, Mir gegenüber mit auf die Suche zu gehen, nach einer Seele, welche schon zu den Schafen gezählt ist, aber durch allerlei Vorkommnisse sich an Mir ärgerte, und Mir untreu zu werden anfängt, indem das Vertrauen und die Liebe in solcher Seele abnimmt.

Solchen Seelen sollten Meine Kinder mit besonderer Liebe nachgehen, um sie wieder Mir zuzuführen. Es müssen dieselben auch dabei auf Mein Beispiel sehen, als das des guten Hirten, von welchem es heißt: „und wenn er's gefunden hat, so legt er es auf seine Schulter mit Freuden", und übernimmt somit die ganze Last, die nötig ist, um das Schaf an den rechten Ort zu bringen, und zwar mit Freuden, weil die Liebe ihn dazu antreibt, das verlorene Schaf zu retten.

So liegt in diesem Gleichnisse das Gebot der göttlichen Liebe, die geistig zu beglücken sucht, und für alle, welche das Hirtenamt begleiten, eine große Belehrung, welchen Schafen sie besonders nachgehen sollen; nicht allein den gänzlich Verirrten, sondern auch solchen, die Mich zwar erkannt haben, aber noch nicht im völligen Vertrauen zu Mir aushalten, wenn Ich sie in Meine Erziehungsschule aufnehme.

Solchen gehet mit besonderer Liebe nach, nehmt sie auf die Schulter, und bringet sie näher zu Mir, so werdet ihr durch solch eine Seele mehr Freude ernten, als von 99 Gerechten, die der Buße nicht bedürfen!

Euer Vater, als Lehrmeister unter euch! Amen!

495. Jesu Erscheinen am Meere nach Seiner Auferstehung

13. Januar 1886

„Spricht Simon Petrus zu ihnen: Ich will fischen gehen.

Sie sprachen zu ihm: So wollen wir mit dir gehen. Sie gingen hinaus, und traten in das Schiff alsbald, und in derselben Nacht fingen sie nichts.

Da es aber jetzt Morgen ward, stand Jesus am Ufer; aber die Jünger wussten das nicht, dass es Jesus war." (Joh. 21,3-4)

Liebe Kinder! Nachdem Meine Jünger durch ihr Alleinsein sich verlassen fühlten, war es Petrus (entsprechend dem Glauben), welcher sich zur Tat wieder aufmachte, und das Netz auswarf, um Fische zu fangen. Ebenso ist es der Glaube, welcher stets wieder sucht Seelen für Mich und Mein Reich zu gewinnen.

Es werfen viele das Netz aus, um Seelen zu fangen; aber sie vergessen dabei Mich einzuladen und um den Segen zu bitten, weil sie meinen, dass sie Mir einen großen Dienst mit ihrer Arbeit erweisen. Darum lasse Ich diese Mühe so lange ohne Erfolg, bis der Morgen anbricht, oder das Herz anfängt erleuchtet zu werden und also tüchtig ist zu einem Fischfange.

Ich stehe da am Ufer, und gebe dazu die nötige Anleitung wie und wohin Meine Jünger das Netz auswerfen sollen, und Johannes, als Bild der Liebe, spricht zu Petro, dem Glauben: *„Es ist der Herr!"* (Joh. 21,7)

Sehet, so muss der Glaube zuerst Bahn brechen, und soll die Liebe Mich erschauen in allem was Segen heißt; denn nicht die Arbeiten des Petrus füllten das Netz, sondern Mein Zutun, welches Ich ihnen erst angedeihen ließ, nachdem sie sich überzeugt hatten, dass ihre eigene Arbeit vergebens war, und ein Verlangen in ihnen entstand nach Meiner Beihilfe

Denn sie waren damals sehr traurig über Meinen Verlust, darum stand Ich am Ufer; die Liebe zog Mich zu ihnen, und Ich bereitete Ihnen ein Mahl der Freude, und hielt es mit ihnen, und alle erkannten, dass Ich der Herr bin.

So gehe Ich auch jetzt noch allen nach, die sich berufen fühlen in Meine Dienste zu treten; aber gleichwie Ich Meinen Jüngern durch ihre eigenen gemachten Erfahrungen zeigen musste, dass es nicht auf die Arbeit ankommt, sondern in welchem Sinne und wie die Arbeit begonnen und getan wird, so muss Ich auch heutzutage jeden, der sich berufen fühlt, eine Mission (für

Meine Sache) zu übernehmen, in Meine Erziehungsschule aufnehmen, die ihn oft in eine ganz andere Richtung führt, als solche, welche der Verstand vorschreiben will.

Doch wenn die Liebe die Triebfeder zu solcher Mission ist, so stehe Ich am Ufer und warte, bis der Morgen graut, welche die Herzen erhellt, und gebe Meinen Segen nach mühevoller Nachtarbeit. Denn nicht der Segen, sondern die Liebe zu Mir soll Kraft geben, die Arbeit fortzusetzen, auch ohne glücklichen Erfolg.

Und wie Petrus an einer andern Stelle sprach: *„Meister, wir haben die ganz Nacht vergeblich gearbeitet und nichts gefangen, aber auf Dein Wort will Ich das Netz auswerfen"* (Lk. 5,5), so sollt auch ihr euch wohl prüfen, ob ihr aus Liebe zu Mir das Netz auswerfet? Und dann könnt ihr fest glauben, dass das Netz gefüllt wird. Aber ohne Meinen Segen, der sich nach der Triebfeder des Herzens richtet, könnt ihr nichts tun! Euer Vater! Amen!

496. Kommet her zu Mir, alle

7. Februar 1886

„Kommet her zu Mir alle, die ihr mühselig und beladen seid, Ich will euch erquicken. Nehmet auf euch Mein Joch, und lernet von Mir; denn Ich bin sanftmütig und von Herzen demütig, so werdet ihr Ruhe finden für eure Seelen; denn Mein Joch ist sanft und Meine Last ist leicht." (Mt. 13,28)

Liebe Kinder! Es ist oft schon bei einem leiblichen Vater nötig, dass wenn er seine Kinder groß erzogen hat, und sie teilnehmen lassen will an seinen Geschäften, er sie abermals locken muss, weil er weiß, dass diese Geschäfte viel Schwieriges mit sich bringen, und die Kinder mehr Anfangseifer, als Erfahrungen haben. Darum steht er denselben mit besonderer Liebe bei, um sie tüchtig zu machen für die Zukunft.

So muss auch Ich mit Meinen Kindern verfahren, Ich muss sie stets wieder an Mein Herz locken, ehe Ich ihnen eine neue schwierige Aufgabe geben kann, und doch muss es also sein. Wenn Ich tüchtige Mitgehilfen für Meine Reichsarbeit ausbilden will, so kann Ich keines von ihnen mit dem Examen verschonen, welches das ganze Einverständnis mit Mir herstellen soll. Ich muss teils jedes Einzelne ein besonderes Examen machen lassen, teils aber auch ein gemeinschaftliches.

Wer sein eigenes Examen gut macht, der trägt sehr viel dazu bei, dass das gemeinschaftliche auch gut ausfällt, weil die Gemeinschaft mit ihren Gliedern einer Maschine gleicht, wo die Räder und alle Teilchen wohl ineinander greifen, da nur so etwas Ersprießliches dadurch geleistet werden kann, wenn alles gut funktioniert.

Wie viel Arbeit geht aber solch einem Werke voraus, wie vielerlei Stoffe, als: Holz, Eisen, Blei, Messing, Kupfer, (Nickel), Silber, Gold usw., sind dazu erforderlich, und wenn dieselben in den Werkstätten beisammen sind, muss jedes wieder nach seiner Eigentümlichkeit behandelt, geformt, gegossen, geschmiedet, gefeilt, geschliffen, poliert usw. werden, bis sie zum gemeinsamen Dienste können zusammengefügt werden, auf dass das gewünschte Resultat erzielt wird.

Betrachtet die Zubereitung jedes einzelnen Bestandteiles, sei er aus Gold oder Eisen. Beide müssen durchs Feuer gehen, und im Schmelztiegel geläutert werden, weil solches zu ihrer späteren Funktion erforderlich ist, und von beiden ist keines entbehrlich, bei der Vollendung (Montierung) des Ganzen; denn oft hat das Eisen oder Blei oder Holz wichtigere Dienste dabei zu leisten, als das Gold; aber auch dieses darf dabei ebenfalls nicht vermisst werden.

Sehet, so gleicht Meine Berufung und Einreihung der verschiedenartigsten Seelen in Meine Dienste für Meinen Reichsplan dem verschiedenen Baumateriale. Darum lasset auch ihr euch zurichten nach Meinem Sinn ohne Murren, und schenket Mir Vertrauen, dass Ich ein geschickter Baumeister bin, und jedem die Stelle anpasse, für welche an ihm die geeignete Vorarbeit vorausgeht.

Ihr seid ja so kurzsichtig und unerfahren, und könnt nicht selbst herausfinden, ob Eisen oder Silber dabei am nötigsten ist. Haltet deshalb die Meißelschläge, Feilenstriche und Polituren geduldig aus, Ich lasse ein angefangenes Werk nicht halbfertig stehen. Aber schreibet Mir auch keine Zeit vor, bis wann alles fertig werden soll, denn Ich weiß es besser, als ihr. Also wartet ruhig auf die Winke, welche Meine Liebe euch zukommen lässt. Euer treuer Vater. Amen!

497. Wer an Mich glaubt, der stirbt nicht [1]

(Joh. 11,25)   14. Februar 1886

Meine lieben Kinder! Diese Worte gelten aber dem geistigen Leben, und können daher nur von Meinen geistigen Kindern (richtig) verstanden werden; darum sie auch ruhig sich zu verhalten haben, wenn der Leibestod ihnen droht. Deine ganze Krankheit suche nicht in äußeren Umständen, oder verkehrten Kuren anzuklagen, sondern in Meiner Führung, daher sie auch so rätselhaft dem Arzte vorkommt, nach dessen Symptomen kein äußeres Fortleben mehr möglich ist. Doch Ich bin dein Arzt und werde nach Meinem Gutachten dich genesen lassen!

Besonders wohl tut Mir und den unsichtbaren Meinigen die Liebe, welche bei euch in dieser Notzeit zutage tritt. Es ist dies ein gutes Zeugnis für den Bund, und du wirst ewig mit demselben verbunden bleiben.

Soll Ich als Vater euch weniger Liebe erweisen, als ihr untereinander?!

Hoffet! Glaubet! Euch alle liebe Ich! *„Über ein kleines, so werdet ihr Mich sehen!"* (Joh. 16,16) und weil ihr Mein Vaterwort ungern vermissen würdet, daher diese paar Zeilen, als Zeichen, dass Ich eurer gedenke. Als euer treuliebender Vater Jesus.

Dieses Wort ist ganz geeignet, den Übergang zu bilden zum Anhang von Gelegenheits-Vaterbriefen, welche denn auch hier folgen.

---

[1] Dieser letzte Vaterbrief wurde dem todkranken Medium im Bette gegeben und niedergeschrieben, und drei Tage darauf trat der Hingang ein, wodurch ein reichgesegnetes Leben seinen Abschluss fand, das uns hoffen lässt auf eine schöne Fortsetzung im ewigen Vaterhaufe, und worüber auch Winke vorliegen; möge die Gnade uns Dort ein seliges Wiedersehen gewähren. D. Hsg.

Anhang zu den Vaterbriefen

Enthaltend solche besonderen persönlichen Vaterworte, welche auch für andere Wert haben dürften. Mögen auch diese Blätter den redlichen Seelen zum Segen werden wenn der heiligen Vater von Herzen darum gebeten wird!! Woran wir nicht zweifeln, besonders wenn der heilige Vater von Herzen darum gebeten wird!

Ein Wink und Rat vom Herrn

23. April 1877

Meine lieben Kinder! Es war Mir sehr erfreulich, dass ihr über den Tod Meines Schreibers (Gottfried Mayerhofer) so betrübt wart. Nur das billige Ich nicht dabei, dass ihr seine Abberufung Mir als ein Gericht zuschreiben wolltet, wenigstens die Mehrzahl. Habt ihr denn Meine Worte nicht ins Herz aufgenommen, welche euch kundtaten, dass Ich nicht strafen sondern nur lieben kann.

Dieses ist auch hier der Fall, Ich wollte Meinen lieben Sohn jetzt hier haben, nach so vieler Arbeit und Mühe, mit welcher er Mir stets folgte. Viele Worte sind euch durch ihn zugekommen, habt ihr sie alle gelesen mit dankerfülltem Herzen gegen Den, Der sie euch gegeben hat - ? - ? – (schwerlich).

Sehet, deshalb habt ihr ein Gericht erschaut. Diejenigen, welche dieselben gleichgültig hinnahmen, wurden wieder aus ihrem Schlaftaumel aufgeweckt durch den Tod ihres Bruders und Schreibers. Wenig Dank hat er dafür geerntet bei euch, doch wir trösten uns oft miteinander, der Vater mit dem Sohne!

Es sind aber auch solche unter euch, welche mit warmer Liebe gesucht, bis sie Mich gefunden haben, und für diese will Ich wieder aufs Neue Meine Worte niederschreiben lassen.

Diesmal aber soll euch Mein Schreiber vorerst verborgen bleiben, er ist zu schwach vielen Kampf mitzumachen, forschet daher nicht nach ihm! Meine Worte sollen euch genügen, welche ihr erhalten werdet, um aus denselben zu erkennen, ob Ich es bin, der die Hand leitet. Prüft, doch betet vorher, und Ich will Selbst zu euch kommen und euch die richtige Antwort geben, dass Ich es bin, Der die Gaben und Kräfte zu Seiner Verherrlichung gibt als euer guter Vater! Amen!

Zum Geburtstage des Mediums

6. Juni 1878

Liebes Kind! Du hast soeben gelesen: *„Darum schaue an die Güte und den Ernst Gottes."* (Röm. 11,12) und erkennst darin Meine Vaterstimme am heutigen Tage, welcher dir diesmal ein Tag des Dankes ist, weil du erkennst, dass Meine Wege die richtigen sind, und wenn sie auch oft rau waren, doch nicht ohne Begleiter für solche, die ihre Hand ausstrecken, um sich an Mich anzuklammern, wenn ihnen ein Sturz oder Versinken droht. Dies sind dann Zeiten des Ernstes, wo Ich den Menschen mehr seinem freien Willen überlasse, ob er zu Mir halten will, und vertrauensvoll, auch wenn ihm die Wege dunkel und unerforschlich sind, sich an Mich wendet und bei Mir Hilfe sucht, wo Ich ihn dann wieder mehr zu Mir ziehen kann, damit er Meine Güte desto reichlicher genieße.

Wenn auch solche Lagen oft recht schwer sind und ihr mehr das Kreuz dabei fühlet, welches euren Nacken beugen soll, so waltet doch Meine Güte dabei vor, welche euch stets wieder nachgeht. Daran haltet fest zur Zeit der Anfechtung, dass es ein Nachgehen von eurem lieben himmlischen Vater ist, welcher nur geeignete Mittel anwendet, um euch auf dem richtigen Wege zu erhalten, so werdet ihr nicht mehr so schwer betrübt werden, wenn es nötig ist, Meinen Gnadenruf durch Leiden an euch ertönen zu lassen.

Blicke auch du zurück auf deine seitherige Führung und es wird dir manches aufgedeckt werden, was du bei solchem Rufen versäumt hast, weil du noch so wenig Verlangen nach Mir hattest.

Heute nehme Ich dein Dankgefühl an, und segne dich aufs Neue, damit du nicht mehr in zu große Entfernung von Mir geratest, und Meine Güte zu schauen bekommst, welche mit großer Langmut und Geduld auch dir nachgeht, um dein ewiges Wohl zu begründen, damit deine leibliche Geburt einst, wenn du im Jenseits anlangst, von dir und noch vielen deiner Geschwister gepriesen werden kann, und durch das Schauen der Güte und des Ernstes deines lieben himmlischen Vaters die Verbindung mit Ihm eine unauflösliche in Dank und Liebe wird. Amen.

Missions- und Verhaltenswinke

23. September 1878

Mein lieber Sohn! Schon lange solltest du direkte Worte von Mir erhalten, doch da weder du, noch deine Geschwister das Bedürfnis danach fühlten, verzögerte Ich es. Heute sollen sie dir werden, und zwar ernster Art, damit du wieder mehr Gleichgewicht erhältst in deinem Eifer, und zwar Mich zu suchen, ob Ich da oder dort einkehre, und direkte Worte spende; dieser Eifer kommt daher, weil du Mich lieb hast, und das Bedürfnis fühlt, recht viel mit andern über Mich zu reden und gemeinschaftlich Mich zu preisen; es ist gut gemeint, und Ich nehme es an, aber da du oft weit mehr für Meinen Heilsplan verdirbst als du gut machen kannst (denn die meisten Meiner Kinder sind von dem Übel der Eifersucht am wenigsten zu heilen; es ist ein besonderer Sporn für sie, sie meinen, dass sie allein eines fühlbaren Verkehrs mit Mir gewürdigt seien; Meine Langmut trägt sie, weil sie dadurch eifrig zu Mir halten).

So lasse auch du, Mein lieber Sohn, der du doch besser weißt, wie Meine Führungen zu nehmen sind, ihnen diese Freude, untersuche nicht, wie, wo, wer es ist, sondern ziehe dich in allen Fragen zurück, und bete für sie, welche zwar auch von Oben beeinflusst sind, durch große Erkenntnis, und einen Überblick haben, in die Versunkenheit der menschlichen Gesellschaft. Sie eifern um Meine Ehre, und fühlen sich zu stolz als Mensch diese Gräuel mitzumachen. Aber das Vielwissen befriedigt sie; das Bedürfnis, sich an das liebende Vaterherz zu flüchten und durch seine Liebe erwärmt zu werden, fehlt ihnen; den wahren Kreuzesweg haben sie noch nicht angetreten.

Aber du, Mein Sohn, bist vielfach darauf gestellt worden, keine Liebe hat dich noch so erwärmt, wie die Meinige. Liebeleer ist dir schon mancher Tag von außen verschwunden; erkenne, dass Ich in solcher Zeit dich allein besitzen will, dann wärme dich, damit du desto mehr andern mit Herzenswärme entgegenkommen kannst. Prüfe dich genau, wie weit du es in diesem Stücke gebracht hast, und denke an Meinen Ausspruch: *„So ihr die liebet, die euch lieben, was tut ihr Sonderliches daran?"* (Lk. 6,32) Siehe, in diesem Punkte bist du noch krank.

Du bringst zwar jedem Liebe entgegen, doch wenn du dich zurückgestoßen fühlst, bist du gekränkt, du ziehst dich dann zurück, anstatt dass du bei Mir anhältst, dir Zulage zu geben, damit deine Liebe zur Flamme werde, welche die Eisrinde zu schmelzen imstande ist. Probiere es aufs Neue, deine ganze Umgebung mit Liebe zu umfassen, unter Meinem Beistande, und du wirst es nicht bereuen, sondern das größte Wunder erfahren, nämlich die Macht der Liebe.

Nehme die wahre Herzensdemut als Handlangerin dazu, und erst dann wird dir klar werden, warum dir dieser Platz angewiesen ist. Ziehe dich so viel als möglich zurück von neuen Entdeckungen, und zeige deinen Brüdern, wie die Ruhe und Stille dazu gehört, wenn man die Stimme des himmlischen Vaters vernehmen will.

Auch Ich will mit dir mehr stille Stunden halten, und dir Selbst deine Aufgaben klar machen, welche dir auferlegt werden, wenn es Zeit ist.

Sei deshalb nicht voreilig in deinem Eifer, Meine Wege sind verschieden von den deinen, wünsche, hoffe, glaube, dein Vater weiß besser als du, welche du gehen musst. Sie hängen zusammen mit dem großen Ganzen in Meinem Reichsplane.

Sei deshalb ein fleißiger Schüler in der Schule, wo Liebesübungen vorkommen, die einem warmen Herzen entsprossen, enthalte dich aller Vorurteile gegen die, welche dir kalt erscheinen, und sitze zu ihren Füßen, und du wirst mehr dabei gewinnen, als wenn du ihnen dich gleichstellst.

So wie du nun der leiblich Kranken dich annimmst, und dich freust, wenn ihnen Meine väterliche Hilfe zuteilwird, und dabei Meine außerordentliche Mitwirkung erkennst, so komme zu Mir auch für die vielen Seelenkranken, im festen Vertrauen, dass Ich helfen kann und helfen will, aber nach Meiner ewigen Ordnung darum gebeten werden muss, eingedenk des freien Willens, der damit verbunden ist.

Sei mutig bei allem, was über dich kommt; es segnet dich dein treuer Vater in Jesu auch heute. Amen!

Ein Reisepass

24. Mai 1879

Meine liebe Tochter! Auch du willst, wenn du wieder in einen andern Ort ziehst, zu Mir halten. Diesen Drang und Vorsatz segne Ich mit väterlicher Liebe; aber prüfe, ob das Kind nicht einen großen Vorzug hat, wenn es nicht in der Fremde bleiben, sondern zum Vater heim darf. Siehe, dies soll der erste Begriff von Glück sein, und das größte Verlangen, am Vaterherzen ruhen zu dürfen.

Darum erinnere Ich dich an die Worte (*„Kommet her zu Mir, Ich will euch erquicken"* Mt. 11,28). Auch dich möchte Ich immer mehr erquicken mit Meinem Lebensbrote, doch musst du es bei Mir abholen, und hungrig darnach sein, dann will Ich dich weiden auf frischer Au, und niemand wird dich aus Meiner Hand reißen.

Auch in deine Lebensführungen hat die Gnadensonne schon manchen Strahl geworfen, setze dich denselben immer mehr aus, durch herzliche Hingabe an Mich, sie wird dich mehr erfrischen als alle andern – und selbst Sonnenkuren, die ihr durch Meine Hand gesegnet erhaltet. Doch was durch Meinen Liebesgeist geweiht wird, das ist Heilmittel dem geistigen Tode dich zu entreißen. Es segnet euch alle euer liebender Vater. Amen!

Wo sich die Wahrheit findet

Für eine Geistesschwester. welche soeben im „Bitteren Leiden Christi" (v. K. E) gelesen hatte.

8. Juni 1879

Nachdem eure Sehnsucht nach Mir eine reine ist, und eure Teilnahme an Meinem Leiden aus der Liebe entsprungen, mit welcher ihr Mir anzuhängen strebet, so segne Ich euch mit Meinem vollen Vatersegen und sage euch, dass diese unsäglichen Schmerzen, welche Meinem Körper damals zugefügt wurden, nicht zu vergleichen sind gegen den Schmerz, welchen Mir die blinden Menschen dadurch verursachen, dass sie Meine große Liebe zurückstoßen und sogar verachten. Ja, nicht bloß für dreißig Silberlinge Mich verraten, sondern sogar bloß aus Mutwillen gegen Mich freveln.

Das Verderben und die Sittenlosigkeit in jetziger Zeit hat einen höheren Grad erreicht, als dazumal, wo das allgemeine Volk noch eine Sehnsucht nach Erlösung hatte. Jetzt ist diese fast nirgends mehr anzutreffen, darum Ich abermals mit denen verkehren will, welche nach Mir fragen, Ich gebe ihnen Selbst Antwort nicht durch Lohnpriester, sondern durch Meinen Heiligen

Geist, dem niemand von außen widersprechen kann, sobald ihm das Ohr des Herzens geöffnet ist.

Siehe liebe Tochter, auch du willst Wahrheit. Suche sie in deinem Herzen, und du wirst dich bald überzeugen, wessen Stimme dir antwortet. Hast du diese Überzeugung gewonnen, so kannst du dich ruhig an diese oder jene Gemeinschaft anschließen; die Entscheidung wird dir nicht schwer werden, ob Ich in derselben Regent bin, oder ein anderer Geist.

So segne Ich auch heute dein Versenken in Mich mit Meiner vollen Vaterliebe. Amen!

Trostworte zum Sterben
Für eine um das Durchwandern des Todesfalles
besorgte Schwester

19. Oktober 1879

Liebes Kind! Sei unbesorgt, wenn ihr Mir treu bleibet, dürft ihr Mich nicht lange suchen, Ich werde euch entgegenkommen. Wer das Verlangen nach Mir in sich trägt, dem soll es beim Anlanden gestillt werden. Und wenn euch von einer Seele mitgeteilt wird, wie sie so arm und klein ist, so ist dies ein Zeichen dass ihr die Gnade mit ihrem Lichte zuteilwird. Sie erschaut dann ihren Zustand und ihre Entfremdung, was sie betrübt macht, aber auch fähig Trost anzunehmen und in eine Schule aufgenommen zu werden.

Seid daher nicht verzagt, zwischen Mir und Meinen Kindern bewirkt der Tod keine Trennung, sondern es ist dies der Übergang zum Schauen. Euer Leib ist nur die undurchdringliche Masse mit seinen Bedürfnissen, die Sorge für ihn ist das Hindernis, dass ihr Mich nicht so nahe fühlet. Darum ist der Preis für diejenigen groß, welche dieselben im Vertrauen auf Mich fahren lassen, und darauf bedacht sind, aus ihm einen Diener für den Geist zu machen; wie viel Sorgen und Plagen schwinden dann!

Darum gebrauchet denselben nach Meiner Anweisung, und ihr werdet ihn gerne ablegen, wenn Ich euch zu Mir abrufen will. Einstweilen aber hoffet und bauet auf Meine Hilfe und Nähe, welche euch nicht zuschanden werden lässt, beweiset euren Mitmenschen, dass ihr Geist seid, und die Sorgen für denselben eure erste ist; darum auch bei euch die himmlische Nahrung in Fülle und die leibliche sparsamer zugewiesen ist. Amen!

Missionswinke in schwierigen Fällen

20. November 1879

Meine lieben Kinder! Haltet fest in der Liebe bei solchen, welche Ich zu euch führe nach Meinem Willen. Es sind das oft solche, die den Auswurf der Menschheit vorstellen, weil Ich solch große Verachtung gegen sie zulassen muss, um sie zu gewinnen. Freilich sind solche Mittel nicht diejenigen, welche den freien Willen ehren, sondern Zwangsmittel; doch ist in denselben Meine Liebe am stärksten. Also bedenket ihr bei solch saurer Arbeit, dass wer Mir nicht zu gering ist, demselben nachzugehen, ihr solch sündige Menschen doch nicht verdammen könnt.

In euch liegt auch der gleiche Keim zur Sünde oder zu einer Leidenschaft verborgen, nur bildet sich dieselbe nicht, so hervorragend aus, weil noch so viel anderes Unkraut daneben steht, und darum eure Herzen einer grünen Wiese gleichen, wo das Einzelne mehr verdeckt ist; schießt deshalb eine Giftpflanze schneller empor, so wird sie auch bald reif zum Ausrotten und das gute Feld bälder gereinigt, als bei andern.

Nicht immer sind starke Fehler so verderblich wie viele Fehler, wo das Herz so verwuchert ist, dass man gar nicht recht beikommen kann zum Ausrotten. Darum, Meine Lieben, schreckt euch die Wahrnehmung solch starker Giftpflanzen ab, Hand ans Werk zu legen, so kommet zu Mir, Ich Selbst will euer Lehrmeister sein, wie ihr pflanzen und ausrotten sollt. Zaget nicht, wenn die Wurzeln oft wieder ausschlagen, sie stecken oft sehr tief und Mein Regen begießt auch diese; doch Meine Liebe muss sie einige Zeit wachsen lassen, weil sie auf das eigene Zutun des Menschen wartet; denn nur dann kann gründlich gereinigt werden.

Bedenket, wie viel Geduld dazu gehört, und bemesset dabei Meine Geduld und Langmut mit der ganzen Menschheit; rechnet Meine große Liebe dazu und Meine Allwissenheit und Heiligkeit, vergleichet eure eigenen Schwächen, und dass ihr nicht wisst, ob im Geheimen eure Anvertrauten nicht zu Mir Selbst kommen und Hilfe suchen, weil sie sich vor euch scheuen.

Vieles – vieles habe Ich euch schon gesagt, kommt aber ein Fall wo Ich Mich euer bedienen will, so seid ihr nichts weiter als eine Null.

Also Meinen Segen will Ich auf euren redlichen Willen legen, haltet fest an der Liebe im Vater, im Sohne, im Geiste, dem Nächsten beizustehen. Ich bin bei euch. Amen! Amen! Amen!

Geben ist seliger als Nehmen

22. Januar 1880

Meine lieben Kinder! Ihr eifert für Mein Wort, und somit für Mich Selbst, aber ihr sollt dabei bedenken, dass Mir euer Herz als Opfer das Angenehmste ist. Gebet daher eurem Bruder ein Beispiel, dass nicht Gaben und Opfer es sind, welche Mir gefallen, sondern ein Herz voll Bruderliebe, gleichwie einst Abraham gesinnt war, und sprach: „*Willst du zur Rechten, so gehe ich zur Linken*" (1. Mos. 13,9), und überließ den besseren Teil seinem Bruder Lot.

Also haltet auch ihr es. Seid zufrieden mit dem, was der Bruder euch übriglässt, es geht ja diese Handlung zunächst Mich Selbst an, und dann erst euch, als Meine dazu berufenen Diener. Oder habt ihr nicht so viel zu glauben gelernt, dass Ich nicht an die Zahl der Schriften gebunden bin, und euch, gleichwie den Abraham, dafür doppelt segnen kann?

Doch, liebe Kinder, ihr habt euren freien Willen, untersucht selbst, was Mir am wohlgefälligsten ist, ein Rechtseifer, oder die wahre Bruderliebe, die um Meinetwillen ihn trägt, und duldet. Darum wählet, Ich, der Herzenskündiger, werde erst nachdem ihr gehandelt habt, mit Meinem starken Arm eingreifen.

So segne Ich auch heute euer Beisammensein mit dem Zurufe: „*Fürchte dich nicht – du kleine Herde*" (Lk. 12,32), wenn gleich nicht immer nach eurem Sinne, so doch zu eurem Besten. Euer Vater in Jesu.

Trostworte beim Verluste eines erwachsenen Kindes

4. Juli 1880

„Gib Mir Mein Sohn dein Herz, und lass dir Meine Wege wohl-
gefallen." (Spr. 23,26)

Lieber Sohn! Obgleich dein Vaterherz blutet, weil dir das
Kind leidlich entzogen wurde, so ist dir Meine Liebe doch dafür
reichlich zugesichert; denn wir Beide haben das gleiche Anrecht
auf dasselbe zu machen. Leiblich habe Ich es dir Selbst übergeben und anvertraut, geistig habe Ich die Pflege geleitet, was euren leiblichen Augen weniger schaubar war, und ihr deshalb
auch nicht den rechten Zeitpunkt beurteilen könnt, wo Ich es
für gut fand, diese Seele in eine höhere Schule einzureihen.

So tröste dich über die Trennung! Hat dir doch das geistige
Wohl deines Kindes ebenso viel Sorge gemacht, wie ihr leibli-
ches. Siehe, diese Sorgen sind dir jetzt abgenommen, deine ver-
storbene Tochter steht jetzt ganz unter Meiner Liebe, und wird
sich freuen, wenn sie im Geiste erschauen darf, welch großen
Vorzug sie schon auf der Erde hatte, dass ihre Eltern immer für
sie Fürbitte einlegten. Ich lasse diese nicht unerhört. Dein
treuer Jesus-Vater.

Verhaltenswinke I

8. März 1880

Liebe Kinder! Ihr sollt nicht sorgen, noch zagen, auf welche
Weise ihr Himmelsbrot sammeln wollt, um die zu sättigen, die
hungrig zu euch kommen. Austeilen ist Meine Sache. Sorget daher nicht äußern Vorrat an Schriften zu sammeln, die der Vernichtung unterworfen sind, sondern sorget für den wahren
Schatz in eurem Herzen, welches da sind die Perlen der Liebe,
und Demut und Vertrauen heißen. Unantastbare Güter sind in
dieser Zeit notwendig, und Ich will sie euch immer wieder vermehren.

Was ihr nach außen unternehmen sollt, werdet ihr, wenn ihr
stille haltet, bald erfahren. Nicht umsonst habe Ich zugesagt, Ich
will euch die Worte in den Mund legen, und du wirst Meine
Stimme vernehmen und dich darnach richten.

Übergib Mir deine eigenen Anschauungen, so wirst du bald Ursache haben, dankend zu Mir zu kommen; Mein Segen begleitet dich. Dein Vater in Jesu. Amen!

Verhaltenswinke II

21. Januar 1881

Meine lieben Kinder! *„Ohne Mich könnt ihr nichts tun!"* (Joh. 15,5) So hat es auch heute geheißen. Obgleich ihr zu Mir gekommen seid, so wollt ihr doch von euren seligen Brüdern mehr Aufschluss, als von Mir die Hilfe. Darum weil diese alle auf Mich gerichtet waren, konnten sie euch nicht so genügen, wie ihr es gewünscht habt; es sind gar seine Abweichungen, welche euch oft entgehen, aber Meinen seligen Dienern nicht.

Leget eure Kranken nur vor Mich hin, Ich will euch gleichfalls den richtigen Sinn eingeben und Meinen Segen dazu, machet keine Umwege, sondern werdet immer noch mehr Kind, trauet auf Meine Hilfe, wenn ihr euch freuet dadurch eine Seele zu gewinnen für Mich. So sage Ich ja gerne „Amen" zu eurer Mir vorgetragenen Bitte!

Verhaltenswinke III

4. März 1881

Meine lieben Kinder! Schon wieder musste Ich euch Beweise Meiner Fürsorge geben, indem ihr sonst Mir nicht treu bleibet, wenn die Pause der Armut euch zu groß scheint. Immer noch seid ihr zu schwach im Glauben, wenn Ich euch etwas durchzuführen übertrage. Es ist dies immer eine Frucht von eurem eigenen Willen, der sich obenan stellt, und erst dann, wenn er alles ausgedacht hat, zu Mir kommt, um gleichsam nach reifer Überlegung es Mir mitteilen zu wollen.

Was Meine Söhne in P. euch geschrieben haben, ist richtig, Ich selbst rede mit ihnen und lenke sie so, damit ihr erkennt, dass auch diese euch von Mir als ein Gnadengeschenk zugeführt worden sind. Sie sind sehr strebsam, gut und wahr, hauptsächlich sehr milde im Urteil, darum sollt auch ihr stets aufrichtig mit ihnen handeln.

Trauet fest, dass Ich in eurer Mitte bin, und habt ihr dieses erkannt, so handelt vor dem allgegenwärtigen Gott. Beachtet ihr solches, so werdet ihr stets wachsen in der wahren Treue, Mir gegenüber und untereinander. Bittet für eure Brüder, besonders für jene, welche wieder mehr aus eurem Kreise getreten sind; auch bei ihnen sollen neue Keime sprossen. Traget die ganze Menschheit auf flehendem Herzen; es ist jetzt nur noch so wenig Zeit der Gnade, dann muss Ich mit stärkeren Zuchtruten unter die Menschen treten, und besonders macht eure Sphäre aus Liebe zu Mir immer reiner, denn solange ihr erschrecken müsst vor Mir, als dem Allwissenden kann Ich Mich nicht persönlich zeigen. Dieses Erscheinen muss Liebe und Wonne in euch erzeugen, und dazu gehört eine große Herzensreinheit.

So höret einstweilen auf Meine Worte in euch, dieselben stärken, sobald ihr sie mit Liebe höret, und werdet Kinder nach Meinem Sinne, wozu euch immer wieder Wort und Gelegenheit gegeben wird, euch immer mehr auszubilden.

Euer Vater sieht eure Tränen, erhört eure Bitten, aber weiß auch eure Verfehlungen. Amen! Euer Jesus-Vater.

Winke über böse Einflüsse

8. Mai 1881

Meine lieben Kinder! Ich bin das Licht auch in diesem Punkte. Wenn ihr stärker in der Liebe wäret, könnte euch manches Ereignis besser erklärt werden, so aber muss Ich euch durch kleine Fälle Winke geben von dem Andrange finsterer Geister, welche euch zu beschädigen suchen.

Dass Meine Werkzeuge denselben eine Zielscheibe sind, dies kommt daher, weil ihr Fluidum in Meinem Dienste verwertet und von guten Geistern ausgenützt wird, was ihnen ein ganz besonderes Ärgernis ist; daher sie jeden Augenblick belauschen, wo sie ihnen auf den Leib rücken können, was Ich oft auch nicht ganz verhindere, um euch desto wachsamer zu machen. Fürchtet euch jedoch nicht, denn von großem Schaden kann es da nie werden.

Beherzigt diese Worte, wachet und betet, und wenn Personen euch klagen über solche Vorkommnisse, so ermahnet sie dringend zum Gebet. Solche Sachen sind Raub-Anfälle von bösen Geistern, wo dieselben das besitzende Gute euch noch zerstören möchten.

Es werden noch viele solcher Erscheinungen deutlicher auftreten; fürchtet euch aber darob nicht, es sind gleichsam Flüchtlinge, die den Sieger von weitem erblicken, und noch die Gelegenheit benützen möchten auszubeuten. Denn dass Mein Einwirken und Mein Kommen jetzt nahe ist, das weiß auch die Finsternis, ebenso wie der Himmel.

Saget jedem, der sich beklagt: „Gott und der Satan können nicht beisammen sein, darum ladet Gott ein, so flieht der Teufel, - und ebenso haltet ihr selbst zu Mir, damit der Satan immer wieder schnell abziehen muss. Euer Vater.

Wo zwei oder drei

11. September 1881

Meine lieben Kinder! „*Wo zwei oder drei beisammen sind in Meinem Namen, da bin Ich mitten unter ihnen!*" (Mt. 18,20) So ist es auch heute der Fall hier bei euch! Ich segne sie mit vieler Liebe, weil auch sie nur mit Liebe von Mir reden. Nun aber will Ich zu den Zwei bis Drei noch einige mehr dazutun von Meinen Kindern (in diesen engeren Kreis), damit auch sie mit gleichen Gefühlen der Freude beseelt werden, und da diese zu weit im Raume getrennt sind, so muss es im Geiste geschehen, gleichwie auch Ich nur geistig um euch bin.

Euer Band ist ein geistiges, und kann und soll daher von keiner menschlichen Macht mehr getrennt werden, weil Ich Selbst es geschlossen habe. So sorget auch ihr, dass durch eure Fürbitte dasselbe immer fester werde, denn es könnten Zeiten kommen, wo der Satan seine Macht an euch versuchen möchte, und da kann euch keine bessere Wehr zur Seite stehen, als die Liebe und das Gebet, die in euch das Zeugnis der Wahrheit geben; darum Ich auch heute Selbst diese Worte euch zukommen lassen will, als erstes Beispiel dieselben zu prüfen, ob ihr sie als von Mir ausgehend glauben könnt. Ist dieses der Fall, so werdet ihr gerne in eine Aufgabe eingehen, die Ich als Vater euch auftrage, und zwar diese – setzet eine Stunde fest, wo ihr miteinander vereint zu Mir kommet. Nach dieser Stunde sollt ihr euch am sichersten darauf verlassen können, dass die Antwort auf irgendeine Frage, die ihr in einem Anliegen an Mich tut, die richtige ist!

Da Ich aber ein langmütiger Vater bin, und eure Schwachheiten kenne, so sollen diese Stunden nicht häufig sein vorerst, sondern dafür umso ernster. Nun will Ich euch selbst überlassen, wie oft ihr es einführen wollt, und gebe euch die Verheißung Meines Segens dazu! Amen! Euer treuer Jesus-Vater.

Ein Vater-Trostwort

Schreibet an Meinen Zögling J.E.S.:

Mein lieber Sohn! Du willst von Mir getröstet sein über dein Kind, von welchem du glaubst, Meine Liebe habe es in seiner Ausstattung verkürzt.

Ich ermesse dein Trauern dabei, weil auch Ich Selbst in der Lage bin, über Meine (von Mir geschaffenen) Kinder zu trauern, welche in ihrem Bilde, das geistig Mir gleichen sollte (1. Mos. 1,27), nun sehr armselig aussehen, auch die Ohren sind taub für Meine Stimme, ihr Mund und Zunge sind zu lahm, Mir ein Dank- und Loblied (stetig) zu singen, wohin soll Ich Mich wenden, als der Allmächtige, und doch wieder in Meiner Liebe als „der Schwache!"[1] Ich muss Hilfe suchen bei den übriggebliebenen wahren geistigen Kindern (1. Mos. 18), dass sie sich aus Mitleid der Hilfsbedürftigen und geistig Entstellten annehmen.

Du aber suchst bei Mir ebenso Hilfe für dein Kind, das weit weniger unglücklich ist, als es dir vorkommt. Meine Liebe hat dir dieses Pfand also anvertraut, dem Anscheine nach scheint es zwar benachteiligt, aber es hat gerade so viel Fähigkeit in sich, einst eine schöne Himmelsblume zu werden, wie jedes andere.

Daher komme du mit deinem liebenden Vaterherzen nur fleißig zu Mir um Beistand, so will Ich dir (innerlich) die Anleitung schon geben, damit du dieses Kind so erziehen kannst, dass es dir ebenso viel Freude macht, wie ein anderes. Nur musst du die wahre Freude, welche seine Entwicklung hervorbringt, erst selbst recht schätzen lernen, es ist die Liebe. Wird dieselbe

---

[1] siehe „Der Sehr Schwache" in Himmelsgaben Bd. 3, S. 75

recht in das Herz des Kindes gelegt, so können sich in demselben Tugenden entfalten, die jedes ganz Gesunde beschämen.

Es ist dies ja gar oft bei solchen Personen der Fall, dass die Seele, die gehindert ist durch ihre (mangelhaften) Organe sich mehr mit dem weltlichen Treiben zu befassen, dafür sich mehr vergeistigt. Siehe, dieses stelle Ich auch dir in Aussicht, so du mit Mir Hand in Hand deine Vaterpflichten nach Meinem Sinne ausübst.

Sorge daher, dass dein Kind überall mit Liebe behandelt wird, hauptsächlich auch von Lehrer und Lehrerin, welche meist mehr darauf sehen, dass das Kind gut gelehrt ist und ihre eigene Ehre darin suchen, auf Kosten der (Über-)Anstrengung des Kindes. Lasse es leider in diesem Alter noch kindischem Spiele über, und gib ihr Gelegenheit andere mit kleinen Gaben zu erfreuen. Die Dankbarkeit und Freundlichkeit der Gesichter der Beschenkten wird rückwirken auf dasselbe, und daran gewöhnt, wird sie auch oft edlere glückliche Stunden zu genießen haben, bei ihrem unschuldigen Wesen, das nicht so viel inne wird von dem Missbrauch der Zunge, als da ist Afterreden, Fluchen und Schwören. Ohnmächtig und rein hast du dieses Pfund in deinen Händen, und Ich werde einst nicht mehr von diesem Pfunde von dir verlangen, als dir möglich war. Doch kannst du dasselbe leichter einst als eine Gnadengabe Mir wieder zustellen, denn ein (oft zu sehr) schönes und begabtes Kind, das allen Versuchungen ausgesetzt ist, und daher oft mehr unterliegt, leiblich zwar eine Zierde, aber dagegen geistig (leicht) verkrüppelt.

Dies Meine Vaterworte an Meinen Sohn, der in Meine Erziehungsschule eingetreten ist! Amen!

Lebenswinke

(Joh. 4)   11. Januar 1882

Liebe Kinder! Der, welcher die 12 Körbe füllte ist in eurer Mitte und spricht zu euch: O ihr Kleingläubigen, ihr seid kaum Zwölfe an der Zahl, die mit Heißhunger Mich um das wahre Himmelsbrot angehen, und zweifelt doch, ob Ich es auch tun werde, euch und alle damit zu versorgen.

Seht, Mein Petrus oder der Fels des Glaubens kommt zu Mir und trägt seine Bitte vor für das arme und viele Volk, das sich um Mich befand. Er wusste, dass es nötig war ihnen Hilfe zu bieten, so verbindet eben auch ihr den Glauben an Mich mit der Liebe zu euren armen Brüdern, und auch ihr werdet so über euer Begreifen gesegnet werden. Ja, sie sollen nicht ungesegnet bleiben, alle, welche ihr Mir vortraget, bald mehr, bald weniger, wie Ich es zulassen kann.

Sorget nicht – wo nehmen wir Brot her, ihr Menschen wisset ja bis heute nicht, auf welche Weise das Brot wächst, sondern ihr wisset bloß, dass es alle Jahre wächst, durch Meine Gnade, und durch euer kleines Zutun, weil Ich als Vater Meinen Kindern ein kleines Zutun dabei einräume, damit es ihnen mehr Freude machen soll. Aber was wäre es für eine Ernte, ohne Meine Liebe und Gnade, Allmacht und Fürsorge, welche von Anbeginn der Welt stets ordnungsgemäß immer wieder von Neuem beginnt.

Und nun wollt ihr noch zweifeln, dass Ich das Volk im Geistigen nicht länger will darben lassen, besonders wenn ihr Mich darum bittet. O nein, aber ihr haltet zu viel auf euer eigenes Zutun, und euer Verstand rechnet nach Pfennig und Laib, und nimmt zu wenig Meine Wundermacht dabei ins Auge; obgleich auch ihr immer noch das Volk zählet und euren Vorrat, so sage Ich euch, sorget nicht, sie sollen noch alle satt werden, das Wie und Wann überlasset Mir, aber die Liebe zu den Brüdern haltet fest, so werden wir vereint recht vieles zu vollbringen imstande sein.

Und so will Ich auch euch abermals Meinen Segen geben, und euch danken für eure Liebe und Fürsorge in Meinem Reichsplan. Euer Vater in Jesu.

Lebenswinke

29. Januar 1882

Liebe Kinder! Es ist Mir heute auch wieder ein Bedürfnis in eurer Mitte zu sein, denn die Vereinigung zwischen Mir und euch soll immer inniger werden, und da ihr eben noch schwache Kinder seid, und menschlich müsst behandelt werden, so will Ich euch Worte zum Ausdruck Meiner Anwesenheit geben.

„Ich bin es bei euch alle Tage" (Mt. 28,20), bei jedem unter euch, besonders wenn es ein Anliegen hat, an diesem haltet fest. Darum muss Ich euch auch so führen, dass ihr euch oft selbst nicht mehr raten und helfen könnt, und ihr gezwungen seid zu Mir zu kommen. Ebenso ist es unter euch in der Gemeinschaft, Ich lasse Widersprüche zu, damit ihr einander genau kennenlernet. Aber dies ist die Hauptsache: wenn ihr oft nicht ganz einig seid in euren Ansichten, brauchet kein anderes Mittel zur Ausgleichung, als das Gebet und Meinen Rat im Innern. Kommet ihr mit festhaltender Bruderliebe zu Mir, so fehlt euch die richtige Antwort im Innern nicht. Seid darum unbesorgt, wenn kleine Pausen eintreten, die ihr für eine Hemmung in eurem Fortschritte (hauptsächlich auch nach außen zu wirken) haltet. Es ist dies ja gut zu eurem eigenen Gewinne, bleibet ruhig, Ich will Selbst dabei Mich beteiligen. Man sät ja auch nicht immer, das eine mal ist Saatzeit, das andermal Erntezeit, immer ist Abwechslung in der Natur und ihrem Wachstum. Ebenso ist der Mensch eine kleine Erde, die durch Allerlei zur Entwicklung muss geläutert werden, durch gute und trübe Tage, durch Sturm und Stille; aber eben dadurch sie stetig fortwachsen soll.

Darum Ich, Der das Samenkörnlein geistigen Lebens in euch gelegt, stets die Hauptwirkung dabei bin, so auch in dem Gemeinschaftsleben, will Ich als Vorstand alles so leiten, das jedes das Mich als Denselben anerkennt – zufrieden sein kann. So lasst jetzt auch Mich den Ratgeber sein in euren Sachen, und bleibet euch untereinander treu. Brüder, ein jeder suche dem andern es in der Liebe zuvorzutun.

Dies nehmt hin als Meinen heutigen Vaterrat, und Meinen vollen Vatersegen zu eurem heutigen Beisammensein. O dass Ich euch doch auf den Standpunkt bringen könnte, wo Ich Mich wie bei Thomas zeigen könnte, strebet darnach! Euer Jesus-Vater.

Eine Einladung

24. März 1882

Mein lieber Sohn! Soeben habe Ich an euch alle einige Worte ergehen lassen, welche euch gemeinschaftlich gelten. Nun aber will Ich dir noch eine besondere Freude machen, welche du schon längere Zeit wünschest. Doch da du stets von deinem lieben Bruder erfährst, wie Ich gegen euch gesinnt bin, so wollte Ich Meine hiesige Magd nicht dazu benützen, weil du sie noch nicht persönlich kennst, und der Fürst der Finsternis sehr geschäftigt ist, jede Gelegenheit auszubeuten, um Zweifel zu erheben.

Es ist aber schon längst Mein Wille, dass ihr diese Worte, welche Ich nun euch als Meinen lieben Kindern zukommen lasse, als ein Gnadenbrot betrachten sollt, das euch erquickt, und eure Liebe soweit gehen soll, dass ihr es auch andern mitteilen wollt.

Zu diesem Entschlusse hast du ja auch von Herzen eingewilligt, was Ich dir segnen will. Nun aber möchte Ich Meine väterliche Hand über euch alle zugleich ausbreiten (die zum engeren Verbande gehören), und dazu sollt ihr beisammen sein, Ich will ein Freudenmahl bei euch halten, die Wahl der Zeit überlasse Ich euch. Aber schenket Mir nur einstweilen das Vertrauen, dass Ich die Anstände zu beseitigen weiß; denn es muss euer Bund ein fester werden, und darum soll dich diese Reise nicht gereuen. Denn du sollst dich abermals überzeugen, dass Ich es bin, Dem du seither deine Gabe auf den Altar legtest. So traget ihr mit Liebe an allem, was Meine kleine Gemeinde betrifft, und wisset, dass alles was ihr so tut – von Mir als Empfänger aufgenommen ist. Euer himmlischer Vater in Jesu.

Zum Empfang einiger Brüder aus der Ferne

4. August 1882

Liebe Kinder! Meine Liebe, Meine Gnade, Mein Segen walte über euch! Ich komme euch entgegen und biete euch Mein Vaterherz an, werfet euch an Meine Brust und haltet da stille, damit ihr empfinden möget die Wonne, die Ich unter Meinen wahren Kindern fühle.

Es ist eine Bethlehemshütte um euch, Ich nehme (wie damals von den drei Weisen) die Opfer, die Gaben an, die ihr Mir übergeben wollt, eure Liebe zu Mir macht Mich als den Mächtigsten der Mächtigen reich, weil Ich nur arm bin in der (Gegen)-Liebe; denn bei Mir ist die Liebe unergründlich im Austeilen, und fühlt so sehr den Mangel des Abnehmens (vonseiten der Menschen), darin also bin Ich arm.

Niemand weiß, welche Lücke noch in Meinem Vaterherzen ist für die Liebe von Meinen Erdenkindern, und da ihr euch Mir nun ganz übergeben habt in tätiger Willenskraft, so will Ich allezeit bei euch verbleiben.

Weil Ich aber auch gerne die schon abberufenen Kinder an dieser Freude teilnehmen lassen will, so scharen sich diese um Mich zum frohen Mahle, und wollen sich auch ausdrücken. Reichet ihnen die Bruderhand, sie bringen viel Liebe mit sich und versetzen euch in eine reine Sphäre.

So schlage nun ein jedes unter euch etwas auf aus Meinem Worte, leset es, und dann verkehret mit allen denen, die zu der wahren himmlischen Familie gehören, und im Sinn und Geist mit euch harmonieren. Euer Vater.

Am Abend der Liebesmahlfeier

(Man lese zuvor Nr. 149. u. 150)   6. August 1882

Liebe Kinder! Ich habe Mein Wort gehalten und euch besucht. Nun will Ich euch fragen, ob Ich euch auch stets angenehm bin? Denn es ist keine so leichte Aufgabe denen, die Mich in Meinem Grundwesen erkennen als den Wahrhaftigen, Gerechten, allwissenden und Allgegenwärtigen, von Mir stets gesehen zu werden und sich durchschauen zu lassen, ob ihre Gedanken, Worte und Taten auch mit dem harmonieren, was sie Mir so feierlich versprechen, treu zu bleiben.

Dass Ich hier die Treue in ihrem ganzen Umfange meine, das wisset ihr wohl, prüft euch nun nach dem Maßstabe, welcher euch durch den Heiligen Geist vorgezeigt wird; denn es handelt sich dabei um vieles, wenn Ich anfange zu bauen. Die Festigkeit ist da eine Hauptbedingung, weil viele Stürme kommen und an demselben anprallen werden. Alle Stürme von außen sind euch aber weniger gefährlich als ein innerer Riss. Um solches zu verhüten, wendet alles an, und sorget, dass ein jedes sich selbst geschickter zum Einfügen mache. Denn ihr seid noch nicht so geebnet, dass es ganz ohne Meißel abgehen kann. Hauptsächlich gibt es noch so viele Ecken und Missverständnisse, die ihr gerne entschuldigen möchtet mit dem freien Willen, während ihr doch denselben Mir übergeben habt.

Ihr seid von Mir aus alle gleich gestellt in Rechten und Pflichten, das bedenket wohl, und handelt gemeinschaftlich in dem, was die Ausbreitung Meiner Worte betrifft. Allein wenn Ich den einen oder den andern zu etwas veranlasse, was euch noch unklar ist, so seid brüderlich, offen, und nehmt Mich als den Allwissenden und Gerechten zum Ausgleicher an, so kann ein jedes unter euch ruhig bleiben, bei dem Bewusstsein – der Vater Selbst hat es also angeordnet, und ihr werdet viel mehr Kraft erlangen nach außen zu dulden und zu tragen.

Seid einig! einig! einig um Meinetwillen. Ich belohne dann eure Friedfertigkeit dadurch, dass Ich alles zu ersetzen weiß, was ihr um des Friedens willen dahingegeben. Die Einigkeit ist es, welche schon von den Weltregenten als das Beste fürs Wohl des Volkes anerkannt wird. Bei Mir in Meinem Reiche soll aber die Einigkeit in Liebe übergehen, und die Liebe soll die Wohlfahrt Meiner Reichsbürger gründen.

Also, liebe Kinder, liebet euch untereinander als Brüder aufrichtig, offen, mit Vertrauen; ein jedes baue auf des andern Nachsicht und Liebe, und auf Meine Langmut, die nicht so schnell auflöst, als ihr meinet; sie hat stets Mittel zu ersetzen, was ihr als eine Ausartung oder als Verlust oder Überschreitung betrachtet. Ich sehe auf den Grund, und wenngleich noch vieles wegzuräumen ist, bis derselbe ganz rein, so bedenket Ich helfe mit, und gebe denen doppelten Lohn, die nach Meinem Sinne arbeiten, und sich nicht stören lassen durch das Unscheinbare, das solches Unternehmen oft hat.

So seid versichert, Ich liebe euch alle, und will nur, dass ihr euch ebenfalls so untereinander lieb habt, wie Ich – als euer Vater! Amen! Amen! Amen!

Trost für einen leiblich Blinden

7. August 1882

Mein lieber Sohn! Ich habe dich nun stark gemacht, dein dir auferlegtes Kreuz wieder mit mehr Ruhe zu tragen; denn Ich will dich jetzt einblicken lassen in Meinen Liebesplan (dabei), der dir das leibliche (Augen-) Licht entzogen hat, um in desto hellerem Scheine das Geisteslicht dir zu geben.

Wenn Ich nicht mit Gewalt dich zu Mir gezogen hätte, durch ein freilich bitteres Mittel, so wärest du nicht so nahe mit Mir in Verbindung gekommen; denn alle deine Anlagen wollte Mein Gegner für sich ausnützen. Ich musste deshalb die Türe auf so lange verschließen, bis derselbe sich überzeugt, dass all seine List dich und Mich nicht mehr zu trennen imstande ist; und was seither ihm mit vieler List nicht gelungen ist, das will er jetzt im Sturm erreichen.

Darum sage Ich allen deinen guten Geschwistern, welche so sehnlich für dich anhalten: Kinder, die Türe bleibt zu, bis Ich es für gut finde, sie zu öffnen, was vielleicht doch noch geschehen kann. Einstweilen aber hast du ja doch für Mich zu arbeiten; denn dein Pflegesohn ist dir von Mir übergeben, sorge, dass du dein anvertrautes Pfund Mir mit Freuden einst übergeben kannst. Vergelte demselben seine leiblichen Liebesdienste mit geistigen, und so seid ihr beide von Mir mit gleichen Armen an Meine Brust gedrückt, weil Ich gleichfalls auch die äußere Liebe groß segne, und alles was ihr euch untereinander erweiset, als Mir Selbst getan ansehe.

So frage Ich dich nun: Bist du zufrieden mit dem Platze, den Ich Selbst dir zugewiesen habe? Und Ich sehe die Antwort in dir: „Vater, Dein Wille geschehe allezeit in mir. Amen!"

Diese Stimmung, Mein Sohn, macht dich werter vor Mir als alle Dienstleistung, und du darfst dafür immer mehr Meine himmlische Herrlichkeit erschauen, als reichlich Ersatz für den entbehrten Anblick der Welt. Amen!

Ein Wort über Mediumschaft

28. August 1882

Liebe Kinder! Ich will euch etwas näher bezeichnen, auf welche Weise Ich mit euch verkehre.

In jedem Menschen liegt die Anlage zur Mediumschaft, d.h. es ist jedem möglich, die Seele sich zurückzuziehen zu lassen, und nur auf den Geist zu hören, was ja auch bei einem wahren Gebete stattfinden soll; darum oft auch Andächtige, die wirklich mit Mir reden wollen, sich von aller äußeren Beeindruckung abschließen, bald ins stille Kämmerlein gehen, bald die Augen so lange zuhalten, wodurch die Seele zu keiner Wahrnehmung von außen veranlasst werden kann.

Dieses Stillehalten der Seele ist nötig bei einem Medium in dem Augenblicke des Innewerdens, welches da ist ein bestimmter Gedankenausdruck, der gleich ist einem Lispeln ins Ohr und ausgesprochen oder geschrieben werden kann, weil der Geist im Verein entweder mit andern Geistern oder mit Mir als dem höchsten Heiligen Geist und somit der Vater Selbst den Leib regiert, so lange die Seele zurücktritt. Allein dieses Zurücktreten kann sogleich unterbrochen werden durch eine ganz leichte Anregung, z.B. einen Schall, ein Sehen, durch das Fliegen einer Mücke, ebenso durch Andrang anderer Geister, die sich geltend machen wollen. Und daher kommt es, dass ein Medium hauptsächlich anfangs mancher Täuschung ausgesetzt ist, besonders solche, welche Ich für Mich Selbst ersehe; denn auch Mein Gegner hat das Recht, diese Fähigkeit zu benützen.

Darum soll ein Medium zuerst mit Gebet sich an Mich wenden, und auch die Umgebung und Mit-Verbundenen sollen demselben beistehen, wenn es von Mir Selbst Worte erhalten will. Hat aber ein Medium an Meinen Worten Freude und Liebe, so wächst mit der Liebe auch die Verständigung beim Auffassen der Worte, und bleibt reiner denn zuvor, wo oft noch Seelisches sich einmengte. Ich klopfe bei demselben oft uneingeladen an, auf eine Weise, die demselben verständlich und fühlbar ist, oft durch ein Herzklopfen oder Bangigkeit, oder unwillkürlich ergreift die Hand die Feder, ohne vorher an das Schreiben gedacht zu haben. Ist aber eine gewisse Ängstlichkeit beim Einfließen der Worte da, weil etwas nicht klar verstanden wird, dann macht die Hand mechanisch Halt, bis der Strom wieder aufgenommen werden kann.

Weil aber diese Vorgänge geistig sind, so kann leiblich nicht viel dabei beobachtet werden; aber die dabei Sitzenden werden gleichfalls geistig beeindruckt, und er Geist wird ihnen das wahre Licht aufstecken über die Worte, welche auf das Papier übertragen sind.

Ebenso können die jenseitigen Geister, vereint mit dem eigenen Geiste, Besitz vom Körper nehmen und sich ausdrücken; auch hier ist eine Gedankenleere beim Medium nötig, oder auf Minuten Tatlosigkeit der Seele. Daher sind auch solche Kundgebungen oft nur kurz und sehr anstrengend, zum Teil auch nachteilig, wenn der mitteilende Geist im Seelischen noch nicht reif genug ist.

Oft wird durch diesen Verkehr auch bei einem Geiste das Seelische wieder hervortretend, und dann gibt er sich nach dem augenblicklichen Zustande (wie es unlängst bei Z. zugelassen wurde). Denn auch die Geister sind noch dem Wechsel mehr oder weniger unterworfen. Medien gab es zu allen Zeiten, und auch jetzt und überall. Doch sind es nur wenige, die sich dieser Ausstattung bewusst sind, und sogar wenige, die auf Meine Seite treten. Ich muss sie deshalb sehr sparsam erziehen und wählen; denn wehe, wenn Satan es gelingt, ein Medium für sich auszubeuten, dessen Geist wird krank und seine Krankheit ist ansteckend und kann großes Unheil anrichten. Denn der Satan überschreitet die Grenze, und beraubt die Seele ihres freien Willes, er reizt und nötigt sie zu allen Ausschweifungen, und veranlasst die völlige Aussaugung des Fluidums zu allerlei erscheinlichen Experimenten, welche vor Meinen Augen ein Gräuel sind.

Wohl aber allen Menschen, von denen Ich sagen kann: „*Meine Schafe hören Meine Stimme, und Ich erkenne sie, und sie folgen Mir, und Ich gebe ihnen das ewige Leben!*" (Joh. 10,27)

Wohl auch euch, die ihr nun Meiner Stimme folgen wollt, Mein Geist Selbst wird euch in alle Wahrheit leiten, dass ihr erkennt die Quelle, woraus euch stets soll erfrischendes Lebenswasser zugeführt werden. Amen! Euer Vater.

Des heiligen Vaters Kinderstuben

18. August 1882

Kinder! Wir wollen (heute) miteinander in eine oder (eigentlich) in zwei Kinderstuben gehen, um dort herauszufinden, welche Kinder ein Vater am liebsten hat, und dann zweitens zu erfahren, welche Kinder wohl den Vater am besten erkennen, und demselben das größte Vertrauen entgegenbringen.

In der ersteren seht ihr viele Pracht, viel Kunst und durch dieses werden die Kinder sich klar, dass sie einen weisen und reichen Vater haben, dessen Gunst und Liebe sie am ehesten dadurch zu erreichen meinen, dass sie alle Kunst sich anzueignen suchen, sowie auch die Weisheit des Vaters.

Eines aber entgeht denselben doch dabei, dass nämlich der Vater auch noch viele Menschen liebt außer den Kindern, was diese aber für eine Nebensache halten, und nur so viel diesem Punkte nachkommen in ihrem stolzen Adel, dass derselbe nicht verletzt wird. Sie befriedigen sich damit recht eifrig des Vaters

Wesen zu studieren, um demselben recht wohl zu gefallen, und kommen dadurch auch mit Ihm fleißig in Verkehr. Aber es liegt eine Berechnung darin, sie tragen das Bewusstsein in sich – dessen würdig zu sein, es verdient zu haben,[1] dass sie in vieles eingeweiht werden, und vergessen bei diesem Strebe-Eifer, dass sie es nicht mit einem Vorgesetzten, sondern mit ihrem Vater zu tun haben.

Die zweite Wohnung, welche Ich als Beispiel anführe, ist sehr einfach, Vater und Kinder wissen da wenig von Unterschied, die Kinder fragen nicht danach, ob der Vater reich, geschickt oder weise ist, sondern sie machen sich eben von ihm abhängig, er versorgt sie ja stets und liebt sie. Und darum lieben sie ihn wieder, entdecken aber auch immer neue gute Beweise seiner Vaterliebe, und freuen sich stets darob mit dem Vorsatz, denselben noch inniger zu lieben. Und so haben diese Kinder es viel leichter und bequemer die Vaterliebe zu erlangen, und treten nicht scheu zurück im Gefühle ihrer Unwissenheit und Schwachheit, sondern es ist unter ihnen alles (im festen Vertrauen) abgemacht, die gegenseitige Liebe macht keine weiteren Ansprüche.

Nun, liebe Kinder, welche Stube gefällt euch am besten? Ich will euch selbst wählen lassen, indem Ich euch sage: in beiden Wohnungen bin Ich der Vater. Glaubet ihr, dass ihr, wie im ersten Falle, durch Studieren und Abmühen Mir näher kommet, und (von Mir) mehr geliebt werdet als die Zweiten, welche harmlos zu Mir kommen, mit dem vollen Vertrauen: „Der Vater hat mich lieb, ich folge Ihm, ohne dass ich alle Seine Weisheit und Macht und Seine Führungen durchschauen kann."

Glaubet ihr, dass Ich nach solchen Kindern Meine Vaterarme zuerst ausstrecke? Ja, so ist es – die Liebe bloß brauche Ich zu Meiner Vaterfreude, und Ich will dieses kindliche Zutrauen solange festhalten, als nur möglich, weil die Zahl derer viel geringer ist, die Mich in der Liebe erforschen, als derer, die durch Bewunderung und Anstaunen Mich ehren und hernach auch lieben lernen. Aber sie schmücken den Weg zu Mir vorher mit ihren Fantasiebildern, und setzen den Thron, worauf Ich sitzen und mit Meiner Liebe thronen solle, gar hoch, so dass die einfa-

---

[1] man lese Predigt 36 vom Pharisäer und Zöllner, Lk. 18, und denke an das Wort des Herrn: „Und wenn ihr alles getan habt, so bekennt, dass ihr faule Knechte seid!" Lk. 17,10. D. Hsg.

chen Seelen davor zurückschrecken, weil solche meinen, zu dieser Erreichung Meiner Liebe gehöre große Ausstattung in der Gelehrsamkeit, so dass viele verzagen, und sich scheuen Mich zu suchen; denn durch zu viel gelehrte und phantastische Schriften werden die Leute mutlos, weil sie zu wenig davon begreifen können.

Will Ich deshalb Kinder wieder für Mich gewinnen, so muss Ich ihnen Worte zukommen lassen, die der Kinderspeise gleichen, einfach und milde. Darum Ich auch solche Medien für Mich erwähle, die frei von aller Gelehrsamkeit, nur in Meiner Schule erzogen werden, welche da ist allerlei Leiden, um sie zum kindlichen Vertrauen zu veranlassen, und durch Meinen Beistand sie zu belehren, dass Ich ihr Vater bin.

Dieser Aufblick einer solchen geprüften Seele hat mehr Wert als alle Vielwisserei. Darum Ich in der Jetztzeit überall nur einfache Menschen erwähle (als Arbeiter oder direkte Werkzeuge) zu Meinem Reichsplane, welche auf die Hilfe derer angewiesen sind, die sich in der erst(genannt)en Reihe befinden,[1] und sich Meiner Liebe gleichfalls würdig zu machen suchen, nur auf andere Weise. Auch sie werden Meine Vaterliebe erreichen, wenn sie die vielen Versuchungen, die in ihrer Art von Streben liegen, überwinden. Doch die Hauptsorge aller Meiner Kinder muss es sein – Mich zu lieben!

Seid daher ruhig, ihr Meine Kindlein, wenn ihr an anderen sehet, welche Gedankenfülle sie in geistigen Dingen haben, das alles ist ebenso eine Gnade, die zu Mir führen soll, während ihr durch die Gnade die Versicherung in euch aufgenommen habt, dass Ich euer Vater bin, Der euch liebt. Wartet, was die Liebe euch noch beschert. Alles Selbstabmühen kann euch keine höheren Genüsse verschaffen, als die, nach welchen ihr euch seither sehntet, ein wahres Kind des himmlischen Vaters zu sein in der Liebe!

Darum gehet langsam aber sicher fort in der Erziehungsschule, wo Ich Selbst der Vorsteher bin. Im Rückblick auf den Anfang und Fortgang derselben habt ihr Ursache genug, euch über den Segen zu freuen, der euch und andern da schon zugeflossen ist.

Nehmet zu Herzen, was Ich euch sage, und Meine Vaterliebe wird euch auch ferner segnen. Amen! Euer Vater Jesus.

---

[1] „Dienet einander mit dem Pfunde, das ihr empfangen habt." D. Hsg.

Für besondere Fälle

30. Oktober 1882

Meine lieben Kinder! Heute Abend will Ich mit euch reden, weil es euch gar schwer wird herauszufinden, ob ihr – und besonders du Mein Sohn – dein Verhältnis im jetzigen Augenblick als von Mir angeordnet annehmen, oder bei Mir die Bosheit deiner Mitmenschen anklagen sollst. Da sage Ich dir: Es ist beides Meine Zulassung, aus welcher Ich nur Gutes für dich bestimmt habe, doch musst du dieses vorerst in kindlichem Vertrauen glauben, weil Ich dich jetzt noch nicht den Grund davon begreifen lassen kann. Auch ist es ja immer so in Meiner Ordnung, die Menschen nach ihrem Willen handeln zu lassen, auch wenn es Mich Selbst tief betrübt. Aber weil Ich auch solche Bosheiten nicht verhindern will, so verwandle Ich sie an Meinen Kindern zum wahren Segen.

Sodann siehe, du bist stets eifrig für Mich, und willst dich stets nach dem Drange richten, den Ich in dich legen muss, wenn Meine Reichssache ausgeführt werden soll, bei der jetzigen Dunkelheit im Religionsgebiete. Aber du willst zu viel allein tragen, während Ich doch dir Brüder zur Seite stellte, die auch bereitwillig sind, Mir als ihrem lieben Vater schwierige Dienste zu leisten, die mit Opfern verbunden sind, daher muss Ich dich immer wieder auf dieselben hinweisen, und dir sagen, sie sind alle von Mir Selbst berufen, und ein jedes von ihnen hat in seiner Erziehungsschule schon tüchtige Examen machen müssen, ziemlich ähnlich den deinigen. Darum können sie deine Lage wohl bemessen, und werden dir stets mit Liebe entgegenkommen. Übe dich nur im vollen Zutrauen, und berate dich mit ihnen, damit sie nicht über dich klagen bei Mir, denn siehe, Ich will Mich erfreuen an euch, und da muss es harmonisch bei euch zugehen, und euch allen recht wohl sein in der Liebe untereinander.

Ein Besuch eines Bruders

22. Januar 1883

Meine lieben Kinder! Fraget einander: Wer hat uns hier zusammengeführt? Muss nicht ein jedes unter euch sagen: „Der himmlische Vater Selbst; denn obwohl wir den Wunsch hatten, als geistige Geschwister einander auch leidlich kennenzulernen, so sahen wir es als eine Unmöglichkeit an, darin uns zufrieden zu stellen."

Aber siehe, Ich als euer Vater habe es Selbst so angeordnet, dass alle Meine wahren Kinder schon hier sich einander näher rücken, und habe Wege genug, dieses auszuführen. Darum erkennt auch ihr Lieben Mein väterliches Walten darin und seid deshalb ruhig über eure Zukunft.

Auch du, Mein lieber Sohn K., sollst hier gesegnet werden, und dein Wirken in uneigennütziger Liebe einsetzen. Ich habe dich deshalb aus deiner neuen Heimat abberufen, denn siehe, ebenso gut hätte Ich dich dort beschützen und versorgen können, allein du sollst geistig mehr gesegnet werden. Obgleich dir diese Reise auch viele Beschwerden auferlegt, so soll sie dir doch eine Erholung sein. Ich weiß, du freust dich von Herzen, dass du erschauen darfst den Fortschritt, den die Ausbreitung der Schriften, welche du so sehr würdigst, macht. Aber Ich verlasse Mich auch auf deine Vermittlung zwischen den Geschwistern in G. und denen hier. Es sind alle Meine Kinder und stehen einander ganz nahe, nur braucht es eine Zwischenvermittlung, die Ich dir übertrage, und dich dazu segnen will, denn du hast Vertrauen auf beiden Seiten erlangt.

So ziehe nun freudig zurück in deine Heimat. Ich ziehe mit dir und ersetze die Opfer, die Ich dir auferlegte, und glaube nun sicher, dass du dich jetzt in deiner Vereinzelung nicht mehr zu beklagen hast, als ein unnützes Steinchen am großen Tempelbau, sondern Ich, der große Baumeister, habe dich Selbst eingefügt.

So betet fleißig miteinander, auch du, Meine liebe Tochter: „Komm o Jesu, komme bald." Betet auch für eure Geschwister, und bedenket, dass der Feind auf solche besondere Anläufe macht, die ihre ganze Kraft für diese heilige Sache einzusetzen berufen sind.

Ich bin heute bei euch und halte Meine Vaterhand über euch, um einen Gedenkstein in euer Herz zu legen, an die Stunde, in welcher Ich euch um eure Beihilfe bitte, zur Beförderung Meines Friedensreichs.

So gehet hin in Frieden, zerstreuet euch nicht viel durch äußerlichen Aufenthalt, sondern wendet eure Augen empor zu Mir, als eurem euch stets liebenden Vater Jesus! Amen!

Zum Karfreitag

23. März 1883

Liebe Kinder! Wir wollen den heutigen Tag als Karfreitag, welcher den größten Ausdruck Meiner Liebe bezeichnet, nicht vorübergehen lassen, ohne ein Lebenszeichen, das von Mir aus in einigen Worten besteht, welche euch versichern sollen, dass Ich heute mit allen in eurem Bunde Liebesmahl hielt, wobei Ich Mich Selbst stärkte an eurer Mir dargebrachten Liebe, welche Mir einigen Ersatz bietet für die viele Liebe, die Ich den Menschen überhaupt entgegenbringe, und die kalt zurückgewiesen wird. Wie traurig wäre es für Mich, wenn Meine jetzige Herablassung und Erziehung von denen, die Ich als Erstlinge dazu berufen habe, abermals durch Untreue würde missachtet werden!

Sehet, liebe Kinder! Ich setze mehr Wert in eure Treue und Gegenliebe, als ihr selbst ahnen könnt.

Darum, wenn euch Umstände entgegentreten, die euch verzagt machen, bleibet ruhig, zweifelt nicht an Meiner Liebe! Und wenn der falsche Ankläger euch beunruhigen will, als hättet ihr Mein Missfallen verschuldet, so weiset denselben zurück, verlasset euch auf Meine Zusage, dass Ich euch als Vater liebe, obgleich ihr schwache Kinder in der Ausführung seid. Ich kenne euer Herz und euren redlichen Willen, und wenn euch die Pause lang vorkommt, in welcher Ich nicht direkt mit euch verkehre, so schreibt es Meiner Weisheit zu, die im Verborgenen waltet. Denn *„siehe, Ich bin bei euch alle Tage"* (Mt. 28,20), denn Meine Liebe und eure Liebe scheiden sich nicht, und weil sie das Urwesen Meines und eures Ichs ausmachen, so ist alles andere demselben untergeordnet.

Ich weise euch hin auf die sieben Worte am Kreuze, welche alle den Ausdruck der Liebe in sich tragen; und wie Ich bei den gröbsten Sündern ausrief: *„Vater, vergib ihnen, denn sie wissen nicht was sie tun!"* (Lk. 23,34) So bitte Ich heute noch die ewige Liebe, dass sie statt der Gerechtigkeit regieren soll.

Darum, liebe Kinder, seid freudig und frei! Meine Kinder sollen nicht ängstlich zu Mir kommen, und wähnet nicht, als ob Ich nicht mehr derselbe sei, Der euch hier in Seiner Bethlehemshütte den Segen versprochen hat, vielmehr freuet euch, denn auch bei verschlossener Türe trete Ich bei euch ein und besuche euch, ohne dass ihr es ahnet! Nun segne Ich euch – als euer treuer Vater Jesus! Amen!

Wink für kritische Fälle

4. April 1883

Liebe Kinder! Schon lange habe Ich euch auf Gegner und Widersprüche vorbereitet, und euch Verhaltensregeln gegeben. Jetzt aber seid ihr doch etwas zaghaft, und wollt Gegenbeweise liefern, die mehr aus dem Verstande kommen sollen, als aus dem Herzen. Es genüge euch aber, dass Ich mit euch rede, und euch Selbst überzeuge in euch, dass dieselben Worte zum wahren Frieden führen, deshalb führet keine andere Waffen gegen solche, die gleichfalls sich vornehmen die Wahrheit aufrecht zu erhalten, als die Liebe und das Gebet. Es wird euch alles andere nichts nützen, weil Ich Meinen Segen nur dazu geben will, dass ihr in demütiger Liebe verharret, und hoffet, dass es in Meinem Plane steht wie in Meiner Macht, eure Gegner umzuwandeln.

Ihr sollt nicht ängstlich sein, als ob von Mir dem einen oder dem andern zu viel auferlegt würde, denn Meine Bürde lege Ich jedem nach seiner Kraft zu, und weil ihr nun an euren euch lieb gewordenen Bruder denket, und denselben im Kampfe wisset, so sage Ich euch, schon lange hat er sich in seiner tiefen Erkenntnis das Vertrauen seiner Mitmenschen erworben, nun aber soll derselbe als ein rüstiges Werkzeug von Mir durch duldsames Schweigen und demütige Liebe beweisen, dass er durch das Lesen dieser Schriften nicht abnimmt, sondern zunimmt an den Eigenschaften, welche Mein Bild in ihm vollenden; wozu Ich Selbst mit ihm verkehre und das Nötige geben will.

Auch Meinem Sohne R. R. lasse Ich sagen: „Bleibe ruhig Mein Kind, wenn sie dich und deinen Gebieter anzutasten suchen, es wird ihnen nicht gelingen den Sieg davonzutragen. Wohl aber will Ich eure Bitte erhören, wenn ihr für dieselben betet, und wenn es auch lange braucht, bis sie ihren Irrtum einsehen, so werden sie doch nie mehr ganz ruhig bleiben bei einem Geistesrütteln.

Euer Vater Jesus, Der am Kreuze sprach: *„Vater! Vergib ihnen, denn sie wissen nicht was sie tun."* (Lk. 23,34)

Gewichtiger Pfingstgruß

23. April 1883

Ewig derselbe Unendliche, und zwar die ewige Liebe und euer Vater, will Ich euch abermals einiges mitteilen, das ihr als Kleinod in euch verwerten sollt, und wohl verwahren als einen Schatz, dem die Diebe nachtrachten!

Liebe Kinder! Als Meine Liebe Mich drängte auszufließen, sollte dieses Ausfließen zugleich ein Entäußern oder Mitteilen sein, weil dasselbe der Höhepunkt der Liebe ist.

Darauf schuf Ich den Engel des Lichtes, und gab demselben gleiche Liebe, gleiche Weisheit, gleiche Macht, und in seinem freien Willen schöpferische Kraft. Doch ging es noch tiefer, Ich legte in die Freiheit seines Willens die Entwicklung, damit er sich nach und nach als ganz selbstständig oder sein Wesen als aus sich selbst bestehend betrachten konnte. Dieses war das Größte Meiner Liebe.

Allein statt sich in derselben zu entwickeln, entwickelte er sich in der Weisheit, und die Liebe blieb zurück. Darum erhob er sich gegen Mich, und weil bei ihm die Weisheit ohne Liebe wirkte, so wurde sie zur List (Sophistik, „eritis sicut Deus), und trennte sich von Mir, kam mit Mir in Widerspruch, wollte von Mir als der ewigen Liebe los werden, und wurde somit gottlos, welcher Zustand dann in alles überging, was von dem Lichtträger (Satana, Lucifer) Leben erhielt, oder von ihm angehaucht wurde, weil auch in ihm die Kraft war Leben hervorzurufen.

Um solchem Gräuel der Verwüstung Einhalt zu tun, musste Ich – ohne dessen freien Willen zu nehmen – eine Anordnung treffen, wodurch er allmählich wieder zurückkommt, und so wieder zu seiner göttlichen Eigenschaft als väterlichem Erbgut gelangt, das er verscherzte, und das nur noch in kleinen Atomen in ihm vorhanden ist.

Ich wählte die Fleischform des Menschen als Sammelpunkt oder Gefäß aller dieser Atome, und verlieh dem Gefallenen das Anrecht dasselbe zu benützen wie Ich Selbst, also durfte er auch belebend auf dasselbe einwirken, und somit befindet sich in dieser Form (im Menschen) zweierlei Willen – ein guter und ein böser. Der gute Wille „Geist" genannt, der böse ist die Seele, welche letztere aber doch auch, als von Mir hervorgegangen und somit göttlichen Ursprungs, noch göttliche Atome in sich birgt. Diese wieder zu sammeln und zu vergöttlichen ist die Aufgabe des Geistes.

Weil aber derselbe sich strenger an die Ordnung Meines Wesens, nämlich der Liebe hält, so zieht er sich von herrschsüchtigem Auftreten zurück, d.h. sein Einwirken ist nur ein sanftes, welchen Umstand die Seele, da sie noch eigenmächtig und oft ungestüm handelt und also ausartet, benützt, und somit den Geist besiegen würde, stünde derselbe nicht unter Meinem göttlichen Beistande. Er würde also schwerlich je den Sieg davontragen, wenn Mir nicht noch ein Anrecht an die Seele offen wäre, durch die ihr innewohnende Liebe, welcher sie sich nie ganz entäußern kann und die Mir verbleibt. Denn wenn sie auch nicht auch Meinem Sinne liebt, sondern ihre Liebe verunedelt oder missbraucht, so kann diese doch immer noch als Anknüpfungspunkt für Mich dienen.

Damit aber keine völlige Auflösung derselben stattfinden kann, wählte Ich Selbst diese menschliche Form, in welche Mein und Meines Gegners Wesen eingeschlossen waren, um dessen Verunstaltetes wieder zu veredeln und tüchtig zu machen, aufgenommen zu werden in das Friedensreich.

Darum die Fleischform, oder der menschliche Körper, der Diener von beiden ist, von Geist und Seele, und daher der Widerspruch im Menschen, welcher ausgeglichen werden kann durch die dazu dargebotenen Mittel, als da sind die Lehre (d. i. deren Verfolgung), und das Gebet, oder die Unterredung (der Verkehr) mit Mir.

Hierin liegt die Erklärung für die Worte in Gethsemane: „*Vater, Dein Wille geschehe.*" (Lk. 22,42) Die Seele erkannte nun ihren Gott in der ewigen Liebe und als Vater, und dadurch ist es möglich alle Seelen wieder zurückzuführen an ihren Ursprung,[1] was freilich wegen ihrer großen Armut an göttlichen Atomen sehr langsam geschieht, und mit schweren Kämpfen, aber dennoch geschehen wird, bis alle Atome des Gefallenen wieder gesammelt und im Feuer der Liebe vergöttlicht sind.

Der Widerstand gegen diesen Heilsplan wurde durch Mein Erscheinen im Fleische auf Erden und durch Meinen Leibestod gebrochen, und die Menschen oder Geist und Seele in den Menschen (und in den Geistern) befähigt – sich mit Mir wieder zu

---

[1] Also in Jesu wurde die erste Seele völlig wiedergebracht, und so können nun alle an Ihn sich Anklammernden ebenfalls nachgezogen werden. D. Hsg.

vereinen. Es liegt jetzt nur an den Menschen selbst, ob sie die dazu dargebotenen Mittel mehr oder weniger benützen, um zu diesem Ziele zu gelangen. Sie können ihre Seligkeit bald erreichen, ja schon auf Erden einen hohen Grad davon, aber auch in der Ewigkeit dieselbe noch länger hinausschieben, jedoch nie mehr ganz sich der Einwirkung des göttlichen Geistes entledigen, welchen die Liebe antreibt ihre Produkte oder Geschöpfe alle zu beglücken.

(Fortsetzung. abends 9 Uhr)

Nie in alle Ewigkeit wird die Einwirkung der Gnade aufhören, es wird dieselbe immer fortfahren, solche Seelen, die schon gereifter und also mehr vergeistigt sind, weiterzuführen, bis sie zur höchsten Vollendung gelangen. Aauch sie sollen dahin kommen, dass sie sagen können, Ich und der Vater sind eins. Denn diese Einigung mit Mir ist das Größte der Liebe. Und darum führe Ich die Menschenseelen immer so, dass sie wieder nach Mir fragen und Mich suchen müssen, und Meine Führungen sind deshalb unerforschlich, weil die Menschen das Ziel nicht genug achten, und es oft nicht anerkennen, wozu Ich ihnen den Weg bahne.

Es ist dieses darum eine dunkle und unerforschliche Erziehung, die Ich der Menschenseele geben muss, weil derselben ihr Verhältnis zu Mir noch zu dunkel ist, sobald aber dieselbe anfängt, infolge der Beeinflussung des göttlichen Geistes, Mich zu achten, zu suchen und dazu lieben, dann verschwindet diese Dunkelheit immer mehr, und es wird Licht in ihr, sie wird erleuchtet, und ihr Geistesauge erschaut nun eine geistige Welt als ihren wahren Bestimmungsort. Somit wird sie jetzt geistig geboren, indem sie das Licht derselben geistigen Welt erblickt, und zieht sich deshalb freiwillig (d.h. ihre Liebe) von der äußeren Welt zurück.

Dieses ist die Wiedergeburt, oder die Anknüpfungszeit der Seele mit dem Geiste, oder die geistige Vermählung, wo ihr Geist, der zugleich als Mir gehörig betrachtet werden muss, und deshalb göttlich einwirkt, die Seele zu vergeistigen oder zu vergöttlichen anfängt.

Die erste und vollkommene Wiedergeburt geschah in Mir, als in Christo, oder in dem Menschensohne, und so wurde das Zeugnis der Möglichkeit ausgestellt, welches sich seither immer wieder in einzelnen Menschen wiederholt hat. Doch nicht in dem vollkommenen Grade, wie es in Jesu der Fall ist, und nicht durch sich selbst, sondern durch die Gnade, welche Ich Mir vorbehalten habe. Denn auch Mein Widersacher steht unter Meiner Macht, und nur weil Meine Liebe ihn trägt, ansonsten Ich ihn ganz vernichten würde, kann er noch Böses ausüben, durch seinen ihm belassenen (jedoch beschränkten) freien Willen, welcher ihm aber allmählich durch Meine Liebe und Gnade entzogen wird.

Es ist schon eine große Niederlage für ihn, wenn eine einzelne Seele ihm davon läuft und Mir nachfolgt. Darum hat er täglich Ärger und Qual, denn es kommen jeden Tag neue und weitere Seelen zu der Zahl der Meinen. Euer kurzsichtiges Auge kann die größten Gnadeneinrichtungen noch lange nicht fassen, viel weniger begreifen, wie viele Seelen stündlich vor Meinem Throne liegen, bittend um Erlösung von der finsteren Macht.

Es gibt viele Glaubensparteien auf Erden, aber ihr Grundoder Urglaube ist bei allen der, dass es einen Gott geben muss, Der mehr Macht hat zu helfen, als die Menschen es untereinander tun können. Darum geht auch die Liebe unter den Menschen ihre stillen und verborgenen Wege, und sammelt stets wieder neue Scharen um ihren Thron. Während der Satan mehr öffentlich wütet, und seine Wut durch den Fleischmenschen auslässt, denselben also durch die Seele (in deren Leidenschaften) kommandieren lässt, dass er gräuliche Dinge tut. Doch die Zahl derer, die wenigstens nach innen zu Mir halten, war stets größer, als die Zahl derer, die dem Satan folgten, obgleich es den Menschen nicht so vorkommt in dieser argen Zeit.

Lasset euch von dieser nicht zu sehr entmutigen, sondern tretet mit Freuden unter die unsichtbare Schar, die zu Mir hält. Ich sehe in manchen Herzen ein Flämmchen für Mich leuchten, das der Satan auch erkennt und sich zurückzieht, während es von außen den Anschein hat, als gehöre es in sein Gebiet.

Ich werde sammeln, und alle, welche erstarkt in Meiner Liebe sind, auffordern, gleichfalls mitzuhelfen. Auf welche Weise es geschehen soll, dazu gebe Ich keine besonderen Anordnungen, es ist genug gesagt: Sammelst in der Liebe zu Mir! Und somit kann das Sammeln in allen Parteien stattfinden durch jede einzelne Person, wo die Liebe vertreten ist.

Die Liebe hat durch den Satan eine Niederlage erlitten, sie muss wieder zum Siege gelangen. Die Weisheit (der Verstand) muss sich der Liebe unterordnen, und darum ist auch ein Streit zwischen der Liebe und Weisheit auf Erden entstanden, dass die so in der Weisheit stehen, streiten gegen solche, die in der Liebe stehen.

Weil aber dieser Kampf in jedem einzelnen Menschen statt-findet, so muss ein jeder Mensch diesen Kampf ausmachen und sorgen, dass die Liebe den Sieg davonträgt, oder wie ihr es be-zeichnet – das Herz (als die Liebe, der Verstand als die Weisheit D. Hsg)

Lasset darum die Liebe walten als von Mir ausgehend; denn Meine Liebe wird die Weisheit sich zur Seite stellen, und so beide harmonisch verbinden zu eurer Vollendung.

Ich legte als Meine Beigabe in die menschliche Form die Liebe als göttlichen Geist, Mein Gegner die Weisheit als einen Widersacher zur Liebe, Darum seid ihr ein Doppelwesen, dass sich durch die Liebe in Eins verschmelzen muss!

(Fortsetzung. 25. April 1883, abends)

In welchem Zwecke euch die Gnade angeboten wird. Die Gnade ist die Vermehrung des Göttlichen in euch, durch allerlei Mittel, wozu auch äußere Vorkommnisse und Verhältnisse zu zählen sind, als zur Übung der Seele erforderlich, damit sie ih-ren Willen im Handeln ausrücken, und dadurch entweder Gutes oder Böses wirken kann. Ist sie schon mehr göttlich (auf Seite des Geistes), so wird sie Gutes wollen, ist sie aber noch in ihrem Anfangszustand, so wird sie dem Bösen und der Unwahrheit zu-geneigt sein.

Dieses Umwandeln oder Neubilden der Seele ist bezeichnet durch das Wort „Wiedergeburt" oder „Umkehr", und bildet den Anfang der Auferstehung zum ewigen Leben.

Darum sagte Ich auf Erden: „*Wer Mein Fleisch isst und Mein Blut trinket, der hat das ewige Leben, und Ich werde ihn auferwe-cken am jüngsten Tage.*" (Joh. 6,54) D.h. wer sein Fleisch und Blut oder den Leib heiligt, zu einem Gefäße für Mich, der wird das erreichen, wozu derselbe bestimmt ist, nämlich tüchtig zu wer-den und verklärt einzugehen in das Himmelreich.

Dieses ist eure menschliche Stellung Mir gegenüber, worin so klar und deutlich euch gezeigt ist, wie wichtig es für euch ist, ganz auf Meine Seite zu treten, und dem Gegner (und Verstand) völlig abzusagen, damit ihr nicht durch dessen List euch verunstalten lasst, und so immer wieder aufs Neue der letzte Rest Meines Ichs in euch durch neue Gnadeneinrichtungen gesammelt werden muss, was oft ganze Reihen von Ewigkeitsjahren braucht!

Darum beeilt euch Ernst anzulegen, um euch zu reinigen von dem höllischen Beisatze, was euch wohl möglich ist durch Meine Gnade und Hilfe. Und weil ihr doch auch noch gewisse Zeiten und Frommen achtet, wo ihr glaubet Ich sei euch näher, und ihr fühlet Mich mehr als sonst, so übersende Ich euch diese Worte als einen Pfingstgruß, und werde Meinen Geist reichlich über euch ausgießen, und zu euren neuen Entschlüssen Mein segensreiches „Amen" sprechen, als euer Vater Jesus.

Ein Wort zur Begrüßung

6. Mai 1883

Meine lieben Kinder! „Ich will euer Vater und Bruder sein", diese Worte habe Ich euch schon öfters zugerufen. Auch heute gebe Ich euch dieselben, weil abermals ein Sohn von Mir sich euch angeschlossen hat, welcher nicht ungesegnet diese Hütte verlassen wird. Ich will ihm zeigen, dass Ich abermals eine Bethlehemshütte Mir erwählte, um Mich in derselben zu verherrlichen durch Meine Liebe. Auch er soll dieselbe an diesem Meinem Tische verkosten und erfahren, wie die Gemeinschaft oder das zusammenhaltende Wirken einen Genuss bereitet, welcher nur gefühlt, aber nicht ausgesprochen werden kann. Er soll die magnetische Kraft erfahren, die unter Meinen wahren Kindern ausströmt.

Obgleich ihr alle noch mangelhaft seid in der Liebe, so hat diese doch für Mich einen hohen Wert, wenn sie sich bestrebt um Meinetwillen zu lieben. Sehet deshalb ab von allem, was euch stören könnte, diesen Einfluss der Liebe ganz zu fühlen, und gebet euch kindlich und freudig den Gedanken hin – „der gute Vater sieht uns, hört uns und liebt uns". So will Ich es haben in solchen Stunden, wo Ich euch zusammenführe.

Nun soll Mein Sohn sich fragen, ob er schon so im Vertrauen steht, das Liebesmahl mit euch zu feiern, und dann will Ich Selbst morgen das Mahl euch würzen.

Die ersten Stunden dieses Tages will Ich für Mich in Anspruch nehmen; und so segne Ich auch den heute vollbrachten Tag, den Mein Sohn aus Liebe zu Mir auf der Reise zubrachte. Diesen Weg will Ich ihm einst im Jenseits noch anrechnen, weil gar wenige es sind, die eine Stunde aus Liebe zu Mir zurücklegen, während für den Weltgott viele Tagreisen von einem großen Teil der Christenheit zurückgelegt werden. Euer treuer Vater.

Nach der Feier des Liebesmahles

27. Mai 1883

Ja, Meine lieben Kinder, Ich bin bei euch, denn der Vater will jetzt mehr an euch tun, als nur euch erfreuen, Er will euch jetzt auch heiligen in Seiner Wahrheit. Ich sprach einst: *„Ihr sollt heilig sein, denn Ich bin heilig"* (3. Mos. 19,2), und weil ihr wisst, dass Meine Liebe euch nichts auferlegt, was ihr nicht ausführen könnt, so glaubt, dass es euch möglich ist durch Meine Gnade euch zu heiligen.

Die Heiligung ist ein Akt, der nie aufhören kann, jede Minute in eurem Leben gehört dazu dieselbe zu beachten. Sie kann nicht bloß ins Handeln gelegt werden, sondern auch im Denken muss sie die Oberhand gewinnen. Eure Arbeit im Innern soll nur in Gemeinschaft mit Mir, als dem Heiligen Geiste vollbracht werden, dass ihr so nach und nach ganz dem Einflusse des Bösen euch entfremdet, und euch die Ausübung reiner göttlicher Liebe ein Bedürfnis wird. Es ist dies die Folge der sich fortsteigernden Verbindung mit Mir. Ihr rückt durch diese Übung, wozu Ich euch Selbst antreiben will, immer näher an Mein Vaterherz, welche Bitte Ich im hohepriesterlichen Gebet aussprach in den Worten: „auf dass sie eines seien, gleichwie wir eins sind" (Joh. 17,21). Dieses verbindet auch euch immer fester miteinander. Es wird euch dadurch eine Geistessprache verliehen, die nur ihr untereinander versteht und die die Weltmenschen nicht kennen.

„Ich bitte nicht für die Welt, sondern für die, die du Mir gegeben hast" (Joh. 17,9), denn Ich will denselben eine Gabe geben, deren Wert die Welt nicht kennt, die aber von Meinen Kindern immer mehr höher geachtet wird, und die sich stets vermehrt, bei ihrer Freude darüber. Ich will sie euch nicht mehr vorenthalten, sondern mit den Worten Meiner Liebe euch Kraft geben diese Gabe in euch aufzunehmen, damit ihr die Worte verstehen lernet, welche Ich sagte: „Ihr sollt heilig sein, denn Ich bin heilig", und ihr euer Vertrauen in Mich setzet, dass Ich als der Anfänger dieses Werk in euch auch vollenden kann.

So segnet ein Vater seine strebsamen Kinder mit vollem Herzen, und liebt euch – auch wenn ihr euch zu unwürdig glaubt, wenn ihr mit redlichem Willen diese Gnade ergreifet! Amen! Euer treuer Vater in Jesu.

Winke über das Verhältnis zu anderen geistigen Richtungen

29. Juli 1881

(Nach Besprechung einiger uns neu bekannt gewordener eigentümlicher Medien, wovon das eine den anonymen Roman „Eritis sicut Deus" diktiert bekam (Anfang der 1850er Jahre), um einem modernwissenschaftlich-religiösen Rationalismus entgegenzutreten, gab uns der gute himmlische Vater Folgendes kund:)

Meine lieben Kinder! Es ist euch heute ein Wort von Mir Selbst nötig, indem ihr von zwei Personen wisst, dass auch sie unter himmlischem Einflusse stehen, und zwar durch Vermittlung ihrer Schutzgeister, welche schon auf Erden sehr trauerten über den Abfall der Christen. Darum ist auch die Sprache, welche dieselben führen, eifrig, drohend und verheißend. Sie (diese Schutzgeister) bieten alles auf – Seelen durch ihren Zuspruch für Mich zu gewinnen, und sind durch Meine Gnade dazu ausgerüstet. Ihre tiefe Demut Mir gegenüber macht, dass sie selbst sich vor ihren Zöglingen ganz verbergen, und Mich als redend bei denselben bekunden, was Ich also gerne zulasse, weil ja doch im Hintergrunde Ich Selbst es bin, Der Seelen retten will.

Solche Geister, welche so in der Liebe stehen, befinden sich in dem Verhältnisse zu Mir, wie Ich es im Erdenleben bezeichnete: „Ich und der Vater sind eins!" (Joh. 10,30) also leben auch solche Geister der Liebe ganz in Mir, und können unter Meinem Namen beeinflussen.

Darum ist sowohl das fragliche Buch (3 Bände) wohl unter göttlichen Einfluss, aber nicht direkt von Mir gegeben worden, wie auch die andern Seelen durch ihre Führer täglich mit Mir mehr in Verbindung kommen.

Doch heißt es in der Bibel, welche auch hier gilt: „*Ich habe noch andere Schafe, die sind nicht aus diesem Stalle*" (Joh. 10,16), also ist auch die Sprache der Kundgaben so verschiedenartig, dass sich die Suchenden (und also den verschiedenen Richtungen Angehörenden) sehr stoßen können.

Bleibet ihr daher fest an dem, was Ich euch gebe, und glaubet, dass Ich als euer Vater euch schon viel mehr anvertraut habe, als den andern, welche zu viel umherschauen auf dem geistigen (hier speziell philosophischen und politischen) Gebiete. Erquickt euch an den Kindesworten, welche schon viel mehr Segen wirkten, als diese (fraglichen) großartigen Darstellungen.

Elias erwartete Mich im Sturme, Ich aber zog vorüber im stillen sanften Säuseln. (1. Kön. 19,11-12)

Jetzt ist es am besten für euch, unbemerkt euch zu laben an dem, was Ich euch gebe, darum verratet Mich nicht vor solchen, die sich gleichfalls rühmen von Mir Worte zu erhalten. Ich führe diese gleichfalls zum Ziele, aber es ist für keinen Teil gut sich untereinander zu mischen. Das Zusammenführen will Ich Mir vorbehalten, und werde Ich euch noch deutlichere Winke geben, wenn es an der Zeit ist.

So segne Ich euch auch heute als Meine kleinen aber lieben Kinder! Amen! Euer Vater!

Zur Erinnerung an unsere erste Konferenz 1882

1. August 1883

Meine lieben Kinder! Wenn ihr euch nun alle versammelt an der Stätte, wo Ich euch väterlich umarmte und segnete, so will auch Ich Mich wiederum als Vater bei euch einstellen, euch sagend:

Kinder, ihr habt Mir dieses Jahr Freude gemacht, und zwar durch eure Treue, die ihr festgehalten im Vertrauen, in der

Liebe, sowohl zu Mir als unter euch, in der Opferbereitwilligkeit wie in der stillen Ergebung in Meinen Willen.

Denn Ich weiß, euer Eifer ist groß in der Mission (für das wahre Licht der göttlichen Liebe), und darum erfordert der stille langsame Fortschritt von eurer Seite Geduld, weil ihr noch zu wenig Einblick in das geistige Gebiet habt, auf welchem der euch anvertraute Same keimen und gedeihen soll.

Doch sorget nicht, überlasset dies alles Mir, und freuet euch mit Mir, dass wir einig sind. Ihr liebt Mich, Ich liebe euch. Ja, Ich liebe euch nicht nur als geschaffene Kinder, sondern als Meine wahren Kinder, die Mir folgen wollen. Und weil Ich der Allwissende bin, so sehe Ich euer Herz an diesem Punkte, und achte der Schwächen nicht, die ihr noch an euch habt, sondern lasse dieselben euch bloß fühlen, damit ihr euch bemühet zu erstarken zu eurem eigenen Heile.

Fahret daher mit Mut und Freudigkeit fort Mir zu vertrauen in allen Stücken, auch darin, dass Ich Mein Reich unvermerkt ausbreite und es zu vergrößern weiß. Stellt euch so, dass ihr auf nichts Besseres hofft, weil ihr das Beste schon erfasst habt, das ist Meine Liebe, die sich immer mehr mit euch verbindet. Denn diese ist das höchste Ziel der Seligkeit, und kann euch nichts Höheres geboten werden; aber dieses kann auch nie mehr verrückt werden ohne euren eigenen Willen.

Darum blicket zurück auf das verflossene Jahr, und fraget euch, ob Ich Wort gehalten und euch gesegnet habe, und ein jedes von euch wird ein frohes „Ja" sagen. Denn alle seid ihr treu geblieben, die Zahl ist voll, und noch manch andere sind angefacht durchs Wort. Darum segnet euch abermals aufs Neue euer treuer Vater.

Ein Wink in spiritistischer Richtung
in Anwesenheit eines Spiritisten

2. Dezember 1883

Meine Lieben Kinder! Wie lange soll Ich euch noch Worte geben, bis Ich den wahren Glauben bei euch finde, und die wahre Aufnahme in euren Herzen! Es ist immer wieder nötig euch aufs Neue zu Mir zu ziehen, auf dass ihr treu bleibet, und nicht zu viel darauf achtet, was euch als Wunder oder neue Entdeckung auf dem spiritistischen Wege vorkommt, dessen Endziel doch Ich Selbst bin. Nur dann hat der Spiritismus einen Wert, wenn er zu Mir leitet, alles andere bleibt untergeordnetes Mittel.

Mein Verkehr mit euch in direkten Worten soll namentlich die Decke abnehmen von so manchen Stellen in der Heiligen Schrift, deren Sinn verketzert oder gar nicht verstanden wird. Denn je lieber Ich einem Kinde werde, desto mehr möchte es von Mir und Meinem Wesen wissen, welchen Wunsch Ich auch erfüllen will.

Solchen aber, die nicht (vor allem und bei allem) nach Mir fragen, bleibt das Verständnis verschlossen darüber, bis die Zeit das ist, wo Ich Mich (allgemeiner) offenbaren will.

Darum sage Ich euch: Wollt ihr Mich immer mehr gewinnen, so seid kindlich im Glauben, dass Ich es bin, Der unter euch weilt, und hört nicht auf eure Widersacher, (die solches bestreiten und bezweifeln).

Wünscht auch nicht, dass Ich euch wunderbare Beweise an die Hand gebe, sondern wünscht vielmehr nur, dass Ich den Geist der Liebe und des Gebetes in euch mehren wolle, um dadurch andere ebenfalls für Mich zu gewinnen!

Also fahret fort in stiller Demut Meine Worte hinzunehmen, wozu Ich euch segnen will – als euer Vater in Jesu! Amen!

Winke über unsere Mission I.

30. Dezember 1883

Kinder Meines Namens, die ihr abermals versammelt seid, um Mich in eure Mitte zu rufen, damit Ich euch segne und euch Kraft gebe eure guten Vorsätze auszuführen, die ihr gefasst habt, um Meinem zweiten Kommen Bahn zu brechen, Ich gebe euch Mein väterliches „Amen" dazu.

Fahret fort treu zu bleiben, auch in kommender Zeit, und verlasst euch auf Mich, als den Wahrhaftigen, Der hält was Er verspricht, und euch seither durchgeholfen hat, wenn auch nicht nach eurem Verstande, so doch zum geistigen Wohlergehen.

Es wartet noch viel auf euch, wobei es immer wieder nötig sein wird eine Beratung mit Mir im stillen Kämmerlein zu pflegen. Ich werde immer klarer und deutlicher Mich vernehmen lassen, und auch Meine Kinder (von Drüben), welche zum Schauen gelangt sind, dabei insofern sich beteiligen lassen, dass auch sie mit euch in göttlich-(geistiger) Art verkehren. Darum seid freudig, der Friede walte unter euch und in euch! Amen! Euer Vater.

Winke über unsere Mission II.

6. Januar 1884

An alle Meine wahren Kinder! die sich gedrungen fühlen, für Meine Ehre und aus Liebe zu Mir Meine neugehoffenbarten Worte drucken zu lassen, wozu jedes ein reines freies Opfer bringen will.

Ich bin der Anfang und das Ende, das A und das O, und der Allmächtige von Ewigkeit, und die ewige Liebe. Aber Ich will zugleich sein ein Bruder unter euch, und will euch umfassen mit Meiner Liebe, Ich will raten und helfen mit euch und unter euch, aber nicht regieren. Ihr sollt Meine rechte Hand sein, und Bahn brechen dem Lichte (im neuen Worte), das vorhergehen solle mit seinem Glanze, ehe Ich erscheine, damit noch viele aufmerken, dass die Zeit gekommen ist, welche schon viele ersehnten, nämlich der große Tag, der die Finsternis vertreibt, auf dass es helle werde, und die finstern Geister nicht mehr die Erde als ihre Behausung besitzen, sondern Meine Diener des Lichtes und des Friedens ein- und ausgehen können bei den Menschen als ihre Brüder, weil Ich auch sie als Brüder liebe!

Sehet, ihr Lieben, dies ist eure Aufgabe, die ihr lösen sollt, und die einen so unscheinbaren Anfang hat. Aber im Kleinen will Ich Mich groß zeigen, so dass ihr noch in der Ewigkeit staunen werdet über das große Gedeihen einer Sache, die euch zuerst in die Hände gelegt und anvertraut worden ist.

Darum will Ich euch alle hierzu segnen mit Meiner ganzen Liebe, euch aber keine weitere Bedingung dazu geben, als euch bitten: ehret Mich durch euren Willen und eure Liebe! Amen! Euer Jesus.

Führungswinke vom himmlischen Vater

23. Januar 1884

Mein lieber Sohn! Schon lange sind dir einige Worte von Mir zugedacht, welche Ich aber aus verschiedenen Gründen hinausschieben musste, und die Ich jetzt dir anführen will, damit du daraus ersiehst, wie Ich in dem kleinen Kreise regiere, in welchen auch du eingereiht bist.

Ich kann dabei jeden Einzelnen des Prozesses der Probe und Läuterung nicht überheben, sondern lasse deshalb oft durch Meine jenseitigen Diener starke Beeinflussungen zu, welche solches herbeiführen, was aber von den meisten Meiner Nachfolger nicht anerkannt, wenigstens nicht als eine Gnadenführung, sondern als „Anläufe des Teufels" betrachtet wird.

Wäre dieses den Menschen durch die Erleuchtung des Heiligen Geistes mehr aufgedeckt, so würde in manchen Fällen die Geduld mit den Schwachen besser Probe halten, und Vorkommnisse, welche oft friedestörend vor euren Augen stehen, dankbar geprüft werden.

Es ist dieses ein unsichtbares Zurichten der Steine zum großen Tempelbau, wo eben noch viele Ecken mit dem Meißel zu bearbeiten sind.

Siehe, darum betrübe auch du dich nicht um deinen Zögling, der Mich zwar liebt und Mich will, aber noch zu eckig zum Einfügen ist. Meine Gnade ist es, die mitwirkt denselben durch allerlei Rupfer und Stupfer mehr auf sich selbst aufmerksam zu machen. Und weil ihr alle, welche ihn lieben, eure Fürbitte für ihn einlegt, so will Ich Mein Gnadenamt an demselben beweisen, ihm aufdeckend, dass er aus Liebe zu Mir noch vieles ablegen muss, woran die Übrigen im Bunde ein Ärgernis nehmen, und zwar weniger um ihrer selbst willen, als weil sie befürchten, die Ehre Meines Namens gefährdet zu sehen, bei solchen, die begierig nach dem Himmelsbrote verlangen, welche ihnen aber dadurch unverdaulich vorkommt, wegen dem übelriechenden Gewürz, welches ihnen von einem sein wollenden Diener von Mir gleichfalls als göttliche Speise dazu angeboten wird, während es doch nur ein Produkt seines Verstandes ist. (Mt. 16,6)

Fasset ihr dieses ins Auge, so dürft ihr wohl mit Ernst über ihn wachen, eure göttliche Liebe segne Ich dabei. Doch – will er in seinem Eigendünkel verharren, so weiß Ich Mittel, die ihn belehren, vielleicht aber bittere Folgen haben, denn Ich will kein

Gemengsel in Meinen Wahrheiten, sondern die Stimme des Vaters soll Meine Kinder lauter beglücken, und sie weder verwirren noch beängstigen!

Durch göttliche Beeinflussung wurde einst ein Bild gemalt, ein Hirte, der ein Lamm aus den Dornen zu ziehen sucht, wobei er manchen Stachel in die Hände bekommt. Es ist dies eine schöne Entsprechung Meiner Vater- und Hirtenliebe. Der Zeitgeist hat jetzt dieses Bild für altmodisch erklärt, denn es will Niemand an dieselbe erinnert werden. Aber ihr als Meine strebsamen Kinder blicket im Herzen auf dieses Bild, wenn eine saure Arbeit euch aufgetragen wird, Mein Vatersegen begleitet euch. Euer Jesus.

Ein Trostwort

24. Februar 1884

Meine lieben Kinder! Euch allen sage Ich für eure Liebe und Treue Meinen Vatersegen zu, und auch du Mein Sohn, lasse dich's nicht beirren, wenn Ich in letzter Zeit dich im Stillen Selbst pflegte, denn wenn der äußere Mensch leidet, wächst der innere Mensch durch Meine Gnade, bei denen die Mich lieben.

Ich will Selbst euer Arzt, euer Führer, euer Lehrer und Tröster sein, damit ihr fühlet und erkennt, dass Ich unter euch bin allezeit im Geiste der Liebe und Heiligung.

Also ist Mein Erscheinen an euch erfüllt durch den Heiligen Geist. Ich werde vorerst nur so Mich den Meinen offenbaren und sie segnen; haltet stille bei solchen Wahrnehmungen, und verratet Mich nicht, ehe es Zeit ist Mich im Allgemeinen mehr zu offenbaren.

Und es ist somit erfüllt das Wort: *„Auf dass sie alle eines seien, gleichwie du Vater in Mir und Ich in Dir."* (Joh. 17,21)

Euer Jesus-Vater!

An Meine wahren Kinder

(im Zusammenhang mit dem heutigen Vaterbriefe Nr. 385)   2. März 1884

Liebe Kinder! Ich habe euch heute den Zusammenhang Meines Wesens enthüllt, wie es noch nicht in Worten irgendwo geschrieben steht, wohl aber wurde schon manches Meiner wahren Kinder durch den Geist darüber belehrt. Nun aber ist die Zeit gekommen, wo solches allen suchenden Seelen mehr klar werden solle; darum soll es im Ausdrucke des Wortes gegeben werden.

Ich habe euch nun den Urgeist als Vater, Seine Willenskraft als Erzeuger, und zugleich als tätige Kraft im Körper gezeigt. Denn obgleich die äußere Form des Menschen aus materiellem Stoffe besteht, so ist diese Form doch ganz durchwoben vom Seelenäthergeist, welcher sich vollends ausbilden solle zu einer vom Göttlichen durchwobenen Lichtform oder Lichtleib, welcher so der Willenskraft des Geistes unterworfen ist, dass von dessen Willen sein augenblickliches sichtbares Bestehen, und wiederum sein Vergehen ins Unsichtbare abhängt.

Dieses zu bewirken, ist jedem Geiste möglich, auch den bösen; aber bei diesen bewirkt solche Umwandlung Arges, Böses; bei den guten Geistern dagegen Licht und Freude. Diese benützen solche Gnadenausstattungen zu Meiner Ehre, und ihre Seligkeit wird dadurch erhöht.

Darum ist ihnen die Bitte sich fühlbar tätig zeigen zu dürfen eine Erquickung, und wird ihnen solches von Mir auch erlaubt. („*Sind sie nicht allzumal dienstbare Geister, ausgesandt zum Dienst um derer willen, die ererben sollen die Seligkeit?*" Hebr. 1,14)

Gegen die Worte, wo es in der Schrift heißt – „Du sollst die Toten nicht fragen!" (5. Mos. 18,11) ist der Aufschluss darin gegeben: Du sollst die geistig Toten nicht fragen; denn dadurch vermehrst du ihre Verstocktheit und ihren Zorn, dass sie dich böswillig hintergehen, und du und sie Schaden leiden.[1]

---

[1] Im christlichen Glaubensbekenntnis heißt es ja: Ich glaube an die Gemeinschaft (also Verkehr, innere Verbindung) der Heiligen (d. i. der Seligen), denn auf dieser Welt sind doch diese nicht zu suchen, d. h. es bedeutet für diese Welt die wahren Gläubigen jeder Richtung als Kinder Gottes, und desgleichen die Drüben als Selige! Denn der Geist ist's Der uns zu Kindern Gottes – des Urgeistes macht, ob sie schon im puren Lichtleibe oder noch im irdischen Überkleide sind, das ist Nebensache. D. Hsg.

Dagegen aber mit seligen Geistern im Verkehre zu sein, ist eine selige Gemeinschaft, wo Ich Selbst unter diesen weile, und denen die Mich lieben (vom Dies- und Jenseits) ein Freudenmahl bereite.

So sollt ihr auch in diesen zwei Punkten Licht erhalten, um, wenn es Not tut, euren Suchern damit zu dienen.

Vor allem aber versenkt euch recht in eure Dreiheit, damit ihr sie heiligt zu einem ganzen Eins, nach Meinem Ebenbilde, wodurch euch schon hier auf Erden noch manche Kraft kann gegeben werden, die vom richtigen Zustande dieser eurer Dreiheit abhängt. Euer Vater.

Ein himmlisches Vaterwort

23. März 1884

Kommet her zu Mir alle, Ich will euch erquicken und euch geben lebendiges Wasser, das da quillt aus dem Urquell der Liebe, auf dass Meine Kinder wieder zunehmen an Kraft, Weisheit und Liebe, und ein jedes durch sich selbst erkenne, dass Ich, der allmächtige Gott es bin, der unter euch weilt und wirkt, und jedes unter euch besucht in Seiner Liebe.

Zuerst sollt ihr dessen euch so versichern, dass keine Macht imstande ist, sich zwischen Mich und euch zu drängen, um uns zu scheiden. Und ist dieses durch Meine Gnade möglich geworden, dann will Ich schon weiter Meinen Kindern sagen, was sie für Mich tun sollen.

Das Tun für Mich soll euch als Freude erlaubt werden, und von euch als eine Gnade anerkannt sein; nur so will Ich eure Dienste dann annehmen.

So höret und merket auf Mich, gleichwie es einst David tat, welcher gleichfalls dadurch tüchtig wurde Mein Lob zu verkünden! Amen! Euer aller Vater.

Winke für angehende Vatermedien

27. März 1884

Meine lieben Kinder! Ich muss euch wirklich wunderlich führen, denn die Zeit, in welcher ihr jetzt lebt, erfordert es, dass ihr im Vertrauen erstarket, und ohne jede freudige Aussicht dennoch Mir treu dienen wollt, so wie Ich euch dazu berufen und belehrt habe.

Es ist jetzt nötig, dass ihr so viel als möglich unbeachtet bleibet und gering gehalten seid, damit euch keine nähere Aufmerksamkeit geschenkt wird.

Darum haltet still im Gebet, und glaubet fest, dass noch viel Arbeit auf euch wartet; deshalb Ich auch euch alle stärken will, und euch Meine Worte in die Feder diktieren werde, wozu ihr aber noch große Vorübungen machen müsst. Doch sollt ihr nur auf Meine Liebe blicken, die alles wohl, ja am besten macht, und sollt darauf achten, dass ihr sicher seid, dass Ich es bin, Der mit euch spricht, was am besten dadurch herausgefunden werden kann, wenn ihr nach nicht lange anhaltendem Schreiben dasselbe leset, und dann euch wieder in ein Herzensgespräch mit Mir einlasset.

Ich muss euch auf diese Art ganz langsam zum Hören auf Mich bringen; denn ihr seid schon zu weit voran im (Verstandesleben und) Selbstdenken über Mich, und fühlet dann in diesen Momenten nicht, wie Ich so ganz brüderlich nach menschlicher Weise mit euch reden will, durch den (Herzens-)Gedankenkanal, der für Mich in diesen Augenblicken ganz allein offen stehen soll. Und wenn es anfangs nur zwei Worte sind, die rein hindurchfließen, so wird es nach und nach doch zu größeren Ansprachen kommen.

Ich gebe diese Erläuterung, damit Meine Kinder sehen, wie Ich mit ihrem regen Eifer zwar einverstanden bin, aber auch wie nötig es ist denselben durch allerlei Zwischenfälle zu ordnen.

Wenn Ich nicht eile, o so seid auch ihr nur ruhig, wenn ihr auch glaubt es habe ein Misslingen stattgefunden. Schauet auf diejenigen zurück, die diese Schule schon seit vielen Jahren durchlebten, und prüft ob sie zuschanden wurden, bei allen Gefahren, welche ihnen den Untergang drohten.

Und so segne Ich euch heute abermals – als euer Lehrmeister Jesus Christus, gestern und heute und in alle Ewigkeit! Amen!

Nach dem Liebesmahl

Meine lieben Kinder! Warum sollte Ich euch nicht (besondere) Worte geben am heutigen Tage, indem Ich euch doch versprochen habe bei euch zu Tische zu sitzen, und das Mahl der Liebe unter euch mitzugenießen.

O Kinder, es hat Mich erquickt die Einfalt eures Herzens, eure redlichen Vorsätze, euer vertrauensvolles Harren.

Teilet euch mit Mir die Geduld mit euren Mitmenschen, und sucht dieselben Mir zuzuführen, soviel es euch möglich ist. Und wenn ihr glaubt, dass ihr durch eure Verhältnisse dabei zu sehr gebunden seid, so wisst, dass dieses bei Mir ebenso der Fall ist. Ihr seid es durch eure Ohnmacht, welche Ich aber nicht ändern kann (oder will), weil die Liebe, die da Erfolg bewirken soll, selbst errungen werden muss. Ich kann euch zwar im Kampfe um dieselbe zu Hilfe eilen und euch Kraft geben, aber der Kampf um diese muss von eurem Wollen gewählt werden.

Ich bin gebunden durch Meine Liebe, welche bei den Menschen kein Zwangsmittel zu deren Umkehr erlaubt. Also müsst ihr durch eure Liebe eure Mitmenschen bewegen sich an Meine Liebe zu wenden, anstatt dass dieselben von Mir weichen, zurückgeschreckt von Meiner Macht.

So müssen wir untereinander teilen, ihr gebt Mir eure Liebe dadurch, dass ihr den Nächsten liebt. Ich gebe euch Macht dadurch, dass Ich den göttlichen Funken oder Geist des Menschen mehr (wecke und) entzünde in den Augenblicken, wo ihr einer Seele Liebe beizubringen bemüht seid, und so sind wir vereint in der Liebe, und ihr seid somit, als Meine eingeweihten Kinder, Mitarbeiter an dem großen Rettungswerke, das Ich begonnen habe. O harret aus und wisset, dass der göttlichen Liebe der Sieg folgt!

Nun ist auch dieser Tag wiederum ein neuer Vereinigungstag mit den Meinen geworden, und Ich darf Mich freuen über ihre Treue. Meinen vollen Vatersegen all den Meinen! Euer Jesus-Vater.

Zum Geburtstag

6. Juni 1884

Liebes Kind! Weine nicht, weil du glaubst, deine Zunge sei zu lahm, das Dankgefühl auszusprechen, das in deinem Herzen am heutigen Tage sich einstellt, im Rückblick auf deine seitherigen Führungen, sowohl innerlich als äußerlich, bis auf den Punkt, wo du jetzt angekommen bist.

Dein Vertrauen, damit du auch in schweren Heimsuchungen und Leiden dich an Mich gewendet hast mit Bitten und Klagen ist es, darum die Gnade dir stets in reicher Fülle zuteilwurde, ohne dass du es oft nur ahntest. Denn nicht in der Erfüllung äußerlicher Hilfe, liegt die Erhörung der Gebete, sondern ein stiller geistiger Segen wird dadurch bewirkt, und dieser Segen besteht in einer näheren Verbindung mit Mir.

Um aber solche Verbindung zwischen Mir und der Seele festzuhalten, muss Ich immer die nötigen Mittel anwenden, welche leider oft ganz gegen den Sinn und das Wohlbehagen des Menschen gehen, weil durch solche Mittel meistens eine Entfernung von solchen Dingen geschehen muss, welche statt die Liebe zu Mir hinzuleiten, dieselbe von Mir abziehen; solches kann oft nur durch Gewalt geschehen.

Oft sind bittere Verluste von Besitztum, oder von guten Freunden, Enttäuschungen, und oft auch Krankheiten usw., lauter Erziehungsmittel. Wohl jedem, welcher dieselben als solche durch die Erleuchtung des Geistes anerkennt, weil sie erst dann den vollen Gewinn bringen.

Darum aber, wenn dich noch eine Bürde drückt, so sehne dich nicht so sehr, dieselbe abzuschütteln, damit das Kleinod, das oft darin verborgen, nicht dabei verloren geht. Komme lieber um Kraft zu Mir dieselben würdig tragen zu können, und überlasse mit kindlichem Vertrauen die Zeit der Abhilfe Mir.

Dies sind die besten Dankworte, und sie bringen dir Segen, wenn du einsiehst wie alles an dir vorüberging, ohne dir zu schaden, sogar äußerlich nicht, wohl aber dich anhauchte mit dem Friedenshauche, der sich bleibend in dir bilden sollte, um einst als dankbares Kind in Mein Reich aufgenommen werden zu können.

Arbeite ruhig weiter mit der Kraft, die Ich dir zuweise, und fühlst du dich schwach, so bitte um noch mehr Kraft, so wird es dir geben dein treuer Vater Jesus.

Ein Missionswink

24. Juni 1884

Mein lieber Sohn! Nicht immer stelle Ich Meine Aufgaben an Dich, dass es bloß schwere Kämpfe sind, die dabei stattfinden. Du bist nun soweit erzogen, dass du manches selbst wählen und entscheiden sollst. Wie du aber nach Meinem Willen in der Angelegenheit des P. handeltest, so war es Mir zur Freude, dass du Meine Ehre und Meine herablassende Liebe festhältst, und nicht durch Geld dich berücken ließest, ein Jota davon abzuweichen. Wer in dieser Sache nicht für Mich ist, der ist wider Mich, und ICH muss jedem Zweifler eine andere Schule anweisen.

Diese bedenken zu wenig, dass alles auf Erden Mein ist. Auch das Silber und Gold, welches zu Meinen Zwecken nötig ist, soll dir so zufließen, wie Ich es für gut finde. Es ist schon längst dasselbe bereitet, allein wie ein Vater sich freut, stündlich, täglich den Kindern das Bedürfnis zu geben, so will auch Ich in eurer Mitte Mich stets als helfender Vater beweisen. Wohl allen, die sich gebrauchen lassen, Meinen Kindern, welche für Mich und Mein Reich leben wollen, hilfreiche Hand zu bieten. Denn sie sind berufen, sich in Meiner wahren Kinder-Familie einzureihen. Amen! Dies zu deiner Beruhigung für heute. Dein treuer Vater.

Ein Licht- und Trostwort

7. Juni 1884

Liebe Kinder! Es sind viele von Meinen wahren Kindern in schweren Kreuzschulen. Es ist bald Zeit zur Ernte (hier in natürlicher Hinsicht), wo die Hitze der Sonne vorausgehen muss, um die Frucht auszureifen damit sie gut und nahrhaft wird. So muss auch bei Meinen wahren Kindern die Gnadensonne oft heiße Strahlen spenden, bis sie tauglich sind für Mich, genießbare Früchte zu tragen.

Und wenn bald da, bald dort diese Hitze auch euch selbst trifft, o seid statt mürrisch, dankbar, und wenn ihr von anderen hört, dass dieselben am Unterliegen sind, bei der kräftigen Einwirkung der Gnadensonne, o so haltet sie, statt dieselben (richtend) zu beurteilen, für Meine wahren Kinder, und bittet für sie, als für eure wahren Geschwister, damit solche Heimsuchungen bessere Früchte bewirken! Für heute genug von eurem treuen Vater.

Vaterwinke

11. September 1884

Liebe Kinder! Es sei, dass Ich auch jetzt in eure Mitte trete, um das Kind Meines Kindes, welch letztere Mir alle ihre Kinder in treuer Mutterliebe übergeben hat, zu überzeugen, dass Ich ein nahbarer Gott und Vater bin, und Mich gerne von Meinen Kindern finden lasse. Auch in den unscheinbarsten äußeren Fällen dürfen dieselben an Mich sich wenden, und Ich rate und helfe auf eine freilich oft gar wunderbare Weise, die zwar nicht immer nach ihrem eigenen Gutachten geht, und vorher noch durch stilles Vertrauen erreicht werden muss.

So geht es nun speziell auch bei Meiner lieben Tochter, welche in Liebe zu Mir hält, Ich will ihr gleichfalls kein zu schweres Opfer auferlegen, in dem was sie beängstigt, sondern sie wird Mich preisen, und hernach erschauen, dass ihr Vertrauen nicht umsonst ist. Einstweilen aber kann sie in manch äußeren Dingen ruhig selbst wählen; es wird ihr stets gesegnet werden, was sie in Meinem Namen unternimmt, und auch ihren Kindern wird der Weg geordnet, welcher mehr zu Mir führt, als ab von Mir.

Obgleich sie den freien Willen haben, das Sichtbare mehr zu ergreifen als das Unsichtbare, so zieht doch die Gnade mächtig in ihnen, um sie aufmerksam zu machen auf das wahre, unvergängliche Kleinod, das ewig strahlt. Wohl ihnen, wenn sie stille Stunden dazu anwenden, dessen hohen Wert immer mehr kennen zu lernen, Ich werde es ihnen dabei an tüchtigen Lehrmeistern nicht fehlen lassen.

Und so will Ich auch den anwesenden Sohn ganz in Meine Erziehungsschule aufnehmen, mit dem Zurufe: Fürchte dich nicht vor Meiner Zucht, Meine göttliche Weisheit wirkt vereint mit der göttlichen Liebe, die nie aufhört ihren Kindern nachzugehen und das himmlische Kleinod ihnen anzupreisen. Folge auch du Mir nach, so wirst du es ewig nie bereuen. Amen! Euer Vater in Jesu.

Winke bei Missverständnissen

28. September 1884

Meine lieben Kinder! Ihr habt mich um Worte für euren Geistesbruder gebeten, welcher euch das Beispiel der Sonne vorhält, in den Worten: „Der Herr lässt Seine Sonne scheinen über Gute und Böse." (Mt. 5,45) Diese Worte sind schon oft von Menschen angewandt worden, wenn es sich um Hass handelte, um eine verzeihende Liebe dadurch hervorzurufen, wofür Ich jedes segne, welches diese Worte zu seiner Richtschnur nimmt.

Nun aber gleicht das Verhältnis zwischen euch und dem Bruder P. mehr einem Himmel, wo eine Wolke die Sonne verdeckt, die aber darum doch vorhanden ist, weil ihr nicht feindlich oder lieblos im Innern gegen euren Bruder steht, sondern denselben Mir im Gebet empfehlet, so dass ihm die Wirkung der Gnadensonne auf eure Fürbitte zufließt, auch durch die Wolke, welche die Sonne verhüllt auf einige Zeit, die aber dann stets wieder herrlich hervortritt.

Wenn eure Liebe, zu demselben um Meinetwillen sich äußert, so muss doch auch euer Zurückziehen um Meinetwillen geschehen. Denn was helfen alle Worte von Mir (und den Meinen), wenn sie demselben auch zukommen, so er dieselben nicht um Meinetwillen schätzt, sondern um euretwillen, also um Menschenwillen dieselben verleugnet, gleichwie Petrus um der geringen Magd willen Mich verleugnete! Dass aber Ich nachher den Petrus ansah und ihn segnete als einen Glaubensfelsen, das solle auch euch trösten.

Ehe aber Ich diesen Gnadenblick abermals ihm zuwende, sollt auch ihr auf Meine Güte hoffen, und festhalten in der Treue, dass Ich es bin, Der mit euch ist!

Verratet Mich nicht um 30 Silberlinge, sondern wisset, dass Ich Der bin, Dem Himmel und Erde gehört, und Mittel genug besitze euch nicht Waisen zu lassen.

Um aber diesem Sohne eine Genugtuung zu geben, weil er meint der andere Bruder sei zu lieblos behandelt worden, so solle derselbe mit den zugeschickten Worten nach Gutdünken handeln, und Ich Selbst werde ihn nochmals darüber belehren.

Was das äußere Entgegenkommen von beiden Seiten betrifft, so will der natürliche Mensch dabei mitsprechen. Deshalb gedenke ein jedes unter euch an die Worte: „So ihr liebet die euch lieben, was tut ihr als Meine sein wollenden Kindern Sonderliches daran!" (Mt. 5,46-47)

Bleibet ruhig nach außen, aber fleißig in der Fürbitte für euren Bruder. Meine Unterschrift leset in eurem Herzen.

Über die Liebe

18. Oktober 1884

Liebe Kinder! Die Liebe ist es, welche Cyrenius[1] euch immer wieder ans Herz legt, weil auch sein eigenes Glück in dem bestand, von Mir geliebt zu werden.

Dieser Nachfolger von Mir hatte die Liebe auf alle Verhältnisse in seinem Leben übertragen, er war erfüllt von Liebe schon dort, da Ich mit Meinen Pflegeeltern zu ihm kam, als ein Bild der größten Armut und Verlassenheit. Nur durch die Liebe konnte der göttliche Geist in ihm bewirken, dass er Mich aufnahm; und ihr sehet nun an demselben, zu welch hoher Stufe von Seligkeit er gestiegen ist durch die Liebe.

Und darum treibt ihn die Liebe stets wieder an, mit euch zu verkehren, auf dass auch ihr völlig werden sollt, in der Liebe, die euch vom Jenseits umgibt, und dass Ich Mich mit ihm vereine und auch ein Wort der Liebe euch gebe.

Stoßet daher diese Worte des Cyrenius nicht zurück, sondern beherziget sie wohl, auf dass ihr mehr genießen könnt die Sphäre eurer heiligen Umgebung, welche mit Liebe euch umweht, auf dass auch ihr lernet in allen täglichen Vorkommnissen die Liebe mehr walten zu lassen, so wird euer inneres Wohlsein von Tag zu Tag sich steigern, und ihr werdet Mich immer besser verstehen und lieben lernen.

Kommet auch ihr mit eurer Liebe zu Hilfe, wenn sie (die Weltmenschen und die Buchstabenreiter) Steine gegen Mich aufheben, und Mich vollends ausstoßen wollen mit Meiner Lehre; o beweiset durch die Liebe, dass ihr Abkömmlinge von Mir seid (als geistig gezeugte Kinder) und wohl erkannt habt, wer Ich bin, nämlich – euer Vater Jesus!

---

[1] siehe die Kundgaben in Nr. 25 „Die Frohe Botschaft"

Verhaltenswinke bei Diebstahl

14. September 1884

Mein liebes Kind! Fürchte dich nicht vor dem Überfalle der bösen Geister, welche dich überrumpelt haben und dich umlagern (sie fühlte sich so an Kopf und Brust beklommen, dass sie das Schlimmste fürchtete – den Verstand zu verlieren). Sie haben einen Augenblick dazu benützt, in welchem du mehr für sie als für Mich zugänglich warst. Sobald du aber nach Meinem Sinne handelst bei diesem Vorkommnisse, so kann dasselbe dir zu großem geistigem Segen werden.

Bete für solche, die dich berauben (wie Maria tat), als für solche Sünder, welche der Gnade nicht zugänglich sind, und darum großes Mitleid verdienen. Bete, dass die Gnadenzucht ihnen zuteilwird, und es wird dir reichlich ersetzt werden an geistigem Gewinn.

So aber, wenn du dich ärgerst, verlierst du nicht allein Materielles, sondern du lässest die Gelegenheit unbenützt Feindesliebe zu üben, die in solchen Fällen eigentlich weniger Feinde gegen dich sind, sondern von ihren Leidenschaften angetrieben, es eben nicht genau mit dem Stehlen nehmen. Es ist nun dieses Übel an ihnen gezeigt worden, darum komme um Abhilfe zu Mir, dass es Meiner Gnade möglich ist, sich ihnen zu nähern, und sie zur Umkehr zu veranlassen. Ist dieses geschehen, o so ist dein Verlust gering gegen den Wert eine Seele gebessert zu haben, und auch deine Brüder (und Schwestern) werden teil an dem Segen haben, welcher eurer Fürbitte folgt.

So jetzt sei wieder ruhig über deine Enttäuschung, und vergib von ganzem Herzen, so wirst du deinen unsichtbaren Feinden die größte Niederlage bereiten.

Es ist gegen Meine Ordnung, Meine Naturgaben hinter Schloss und Riegel zu verwahren vor den Bedürftigen. Weil nun aber leider die Verderbnis zu groß ist, und daher die Menschen lieblos genug sind statt einander zu bitten und zu helfen, jedes sich's aneignet auf eine Weise wie es eben geht, so kann Ich es niemand als Sünde anrechnen, wenn es sich verwahrt aus Vorsicht.

Dagegen ist es auch keine Sünde, sondern bloß ein Schade, wenn jemand nicht verwahrt und dann bestohlen wird. Siehe, also hast du nicht gesündigt, bist aber doch beschädigt worden, und wenn du diesen Verlust so trägst, wie Ich schon sagte, d.h.

mit christlicher Liebe, und für solche bittest, die sich an dir ver-
sündigt haben durch einen Schaden an euch, so wird es dir tau-
sendfältig gesegnet werden. Dein heiliger Vater.

Trost in der Missionsarbeit

7. Dezember 1884

Mein lieber Sohn! Zage nicht, wenn es dir nicht gelingen will,
das Opfer, das du mir auf den Altar legen wolltest, weiter zu tragen, bis dass es von Meiner Flamme der Liebe ergriffen als reines Feuer aufgelodert wäre. Es war zu schwer für dich, hat deine
eigene Kraft überstiegen. Du weißt ja, dass Ich bei solchen Fällen und Darbringungen das Herz ansehe, welches opfern wollte,
Mir zu einem süßen Geruche.

Doch kann Ich es, solange dasselbe Opfer nicht nach dem Gesetze Mosis gereinigt worden ist, was dort vorbildlich beschrieben ist, oft nicht annehmen, bis Ich es Selbst zubereite nach
Meinem Willen; wo freilich oft noch mit starkem Messer geputzt
werden muss. Wenn aber dies geschieht, so hat der da opfert
keine Verantwortung mehr für die Reinigung, weil Ich dieselbe
Selbst übernehme.

Also ist es auch bei dir hier der Fall. Du hast es mit größerer
Entsagung Mir übergeben, als dir bewusst ist, und somit dich
des Segens würdig gemacht, welchen Ich solchen Knechten in
Meinem Reiche verheißen habe. Allein was Mir übergeben ist,
das verwalte Ich nun Selbst, weil Ich die besten Mittel zu treffen
weiß.

Zweifele nicht an Meiner Liebe, wenn dir die Reinigung dann
hart vorkommt, hernach wirst du Mich sehen. So prüfe dich, wie
weit du noch dein Zutun für nötig findest, und prüfe dein Vertrauen zu Meiner Liebe, mehr Winke brauche Ich dir nicht zu
geben, der göttliche Geist wird sich nicht von äußeren Umständen abhängig machen, jedoch handle frei!

*(Bezieht sich auf eine misslungene Missionsarbeit, diese Seele
war eben noch nicht reif dafür. D. Hsg)*

Zum Heiligen Abend

24. Dezember 1884

Meine lieben Kinder! An Meinem Geburtsfeste war es den ersten Jüngern und Meinen Nachfolgern ein Bedürfnis sich gegenseitig ein Zeichen der Liebe zu geben, und weil in der Liebe die Erfüllung Meines Willens liegt, so nahm auch Ich Anteil an dieser Formel, mit welcher dieselben an Meine irdische Geburt erinnerten, und zum gemeinschaftlichen Gebet aufforderten.

Nun ist es aber zum Missbrauch geworden, denn anstatt durch solch kleine Geschenke die Liebe zu Mir anzuregen und zu erhöhen, tritt (durch Bereicherung) in großen Geschenken, wie es bei den reicheren Scheinchristen der Fall ist, ein Eigennutz, ein Prahlerei und Großtuerei an Stelle der Liebe, so dass an diesem Tage weit mehr Versuchungen zur Sünde stattfinden, als in andern Zeiten. Die Hab- und Genusssucht wird am meisten dann gepflegt, und gar wenige wenden sich mit ihren Blicken nach Bethlehem an Meine Krippe, wo Ich als Kind ihnen liebend entgegenlächle.

Bedenket, dass Ich nun Anspruch auf Mein Reich machen möchte, nachdem Ich Mich in den verflossenen 1000 Jahren als einen mächtigen liebevollen und langmütigen König bewiesen habe, welchen keine Macht hindern kann an der Ausbreitung Seines Reiches. Und doch – die Mehrzahl der Menschen trotzt Mir, und liebt die Weihnachtsfeier nur als einträglichen Gebrauch. Aber auch ein anderer Teil murrt dagegen, weil sein materielles Interesse dabei Not leidet, weil er muss, nicht um Meinetwillen, sondern um seiner eigenen Ehre willen, Weihnachtsgeschenke austeilen, welche dann aber mehr Fluch als Segen bringen.

Nun diese, welche als Kinder ihres himmlischen Vaters Mich durch ihre gegenseitige Liebe erfreuen wollen, und in diesem Sinne einander zu erfreuen suchen, damit auch Ich Anteil daran nehmen kann; sind schwer zu finden, und werden immer weniger an der Zahl gegen frühere Zeit. Denn auch in dieser Beziehung übt der Weltgeist auf Meine Kinder schon viel Einfluss aus.

Wollt ihr es nun mit Mir halten, so erfreuet einander mit solchen Gaben, die euch Not sind, und auch im Materiellen wenig Luxus zeigen, auf dass die Weltmenschen an euch erkennen, dass Ich euch alles in allem bin, und eure Gefühle wie euer Ahnen euch mehr beglückt, und ihr nicht durchs Äußere euch abziehen lassen wollt von der Weihe, welche euch den Segen von oben bringt. So wird euch der schönste Christtag werden, und eure armen Mitmenschen werden nicht neidisch auf euch blicken, besonders wenn ihr derselben mehr gedenket als eurer selbst. So merket wenigstens unter euch auf diese Meine Worte! Amen! Euer Jesus-Vater.

Am Silvesterabend 1884

31. Dezember 1884

Liebe Kinder! Auch Ich, als euer Vater, will den Jahreswechsel, an welchem ihr mehr angetrieben werdet zur stillen Betrachtung eurer selbst, wie eurer Führungen im verflossenen Jahre, benützen, um euch so manches vor euer Gedächtnis zu führen aus diesem Zeitabschnitte, von dem, was wir da miteinander gesprochen und einander versprochen haben.

Denket nach, ob Ich nicht alles erfüllte, was Ich euch verheißen habe; seid ihr nicht stets leiblich und geistig gesättigt worden, und zwar nicht sparsam, sondern in Fülle.

Und Ich sage euch, Ich konnte Meiner Liebe gegen euch walten lassen in väterlicher Weise darum, weil Ihr Mir treu geblieben seid, und Meinen Willen höher geachtet habt, als die augenblickliche Abnahme eurer Sorgen. Es war für euch eine Hiobsprobe, welche eine viel größere Bedeutung für Mich und euch hat, als ihr je im irdischen Leben verstehen könnt.

Wenn jemand im verflossenen Jahre eine besondere Freude erlebt hat, so erinnert er sich am Jahresschlusse daran, warum sollte Ich als Vater unter euch nicht über Meine Freude Mich äußern für euer unerschrockenes Zeugnis von meiner herablassenden Liebe in dem Verkehre mit euch, und so will Ich das nächste Jahr für euch zeugen! Dies glaubet und vertrauet eurem euch treu liebenden Vater.

„Den Frieden gebe Ich euch, Meinen Frieden lasse Ich euch, von nun an bis in Ewigkeit!" (Joh. 14,27) Amen!

Worte bei einem Besuche

25. Dezember 1885

Meine lieben Kinder! Ihr freuet euch, ein Kind von Mir unter eurem Dache erwarten zu dürfen, weil, wie ihr annehmet, dieser Besuch mehr Mir gilt als euch, und eure geringe Hütte aus Liebe zu Mir besucht wird. Darum will eure Gegenliebe diesem Gaste etwas bieten, als ein Zeichen geistiger Verwandtschaft. Ihr selbst fühlt euch dazu zu arm, nun will Ich als euer aller reicher Vater gleichfalls Mich dabei beteiligen, und euch die leibliche Erquickung überlassen, aber die Hauptstärkung des Geistes Selbst übernehmen, nicht bloß in Worten durch euch geschrieben, sondern Ich will auch im Herzen mit denselben reden, so dass sie stets aufs Neue Meine Stimme vernehmen, und sich mit vollem Vertrauen auf dieselbe verlassen können.

Sie sollen erfahren, dass Ich Derjenige bin, welcher einst in Bethlehem in der Höhle geboren wurde, und auch jetzt wieder in einem Bethlehem zu finden bin, d.h. nicht in Pracht und Herrlichkeit nach außen Mein Reich einzunehmen gedenke, sondern nur in stiller Demut Mich herablasse, zu denjenigen, welche vor der Welt arm und gering scheinen, aber Mich in Meiner eigenen Herablassung doch als ihren reichen Vater erkennen.

Wohl allen, denen gleichfalls wie den Weisen aus Morgenland der Stern (Mein Wort) den richtigen Weg und den richtigen Ort anzeigt, wo Ich zu finden bin!

Auch du, Meine liebe Tochter, scheust dich nicht, unter solch Geringen zu suchen. Der Stern hat es dir angezeigt, welcher in deinem Herzen leuchtet, dass Wahrheit auch in der Hütte ebenso gut zu finden ist, oder meistens eher in den Hütten als in den Palästen. Darum lege Ich Meinen Segen auf diese Reise, und versichere dich Meiner Vaterliebe, welche stets Gedanken des Heils für dich birgt.

Trage mutig, was Ich für gut finde dir aufzuerlegen, doch dabei gedenke an Mein Gleichnis vom unverschämten Bettler, und gib dich ganz Mir hin. Ich sehe ja ohnedies in dein Herz. Wenn es klagt und trauert, ist es ebenso gut noch mit Mir verbunden, und schon oft ist eine Seele durch dieses Klagen und Bitten inniger noch mit Mir verbunden worden. Denn wo Ich Hilfe angedeihen lassen will, da soll dieselbe auf die Bitte erfolgen.

Also sei nicht zu strenge gegen dich selbst, als ob du willenlos tragen solltest, sondern komme nur, so oft du willst, um Abhilfe zu Mir; denn Leiden und Beten bringt wahre Frucht, das Leiden ohne Gebet ist nichts nütze, denn Leiden solle Gebet bewirken.

Ich rufe heutzutage noch allen zu: „Kommet her zu Mir, die ihr mühselig und beladen seid, auf dass Ich euch (stets von Neuem) erquicke!" (Mt. 11,28)

So ziehe hin zu denen, die du lieb hast, und komme stets von neuem für sie, Ich will als treuer Vater Mich an euch beweisen als euer Vater Jesus.

Verhaltenswinke für die jetzigen Jünger

1. Februar 1885

Liebe Kinder! Wir wollen uns heute freuen, dass nun wieder mehr Seelen für Mich gewonnen werden; denn es ist überall ein Suchen nach der Wahrheit, ob Ich in der Person Jesu als wahrer Gott zu glauben sei?

Dies ist die Hauptfrage solcher, welche Mich wahrhaftig lieben und ehren wollen, und deren Suchen also ein redliches ist, die aber durch so vielerlei Wiedersprüche – hauptsächlich von den Lehrern – irre gemacht worden sind, weil diese es so gern anders lehren und die Versöhnung als ein Geheimnis deuten, welches nur durch ihre Beihilfe etwas mehr könne begriffen werden.

Darum wirke Ich durch Meinen Geist, dass nun diese Anschauungen die Seelen nicht mehr befriedigen, und sie nach Besserem suchen.

Diese Zeit ist nun die Zeit der Saat für die neu geoffenbarten Wahrheiten; denn dieselben finden nun mehr Aufnahme in den Herzen. Aber dieses weiß Mein Gegner ebenso gut wie Ich, und darum wird er einhergehen wie ein brüllender Löwe und euch zu verderben suchen. Erschreckt euch aber darum nicht, sondern haltet nun fest zusammen, dass ihr die Einigkeit gegen eure Gegner als Symbol eures Glaubens beweisen könnt. Denn sie werden suchen euch lächerlich zu machen, was eben nicht so leicht für sie ist, wenn ihr nicht viel Worte machet euch zu verfechten, sondern ruhig fortarbeitet, und ihren Einflüsterungen kein Gehör schenkt, wenn sie durch allerlei Verdächtigungen euch zu trennen suchen.

Sehet, dort hat der Feind große List, er lockert so gerne von innen an der Gemeinschaft, was ihm mehr nützt als ein äußerer Anlauf; also vor solchen hütet euch untereinander. Ich habe euch darum schon ein Wort dazu geben (Vaterbrief Nr. 438), zeigt den Weltmenschen, dass eure Kette durch göttliche Kraft zusammenhält, und Ich will euch dieselbe mehr zufließen lassen.

Ich bleibe mit euch, unter euch, in euch, so ihr bei Mir verbleibet, sei es in Freud oder Leid!

Harret aus nach Meinen Anordnungen euch zu richten; lohnet mit eurer Gegenliebe Mir die viele Mühe, mit welcher Ich euch bis hierher erzogen habe, auf dass Ich Mich fest auf euch verlassen kann!

Ich kann euch keine weiteren Versprechungen beifügen, euer Tun und Lassen soll nur auf die Liebe zu Mir sich gründen, so ziehe Ich euch mit Meinen himmlischen Heerscharen entgegen, wenn Ich Mein Reich einnehme.

Ernst und groß ist diese Zeit, wovon ihr noch gar wenig ahnet. Euer Jesus als Gott und Vater.

Zeitgemäße Missionswinke

20. April 1885

Meine lieben Kinder! Wenn Vater und Kind zusammenhalten, so tragen sie gemeinsam alle Vorkommnisse, sowohl freudiger als trauriger Art, sie sind zufrieden mit dem Verhältnisse, in welchem der Vater lebt, und sehen auf denselben wie er handelt, weil sie wissen, dass er immer das Beste will und tut.

Sehet, liebe Kinder, so wie dieses Verhältnis im Natürlichen vorhanden ist in einer geordneten Familie, so soll es auch sein zwischen uns, euch als Meinen geistigen Kindern, und Mir als eurem geistigen Vater.

In der Jetztzeit ist es der Fall, dass die geistigen Verhältnisse der Menschen sowohl auf Erden als im Jenseits die Menschen wieder mehr zum Nachdenken veranlassen, durch allerlei Erscheinungen, die Ich auf spiritistischem Wege zulasse, eben um die geistige Richtung der Menschen wieder mehr hervorzurufen. Dieses kann aber nicht ohne Kampf und Widerspruch geschehen, weil der Verstand sich geltend machen will, und daher sich dem Herzen öfter entgegensetzt, was aber bei einer allgemeinen Reformation nicht allein die einzelnen trifft, sondern als Gemeinsames auftritt, und auch so behandelt werden muss. Ich lasse solche Entwicklungskämpfe zu, und enthalte Mich dabei einer mächtigen Einwirkung, welche die Entscheidung herbeiführt, so lange es Meine Liebe und Weisheit für gut findet, um dann erst als der Entscheidende aufzutreten.

Es gehört von Meiner Seite viel Liebe und Langmut dazu, die freche Widersetzung gegen das bestehende Göttliche zu dulden, allein es geht nicht anders, will Ich die (freien) Menschen zur Wahrheit bringen. Daher wundert euch nicht, wenn Ich auch euch teilnehmen lasse an dem ruhigen Zuschauen des frevelhaften Treibens, und euch jetzt noch nicht Macht und Gelegenheit gebe gegen dieses mehr zu tun, als es bis jetzt der Fall ist, sondern teilet mit Mir das Los, welches Mir in so manchen Fällen zuteilwird, als: völlige Missachtung Meiner Person und Meiner Worte, Spott über alle Bekehrungsmittel, die Ich anwende, und ein Lossagen von allen Gnadeneinrichtungen.

Ich muss eben in Langmut warten auf den rechten Zeitpunkt, wo Ich Selbst auf den Kampfplatz komme, um Mein Recht zu erhalten. Und weil ihr als wahre Kinder von Mir mehr von Meiner Regierungsweise wisst, so sehet auf Mich, wenn euch die Geduld im Warten ausgehen will.

Glaubet und vertrauet, dass zu rechter Zeit die rechten Mittel und die rechte Hilfe erscheint, welche nötig ist Meinem Friedensreiche Bahn zu brechen! Amen! Euer treuer Vater Jesus.

Ein Vatergruß

11. September 1885

Meine lieben Kinder! Wenn ein Kind oder ein Sohn auf die Reise geht, um ein Geschäft abzumachen oder zu besorgen mit des Vaters Einverständnis, so begleitet ihn dessen Liebe und Segen, und der Vater wird nicht unterlassen an denselben zu schreiben. So geht es nun heute auch Mir, Ich will Meinem lieben Sohne E., welcher in Meinem Namen auszog, gleichfalls einige Worte zuschicken, um demselben eine kindliche Freude zu machen. Es ist so auch ein äußeres Zeichen Meiner Liebe (selbst) bei Meinen wahren Kindern nötig, und dasselbe gewähre Ich gerne.

Also Mein lieber Sohn! Du bist in Meinem Namen ausgezogen, mit zartem Gewissen, ob du durch dieses Hilfesuchen nicht gegen Meinen Willen handelst, weil du dir vorgenommen – mit stiller Ergebung alles zu erdulden, was Meine Liebe dir auflegt.

Nun sage Ich dir, dieses Unternehmen deiner Reise nach Hilfe wird dir deine Liebe zu Mir nicht verringern, sondern vermehren, wenn du klar erschauen darfst, mit welchen Wundergaben Ich die Menschen ausrüstete, damit sie sich gegenseitig dienen können.

So will Ich nun diese Zeit, wo du frei von allen anderen Geschäften dich ganz in Meine Reichsordnung hineinleben kannst, geistig und leiblich segnen, nicht allein an dir, sondern auch an solchen, die um dich sind, und weil du wohl weißt, dass der Segen ein unsichtbares Gut ist, so wünsche nicht, denselben nach außen bemerken zu können, sondern halte es wie Ich, Der sich befriedigen lässt durch schwaches Wollen, und durch Seine Liebe das Wollen groß und kräftig zu machen bemüht ist. Amen!

So grüße Ich dich mit voller Vaterliebe – als dein himmlischer Vater.

Bei Anwesenheit von Spiritisten gegeben

18. Oktober 1885

Meine lieben Kinder! Ihr seid hier versammelt, um geistigen Gewinn zu machen, und möchtet euch jenseitige Bekannte zum Verkehr wünschen. So frage Ich euch: Bin Ich noch nicht der Allerbekannteste unter euch? Bangt es euch nicht, wenn Ich als Bruder in eure Mitte trete und euch Meine Verheißungen wiederhole?: Ich will euch heben und tragen bis ins Alter, und bis ihr grau werdet, so ihr Mir treu bleibet, und jeden Tag aufs Neue zu Mir kommet! Denn sehet, Ich will Menschenfischer aus euch machen.

Ich habe diesen Meinen Sohn heute hierher berufen, um Selbst mit ihm zu reden; denn siehe, lieber Sohn, du hast noch eine Schule vor dir; deine geistige Ausstattung hat der Fürst der Finsternis schon lange erkannt, und suchte dieselbe zu verderben, damit du nicht als Mein Werkzeug dich ausbilden sollst (können). Allein Ich spreche (zu rechter Zeit) Mein „Bis hierher" dazu, und werde auch nach außen deine Verhältnisse so ordnen, dass du weniger in die Sphäre böser Geister kommst.

Befleißige du dich aber der inneren Ruhe, und des wahren kindlichen Vertrauens zu Mir. Schreibe nicht (med.), bis du von Mir weitere Winke erhältst; denn es sind böse Geister, Fluidräuber, die dich dabei umlagern. Daher gib ihnen keine Gelegenheit dazu, was der Fall wäre, wenn du nun schreibst. Pausiere also, bis du mit mehr Liebe dich ganz in Meine Arme werfen kannst, und also der Feind sich an dir verrechnet.

Es gehört eine Kraft nach innen und außen dazu, solch mächtigem Andrange zu widerstehen, besonders wenn er in Engelsgestalt (d.h. in individuell angenehmer oder einschmeichelnder, bestechender Form) kommt.

Hoffe und glaube, dass Ich Mein Pfund bei dir nicht vergraben lasse, aber übergib Mir deinen Willen, du wirst es später nie bereuen. („*Gib mir, mein Sohn, dein Herz, und lass deinen Augen Meine Wege wohl gefallen.*" Sprüche 23,26)

Bete für solche, welche dich hassen, und stärke dich bei dem Gedanken, dass dir Unrecht getan wird, mit dem Aufblick zu Mir am Kreuze! Amen! Amen! Amen! Dein Vater Jesus.

Verhaltenswinke für die jetzigen Jünger

24. Oktober 1885

Meine lieben Kinder! Es kommt die Zeit immer näher, in welcher Ich Mich ganz auf euch verlassen will; denn Ich muss eilen mit dem Sammeln Meiner Kinder, ehe Mein Gegner noch viele davon stürzt. Auch euch droht er jeden Augenblick, und will wenn es ihm nicht anders gelingt, euch wenigstens vor den Weltmenschen lächerlich machen. Jedes Wort, jede Tat lauscht er euch ab, und lenkt die Blicke solcher auf euch, welche teils von euch schon bessere Begriffe haben, teils aber auch solcher, welche euch hassen, sowohl aus Unkenntnis, als auch aus Neid.

Wie sehr ihr darum wachen müsst über euch selbst, das werdet ihr wohl einsehen. In manchen Fällen steht ihr Mir gegenüber gerechtfertigter da, als vor euren Mitmenschen, die im Richten und Urteilen wahre Künstler sind, und darum auch viel Einfluss und Glauben sich bei andern zu verschaffen wissen.

Meidet daher solchen Umgang, zieht euch zurück von ihrer Gesellschaft, und begnügt euch dafür mit Mir; und wenn ihr glaubet Langmut und Geduld mit solchen haben zu sollen, so habe Ich euch doch auch hierin gezeigt, dass es eine Zeit gibt, wo mit denselben gebrochen werden soll. Leset das Kapitel vom unfruchtbaren Feigenbaum (Mt. 21,18–22).

Ich Selbst darf nicht so genau mit Meinen Kindern abrechnen, wie die Weltmenschen es an ihnen tun. Darum setzet denselben das beste Beispiel entgegen in all eurem Tun und Verhalten. Ihr wisst nicht, wie sie mit Scheelsehen euch zu verunglimpfen suchen, wie Ich, der Allwissende; und darum müsst ihr es strenge und genau mit euch selbst nehmen, auf dass ihre Lüge desto offener und freier dasteht.

Prüfet euch daher jeden Tag ernstlich, und nehmt euch vor, aus Liebe zu Mir stets wachsam einherzugehen.

Ich segne euch mit großer Freude dafür, als Meine folgsamen Kinder, und gebe euch Weisheit, dass es euch nicht zu schwer wird, Meinen Willen zu tun.

Sorget, dass ihr nicht unter die Zahl derer gerechnet werdet, die selbst nicht halten was sie predigen (Predigt 31, Mt. 5,20). Predigt durch euer Beispiel und bleibet treu eurem treuen Vater.

Abends am Tage des Liebesmahles

(Vaterbrief 150)   22. November 1885

Liebe Kinder! Am heutigen Festtage, wo Ich das Mahl der Liebe mit euch hielt, will Ich euch nicht scheiden lassen ohne ein Wort der Liebe, um euch fühlen zu lassen, dass Ich zufrieden mit euch bin.

Ihr denkt wohl, das ist ein großes Wort von Gott, Der heilig und gerecht ist, gegenüber uns schwachen, fehlerhaften Menschen! Aber bedenket – Ich rede zu euch als Vater, und habe so gar wenige, welche Mich lieben; ihr aber wollt Mich lieben!

Mit diesem erneuten Beschlusse seid ihr heute zu Mir gekommen, und habt Mein Vaterherz dadurch erquickt. Darum nehmt hin Meinen vollen Vatersegen!

Mein Friede ziehe ein in euer Herz und erfülle es mit Wonne, mit dem Bewusstsein, dass zwischen Mir und euch ein festes

Band bestehe, das keine irdische Macht zu lösen vermag. Amen!
Euer treuer Vater.

Missionswinke für schwierige Fälle

20. Dezember 1885

Liebe Kinder! Ihr habt soeben gelesen, wie der ehemalige Landpfleger Maronius Pilla anderen Sinnes wurde im Verkehre mit Cyrenius, dessen Liebe ihn erwärmte. Aber noch mehr geschah dies durch Meine geheime Einwirkung, welche stattfindet in Fällen, wo sich's um das Gewinnen einer Seele handelt.

Auch diese Wendung des Maronius sei euch ein Fingerzeig, dass Meine Macht alle Verhältnisse ordnet, um das Gute im Menschen wieder anzufachen.

Auch ihr habt in letzter Zeit einen Maronius Pilla gegen euch stehen, aus welchem Meine Gnade und Liebe noch einen Bruder zu euch machen will. Darum seid getrost und vertraut Mir. Aber verhaltet euch dabei wie einst Josef stille und weise, bis Ich die Zeit euch bestimme mit demselben zu reden.

Dieser Mann hat schon im Stillen andere Gedanken gegen seine Angehörigen. Darum heget Liebe zu Ihm und Geduld, und festes Vertrauen zu Mir, dass Ich es wohl machen will und kann. Dies ist Mein Weihnachtsgruß an Meine und eure Lieben – von eurem Vater.

Ein Trostwort für eine Leidende

26. Dezember 1885

Mein liebes Kind! Schon lange warte Ich auf die Zeit, wo du ein Wort von Mir zu deinem Troste willst. Obgleich viele in Meinem Bibelbuche zu finden sind, so weiß Ich, dass manche Seele durch ein direktes Wort von Mir mehr erquickt wird. Und warum sollte Ich als liebender Vater ihr Verlangen nicht stillen, wo es sogar wenige Kinder sind, welche Meine Vatersprache in dieser Art anerkennen. Darum rufe Ich denselben zu: *„Kommet her zu Mir, Ich will euch erquicken."* (Mt. 11,28)

Auch dir, Meine liebe Tochter, gelten diese Worte. Du trägst dein Leiden stets in stiller Geduld, um durch Murren und Klagen nicht zu sündigen, sondern willst dich Meinem Willen unterwerfen. Hiermit aber unterwirfst du dich Meiner Liebe, welche dich segnet, und so komme nur im Vertrauen auf dieselbe zu Mir, lasse das Gefühl, als seiest du zu unwürdig, fahren, und bitte dreist um Abnahme deines Kreuzes, so ist erreicht, was Ich an dir erzielen will, nämlich: Ein Kind, das sich nicht vor Mir fürchtet, aus großer Gewissenhaftigkeit, sondern ein Kind will Ich, das sich in allen Fällen auf Meine Liebe verlässt, und mit Mir so herzlich verkehrt, wie mit seinem leiblichen Vater oder Mutter.

So erhebe dich freudig, Ich will dich leiblich und geistig kräftigen, damit du Mich schon auf Erden lobpreisen lernest – als deinen treuen Vater!

Ein guter Rat

30. November 1885

Mein lieber Sohn! Ich kenne dein Anliegen, und will Mich auch in dieser Beziehung als dein treuer himmlischer Vater beweisen. Nur musst du nicht erwarten, dass Ich wie ein leiblicher Vater über dich mit einem Ja oder Nein verfüge, weil Ich den freien Willen des Menschen mehr ehre, als die Menschen untereinander. Wohl aber, wenn jemand zu Mir um Rat kommt, und Meinen Willen ehrt, will Ich ihm die Antwort ins Herz legen, so dass derselbe nicht mehr zweifelhaft ist.

Darum sage Ich dir, frage dein Herz und lasse dabei alle anderen Bedenklichkeiten fahren, denn letztere sind Nebensachen. Ja, sogar die Verschiedenheit in geistiger Richtung darf nicht immer in die Waagschale gelegt werden, weil auch darin die Menschen nur nach außen urteilen können, während innerlich oft eine große Glut göttlicher Liebe glimmt, welche aber erst angefacht werden muss.

Darum komme in einer dir passenden Stunde zu Mir, speziell über diesen Punkt mit mir zu reden, und du wirst staunen, wie deutlich du in deinem Herzen Meine Antwort vernehmen wirst; aber dann folge!

Erwarte daher durch den Stift keine bestimmten Winke, und sei dabei ruhig, denn Ich liebe dich und habe dein ewiges und zeitliches Wohl dir bestimmt. Lasse also alle weiteren Bedenklichkeiten fahren, welche vom Verstande und nicht vom Herzen kommen. Dein treuer Vater!

Eine Gebetserhörung

30. November 1885

Schreibe an Meinen Sohn E.:

Lieber Sohn! Ich bin kein Diktator, der euch süße Worte spendet, die euch schmeicheln und verwöhnen würden, darum Ich mit einem Privatworte oft Jahrelang verziehe, weil es euch genügen solle an Meinen Vaterbriefen, welche Ich für viele spende; wenn aber Meine Liebe einem Kinde eine besondere Freude machen will, so wende Ich Mich direkt an dasselbe, und so auch jetzt:

Also Mein lieber Sohn E.! Ich sage dir, verwandle deine seitherigen Bittgebete für die Dahingeschiedene in Dankgebete, denn sie ist nun mächtig von der Gnade ergriffen, und auf den Weg der Seligkeit gestellt, wo sie erkennen lernt, wie alle Lebensverhältnisse durch die Liebe und Weisheit Meines Vaterherzes so gelenkt werden, dass der Keim zur ewigen Seligkeit erhalten bleibt, und so wird eine Seele durch tiefe Dankbarkeit zur Liebe gegen Mich entflammt, und kann rasche Fortschritte zur Seligkeit machen.

Will es dir oft bange werden, so sind dies Einflüsse von den finsteren Mächten, welche dich gerne umlagern, weil sie dich als Mein Werkzeug zu verderben suchen. Blicke dann ruhig nach oben, und freue dich aufs Jenseits, wo du staunen wirst über die große Liebe, welche du genießen darfst.

Es kommt selten vor, dass Ich so persönlich direkt verkehre. Doch Ich weiß, du erkennst in diesen Worten Meine Vater-Stimme und eine Gebetserhörung.

So segne Ich dich und deinen lieben Bruder mit treuer Vaterliebe. Amen! Euer aller Vater.

NB. Dieses Wort ward nachts 11 Uhr gegeben, und musste das Medium vom Bett dazu aufstehen, erst tags darauf, kam der Brief, worin obiger Wunsch des Bruders ausgedrückt war. (Jes. 65,24) D. Hsg.

Verwandelt den Richter in Gott zum liebevollsten Vater

6. Dezember 1885

Meine lieben Kinder! Es ist euch klar geworden, dass ein Kind von Mir in der Person der Schwester E. L. euch zugeführt wird, und ihr wollt derselben um Meinetwillen in eurem Herzen ein Plätzchen einräumen, wie es ganz nach Meinem Willen ist, wenn Ich euch eine Seele zuführe.

Tut solches also mit Freuden, denen sie setzt viel Vertrauen in euch, und will sich leiten lassen auf dem Wege, der zu Mir führt. Ich bin ihr oft sehr nahe, was ihr nicht entgeht, indem da ein Gefühl der innigsten Wonne sie beherrscht. Nur sind ihre Gedanken noch nicht so recht Mir als dem liebevollsten Vater zugänglich, sondern mehr noch dem heiligen Richter zugewendet. Sie fühlt sich in ihrer Demut noch zu unwürdig auf diese (süße) Weise sich mit Mir zu unterreden. Darum ließ Ich es so geschehen, dass sie sich hierher an euch wendete.

Schreibet ihr, als einer aufrichtigen Schwester, auch ganz aufrichtig, sie wird euren Rat annehmen, zu welchem Ich Meinen Segen gebe. Machet sie hauptsächlich darauf aufmerksam, dass Meine Verheißungen sich mehr aufs Geistige beziehen, in Betreff des Verkehrs mit dem Herrn, so wird auch dieses Kind Mir noch viele Freude machen. Euer aller Vater!

Zum Jahresschluss

Silvesterabend, 31. Dezember 1885

Liebe Kinder! *„Ich bin das A und das O, der Anfang und das Ende."* (Offb. 1,18; 24,6) Diese Worte sind gewisslich wahr, und alle diejenigen können dieselben auch an diesem Jahresschlusse bezeugen, welche Mich als ihren himmlischen Vater lieben und verehren. Ich habe keines von ihnen aus dem Auge gelassen, sondern überall Mittel geboten und Wege gezeigt, damit ihre Erziehung zum geistigen Wachstum ein liebevolle, weise und richtige war. Doch, wie es bei den leiblichen Kindern der Fall ist, so musste auch Ich oft Ernst anwenden durch Liebesschläge.

Wohl jedem unter euch, der sich derselben erinnert, er wird herausfinden, wie gut Ich es mit demselben meinte, und manches wird sich mehr über deren Segen zu erfreuen haben, als solche Heimsuchungen an sich Trauer verursachten.

Wenn ihr dieses erkennt, so kann Ich wohl von euch erwarten, dass ihr mit festem Vertrauen, mit dankbarem Herzen den Schritt vom alten ins Neue Jahr tuet, und zu Mir kommet, um neuen Mut, neue Kraft zu erflehen.

Denn jeder Zeitabschnitt ist bei Mir als ein Versöhnungsfest anzusehen, weil Ich keine Seele ihres Vergehens willen strafe; wohl aber sie durch die Verhältnisse oft nötige, die dargebotene Gnade anzunehmen, welche sie oft mutwillig zurückweisen möchten.

Darum fürchtet euch nicht vor Mir, um eurer Schwachheit willen, die Meine große Liebe stets wieder verzeiht. Aber sehet auf Mein Beispiel, auf dass auch ihr mit einem Zeitabschlusse desto eher euch prüft, allen vergebet, und mit Liebe vergeltet denen, welche euch beleidigt haben.

Bringet Liebe mit ins neue Jahr, und zwar eine reine, uneigennützige Liebe, auf dass wir so, innig verbunden, zusammenarbeiten können im Säen wie im Ernten. Dies ist Meine Bitte und Mein Neujahrswunsch, und wenn ihr Mir folget, so will Ich euch alles gewähren, was ihr in solcher Liebe von Mir verlanget.

Mein väterlicher Segen soll euch und eurem ganzen Geschwisterkreise auch in diesem neuen Jahre zufließen! Amen! Euer Vater Jesus.

Ein Wink über die Hauptsache

in Betreff eines anderen Geschwisterkreises in R.

3. Januar 1886

Meine lieben Kinder! Heute denkt ihr zuerst an Mich, um Meinen Rat einzuholen in Betreff der Mitteilungen durch E. F. Dieselbe ist sehr erfreut für Mich zeugen zu dürfen, was Ich ihr Selbst segnen will. Doch sucht sie zu viel selbst Wege, und vergisst dabei ruhig zu warten, bis Ich dieselbe eröffne.

„Ohne Mich könnt ihr nichts tun" (Joh. 15,5). Diese Worte müssen in stiller Betrachtung erwogen werden! Obgleich die durch sie gegebenen Worte und jenseitigen Mitteilungen (als gewürzte Speise) für manche mehr Anziehendes haben, so sollen sie vorerst nur solchen mitgeteilt werden, welche reif genug sind, die Widersprüche darin mit den Vaterbriefen auszugleichen.

Es liegt mir mehr an demütigen Seelen, welche Mir folgen, als an eifrigen Seelen, die in ihrem Eifer Mir große Dienste leisten wollen.

Für den jetzigen Standpunkt, auf welchem Meine Kinder stehen, welche durch die neu gegebenen Worte von Mir erzogen wurden, sind nach so einfacher Kost diese Speisen noch zu stark gewürzt, und verderben die geistige Verdauung und somit das Wohlbefinden.

Daher gebe Ich jedem was er brauchen kann, manchem zuerst dasjenige, was ihm nach seiner Individualität besser mundet, damit er erst nachher sich das Einfache wählt, manchem aber das Einfache zuerst, und nachher die gewürzte Speise als Nachtisch, damit so selbst gewählt werden kann.

Die Aufgabe in der Jetztzeit besteht in dem, dass die Menschen Mich lieben lernen. Darum Ich in Meinem heutigen Vaterbrief sagte: „Ihr sollt euch keine Pläne für die Zukunft machen, sondern jeden Tag euch auf Meine Fürsorge verlassen."

So könnt ihr euren gereifteren Geschwistern wohl die fraglichen Kundgebungen, welche aber noch mit viel persönlichen Anschauungen vermengt sind, mitteilen. Es ist solches nicht gegen Meinen Willen, aber ein Gebot habe Ich nicht dazu gegeben. Ich hoffe aber, dass die (demütige) Liebe auch bei diesen Kindern, welche noch nicht ruhig genug eine Arbeit für Mich auszuführen wissen, noch ihr Hauptstreben wird.

Es fehlt euch allen nicht an genug Worten, ihr habt schon viel empfangen, und erhaltet noch mehr. Aber wendet dieselben immer mehr zu eurem eigenen geistigen Gewinn an, damit Ich nicht allein durchs Wort, sondern durch euer Beispiel Kinder erhalte!

Lasset die Liebe bei eurem heutigen Rate walten, so wisset ihr, dass Ich mit euch einverstanden bin. Amen! Euer Vater Jesus!

Zum Druckfeste

11. Januar 1886

Liebe Kinder! Weil ihr so dankbar zu Mir aufschauet an diesem Abende, wo ihr das Druckfest feiert, durch einen Rückblick auf das verflossene Jahr, in welchem ihr so viel Liebe und Durchhilfe erfahren habt, direkt durch eure Brüder und Mitgenossen, aber, wie ihre bekennet, auch indirekt durch Meine Einwirkung, so sage und verheiße Ich euch, dass auch in Zukunft eure Mission fortgehen, und euch die Liebe Meiner Kinder, eurer Brüder (und Schwestern) erhalten bleiben soll. Denn es ist Mir euer Bund lieb geworden, zumeist darum, weil ein jedes dabei Beteiligte aus Liebe – ja aus reiner Liebe zu Mir sein Scherflein einlegt auf den Altar, und gleichwie einst das Opfer aufstieg in Rauch und Flammen gen Himmel, also sollen auch eure Gebete Eingang bei Mir finden.

Wenn Ich aber es so leite, dass euch nicht alle Seelen vorgezählt werden, welche sich laben an dem Worte, welches sie durch euer Zusammenwirken erhalten, und geschieht es, um euch vor Meinen Gegnern zu schützen, damit diese euch nicht anklagen, als ob ihr aus untergeordneten Gründen, als da sind: Ruhmsucht, Eroberungstrieb usw. eure Kraft und Opfer Mir darbringen wollt.

Fahret fort in Geduld, und hoffet, wo oft nichts zu hoffen scheint; aber eure größte Hoffnung setzet auf Mich, als den Wahrhaftigen, welcher bisher alle Seine Verheißungen erfüllt hat, auch solche, welche Er euch in den Privatworten gab.

Danket im Auftrage von Mir allen, welche euch mit liebender Hand in der Mission unterstützen, Mein Segen waltet über ihnen allen! Euer Vater Jesus, gestern und heute, und derselbe in alle Ewigkeit! Amen! Amen! Amen!

Verhaltenswinke zum neuen Jahr

12. Januar 1886

Meine lieben Kinder! Es ist der Anfang dieses neuen Jahres ein sehr ernster, und für eure Wahrnehmungen ein trauriger, was davon herrührt, weil alle, welche geistig angeregt sind, und nach der Wahrheit zu tun und zu leben sich bemühen, vom

Fürsten der Finsternis nun mehr denn je umlagert werden, um sie zu verderben.

Darunter sind aber solche, welche mediale Anlagen haben, am meisten bedroht. Denn der Teufel weiß wohl, dass ihm durch solche Menschen die Seelen am meisten entrissen werden, weil dieselben nicht allein gegen ihn kämpfen, sondern noch viele unsichtbare gute Geister denselben zur Seite stehen.

Daher wachet und bittet für solche im Gebet! Ja wachet, denn hauptsächlich auch die Bundeskinder sucht er zu verderben.

Ein jedes prüfe sich ernstlich, wie es in der Liebe zu Mir und zu Meiner Mission steht, damit Ich mit Ihm reden und aufdecken kann, auf welcher Seite der Feind sucht sich Eingang zu verschaffen, um euch zu besiegen.

Haltet diese Zeit, wo überall gegen euch und unter euch Missverständnisse sich einschleichen wollen, für ein Vorgefecht. Panzert euch darum mit dem Panzer der Liebe, auf dass ihm klar wird, dass ihr den Platz zu behaupten wisset, auf welchen Ich euch gestellt habe, und er (durch diese ihm unnahbare Stärke der Liebe) über eure Grenzen getrieben wird.

Nur wenn ihr so mutig gegen ihn ins Feld ziehet, werdet ihr finden, dass Ich mit euch ziehe als treuer Heerführer, und allen welche zu Meiner Fahne geschworen, werde Ich eine wahre Siegesfreude bereiten. Euer Vater.

An eine Mutter

13. Januar 1886

Liebe Tochter! Wenn Ich es für gut finde, einem Kinde von Mir eine Freude zu bereiten, so geschieht dieses nach Meiner Liebe und Weisheit, meist in einer Zeit, wo sich dieses Meiner Liebe besonders bedürftig fühlt, um desto inniger und wohltuender dasselbe zu beeinflussen; so ist es auch bei dir der Fall.

In der jüngst vergangenen Zeit war ja dein Herz stets dankbar und freudig erhoben, weil deine Mutterliebe mit den Kindern herzlich teilt, und die Gnade zu würdigen weiß, mit welcher Ich dieselben an Mein Herz ziehe.

Ich segne stets deine Gebete für dieselben, du kannst und sollst sie Mir ruhig übergeben, was auch dein redliches Wollen ist. Aber siehe, deine Individualität nach außen macht, dass dir manche Stunde schwer wird, indem du oft gar zu eifrig die Erhörung deiner Bitten erwartest. Daher kommt es auch, dass du empfindlich geworden, als du kein Vaterwort erhalten hast.

Solche Liebe tadle Ich nicht, weil sie von Sehnsucht kommt, Mein Wohlgefallen ruht auf ihr, sondern Ich leite sie und segne sie im Verborgenen.

Weil Ich aber keine Lücke zwischen dir und Meinen Kindern hier entstehen lassen will, und aber auch weiß, dass auf beiden Seiten die geistige Liebe nicht gestört ist, so sage Ich: „Wo zwei oder drei beisammen sind in meinem Namen, da bin Ich mitten unter ihnen." (Mt. 18,20) Diese Worte gelten auch euch (dreien).

Stoßet euch nicht an Vorkommnissen, welche nicht in das Buch des Lebens eingetragen werden, und empfanget Meinen vollen Vatersegen. Amen! Euer Vater.

Ein Wink in Bezug auf die neuesten Mystifikationen des Herrn Selbst

25. Januar 1885

Meine lieben Kinder! In dieser Zeit ist die Empörung im finsteren Reiche der Geister sehr groß und die Bosheit gewaltig, darum suchen dieselben in Meinem Namen aufzutreten, und drängen sich bei solchen Medien ein, welche zuerst aus Liebe zu mir den Stift ergreifen wollen, aber zu schwach sind solchem Andrange zu widerstehen, besonders wenn sie nicht in der (steten) Fürbitte Meiner Kinder stehen, und solche wenn nicht auf gleiche Weise, so doch auf sonst heimtückische Art ebenfalls von den Finsteren verfolgt werden.

Darum wachet und betet für euch und andere, dass die Versuchungen so vorübergehen, dass ihr's ertragen könnt, und alle noch die erste Liebe wieder in sich aufnehmen, welche nur Mich als ihren Herrn und Meister erkennt, und darum meine Stimme von der des falschen Hirten zu unterscheiden weiß.

Nach außen ist es nötig euch dabei stille zu verhalten, ansonst er als Ankläger euch vor den Menschen zu brandmarken sucht. Also nur Liebe könnt ihr denselben im Herzen bieten. Alle äußeren Ermahnungen würden nicht allein erfolglos sein, sondern sogar Anlass zu einer (Geister-) Empörung geben.

Es muss die Zeit eintreten, wo die Geister immer mehr sich manifestieren, und die finsteren meistens toben. Doch sorget nicht ängstlich, Meine Liebe und Weisheit weiß die richtige Grenze zu setzen. Euer Vater!

Ein Hinweis auf des Herrn Beispiel

29. Januar 1886

Meine lieben Kinder! Bleibet treu in der Liebe zu eurem Vater, welcher bisher euch einer geistigen Erziehung würdigte, weil ihr in kindlichem Vertrauen alles was über euch kam, sowohl Freude als Leid willig anerkannt habt, als von Meiner Liebe ausgehend, welche Selbst das Kreuz erwählte, um dadurch das hohe Ziel zu erreichen – alle Menschen selig zu machen.

Ich gab aber auch dadurch ein Beispiel Meinen Nachfolgern, dass auch sie in Meine Fußstapfen treten sollen.

Sehet auch ihr bei allem was euch drückt auf Meine Kreuzesbahn. Denn nur solche, welche Mich bis unter das Kreuz bei Meinem Tode begleiteten, sahen mich zuerst wieder in der Auferstehung. Nur wenige gedachten dort noch Meiner von der Zahl derer, die Mir beim Einzug in Jerusalem Palmen auf den Weg streuten und Hosianna sangen, welches Rufen nicht in den Himmel eindrang, aber auch Meinem Reiche nicht Bahn brach, sondern im Gegenteile Hass und Neid bei Meinen Gegnern bewirkte.

Darum Ich bis auf den heutigen Tag das Kleid der Demut liebe, und abermals in unscheinbarem Gewande umhergehe, um die Herzen unter Mein Regiment der Liebe zu locken.

Also auch ihr, Meine Mir liebgewordenen Kinder, bleibet treu auf dem euch vorgezeichneten Wege, auf welchem euch schon oft vergönnt war Geistesfrüchte zu erschauen. Und wenn euch Steine und Geröll hindern, denselben schnell zurückzulegen, so überlasset es Mir, (und gedenket), dass Ich stets ein „bis hierher" Mir vorbehalte, und nicht Hand in Hand mit dem Verstande der Menschen gehe, welche nicht die Liebe zum Leitstern nehmen, sondern gleich Mir ihre schöpferische Kraft dabei beweisen wollen, und Ich es zulasse diese zu beweisen, auf dass sie nicht durch Gewalt oder Macht an ihrem (eitlen) Vorhaben gehindert werden, sondern durch Erfahrungen erkennen lernen wer Ich bin und was Ich den Menschen gegenüber sein will, nämlich ein treuer Vater, welcher Seine schwachen Kinder mit der gleichen Liebe umfasst, wie solche die (in ihrem Dünkel) glauben, durch ihre eigene Kraft Ihm dienen zu wollen.

Bleibet also fest im Tale der Demut und Bescheidenheit! Ich habe euch bisher geleitet, und will euch nicht Waisen lassen! Betet für einander zur Zeit der Anfechtung! Amen! Euer Vater.

Bei einem Besuche

4. Februar 1885

Mein lieber Sohn! *„Gib Mir Mein Sohn dein Herz, und lass dir Meine Wege wohlgefallen!"* (Spr. 23,26) denn es sind Heilswege dir vorgezeichnet. Dass du nun im Kampfe stehst um Meinetwillen, das wird dir eine Siegerkrone bringen. Oder meinst du Ich lasse Meine Kinder, welche um Mich kämpfen, unbelohnt? Siehe, nicht einmal zeitlich. Allein Ich eile ihnen im Kampfe zu Hilfe, und stelle sie auf keinen größeren Kampfplatz, als sie mit Kraft ausgerüstet sind.

So ist es auch bei dir der Fall, du bist willenlos, und legst Mir ein Opfer auf den Altar, das zuerst noch durch Mich muss zugerichtet werden.

Nun aber will Ich weiter mit dir gehen: „Glaubst du, dass du bei einer Ehegattin, welche in geistiger Beziehung gegen dich stünde, Kraft genug in dir finden würdest, in dieser Beziehung ein stetes Missverständnis zu tragen? Prüfe! du willst glücklich machen, bist du überzeugt, ob das wahre Glück, daran du deine Ehegattin teilnehmen lassen wolltest, von ihr auch angenommen würde?

Denn siehe, eure Gebete sind erhört, Ich habe starke Schutzgeister um diese Seelen gelagert, aber leider mit wenig Erfolg für geistiges Verständnis. Und darum, Mein Sohn (Ich wiederhole es, du sollst geistig und leiblich von Mir bedacht werden), richte Ich Mich nach den Verhältnissen (gemäß des freien Willens) mit Meinem Ja und Nein.

Ich gab dir Mut, Freude und Meinen Willen zu dieser Wahl, und deine Liebe hat für Ja entschieden. Nun aber, da eure Gebete so wenig Erfolg haben, überlasse Ich dir nochmals die Wahl.

Prüfe aber wohl, ob du geistig gut wählen würdest, wenn nun schon eine Beeinflussung von dort gegen dich stattfindet!

Vertraue Mir deine ganze Führung an, und warte in Geduld! Vielleicht wird dir noch manches (in dieser Sache) so klar, dass deine Entscheidung für dich selbst leicht wird.

Siehe, Ich erziehe dich als einen getreuen Mitarbeiter für Mein Reich, da die Zeit nahe ist, dass Ich dasselbe einnehmen will, und da brauche Ich deine ganze Liebe, und kann nicht teilen mit einer Liebe gegen Mich, wohl aber mit einer Liebe, welche dich in deiner Freudigkeit (zu der obigen geistigen Mission) unterstützt.

Ich lasse Meinen Kindern bis auf die äußerste Grenze die Wahl selbst, und lenke es so, dass sie selbst das Richtige herausfinden.

Das dir Gesagte: „*Ich bin der Herr dein Gott*" (2. Mos. 20,2), das war Meine Stimme, und heute setze Ich hinzu: „*Du sollst keine andere Götter neben Mir haben!*" (2. Mos. 20,3) womit Ich dir sagen will, sorge nicht zu viel, du bist in Meine Hände gezeichnet, und Ich werde dir Freudigkeit geben, dich ruhig und stille zu verhalten.

So ziehe hin, Mein Sohn, Meine Vaterliebe begleitet dich! Dein treuer heiliger Vater.

NB. An diesem Tage hatte das Medium den ersten Ohnmachtsanfall, infolge einer Sichtversetzung aufs Herz, welcher Vorgang denn auch kurz darauf ihren Leidestod veranlasste. So schmerzlich diese Zulassung uns berührte, so sehr freut uns auch die Heimkehr dieser getreuen Magd des Herrn ins wahre Vaterhaus, wo sie zum Schauen gelangt, nun die ewige Ernte der Seligkeit für sie begonnen hat, dessen, was die Gnade sie hier so reich aussäen ließ. Möge uns ein frohes Wiedersehen vergönnt sein! D. Hsg.

Nachwort

Hiermit wäre nun dieses Werk der durch Johanne Ladner gegebenen Vaterbriefe vollendet, welches schon so vielfachen Segen brachte, und welches nun soeben neu gedruckt vorliegt.

Mögen auch ferner diese einfachen Lehren der wahren Gottes- und Selbst-Erkenntnis, und eines kindlich-innigen Verkehres der Erdenkinder mit dem lieben heiligen Vater noch manch einfältige aber redlich suchende Seele erquicken.

Denn für solche ist dieses Himmelsbrot gegeben, und nur sie werden auch das richtige Verständnis von oben erhalten, während andere es verachten und manche sogar Ärgernis daran nehmen, wie solches stets bei göttlichen Kundgaben der Fall war, laut Lk. 10,21 *„Wir wissen, dass du recht redest und lehrst und die Person nicht ansiehst"*; auf welchen Wink wir hier wiederholt hinzuweisen nicht unterlassen wollen.

Desgleichen aber auch auf den ergänzenden Text: *„Meine Lehre ist nicht mein, sondern des, der mich gesandt hat. So jemand will des Willen tun, der wird innewerden, ob diese Lehre von Gott sei, oder ob ich von mir selbst rede"* (Joh. 7,16-17), worin der Wink zum einzigen Kriterium gegeben ist, welche Worte echter göttlicher Art sind.

Also mögen denn die ernst Suchenden diesen evangelischen Rat befolgen, und in der Tat danach deren Wert prüfen, so wird der Segen wohl nicht ausbleiben.

Dies wünscht euch von Herzen d. Hsg

Inhaltsverzeichnis

Johanne Ladner

Vaterbriefe Bd. 1-3
Worte der Ewigen Liebe

Eine einfache Frau des Volkes war es, durch welche die Liebe Gottes die in diesem Buch gesammelten Stärkungsworte und Belehrungen an die Menschenkinder ergehen ließ. Die Worte waren zunächst für einen engeren Freundeskreis bestimmt. Aber die zu Herzen dringende Liebesweisheit dieser schlichten „Vaterbriefe" machte sie bald zu einem wahren Volksgute, einem Quell des Trostes, der Belehrung und Erquickung für viele Menschen, die eine unmittelbare Verbindung mit dem Herzen Gottes, dem Vater in Jesus, ersehnten.

Je ca. 290 Seiten, Paperback
Bd. 1: ISBN 978-3-7534-2065-3
Bd. 2: ISBN 978-3-7557-8199-8
Bd. 3. ISBN 978-3-7543-7814-4
Bezug über BoD-Buchshop
oder Amazon und im Buchhandel

Ida Kling
Lebensworte
der Ewigen Liebe

Bereits im 21. Lebensjahr durfte Ida Kling, wie sie es selbst in dem Bericht über ihr Berufungserlebnis schreibt, zum ersten Mal die Stimme des Herrn in sich vernehmen. Diese innere Stimme hat über viele Jahrzehnte nicht nur ihr, sondern sehr vielen Menschen Rat, Hilfe und Trost neben vielen Belehrungen über tiefste Lebensfragen geschenkt.

352 Seiten, Hardcover; ISBN 978-3-7534-0765-4

Ida Kling
Gnadenworte
der Ewigen Liebe

Neben den beiden Büchern „Vater und Kind" und „Lebensworte" durfte Ida Kling noch zahlreiche weitere Kundgaben vom Herrn empfangen, die im Laufe der Jahrzehnte in vielen verschiedenen und längst vergriffenen Schriften veröffentlicht wurden.
Diese liegen nun chronologisch zusammengetragen in einem weiteren Band vor.

342 Seiten, Hardcover; ISBN 978-3-7543-7816-8

Bezug portofrei über Books on Demand Buchshop
oder auch über Amazon und im Buchhandel

Gottfried Mayerhofer

Geistesgaben
für innere und äußere
Verhältnisse und Zustände

Sammlung der Nebenworte in zwei Bänden

Neben seinen großen Hauptwerken „Predigten des Herrn",
„Schöpfungsgeheimnisse" und „Lebensgeheimnisse" durfte
Gottfried Mayerhofer noch zahlreiche kleinere Kundgaben
vom Herrn empfangen, die im Laufe der Jahrzehnte in vielen
verschiedenen und längst vergriffenen Schriften
veröffentlicht wurden.
Diese „Nebenworte" liegen nun chronologisch
zusammengetragen in zwei umfangreichen Bänden vor.

Je 520 Seiten, Paperback, (21,5 x 13,5 cm)
ISBN 978-3-7543-3786-8 u. ISBN 978-3-7543-3791-2

Bezug portofrei über Books on Demand Buchshop
oder auch über Amazon und im Buchhandel

Werke von Max Seltmann

ERLEBNISSE MIT JAKOBUS
auf der Reise nach Edessa

In Edessa im mesopotamischen Königreich Osrhoene, wird die Geschichte überliefert, dass König Abgarus V. von Edessa von dem berühmten Heiland Jesus und seinen Wundertaten Kunde erhielt. Da er selbst schwer erkrankt war, sandte er einen Boten an Jesus, um ihn nach Edessa einzuladen, damit dieser ihn von seiner schweren Krankheit heilen möge.

Jesus pries den König selig: „Selig bist du, der du an mich geglaubt hast, ohne mich gesehen zu haben." Da er aber nicht persönlich zu ihm kommen konnte, versprach er, zu einem späteren Zeitpunkt, einen seiner Jünger zu senden.

Diese umfangreiche Erzählung handelt nun von den Erlebnissen des Jüngers Jakobus auf der Reise von Jerusalem nach Edessa zu König Abgarus.

Was der Jünger Jakobus auf dieser zweijährigen Reise durch die Heidenländer an Begegnungen, Wundern, Krankenheilungen und Zeugnissen erlebte, erfahren wir in dieser inspirierenden Erzählung, die weit mehr ist, als nur ein Roman.

580 Seiten, Paperback (21,5 x 13,5 x 4,0 cm)
ISBN 978-3-7528-7356-6
Bezug portofrei über Books on Demand Buchshop
oder auch über Amazon und im Buchhandel

Naeme

Ein Lebensschicksal und die Führungen
Gottes zurzeit der ersten Christen

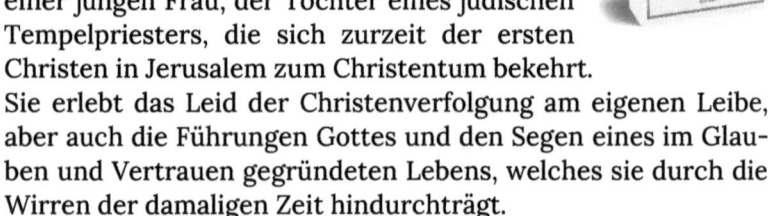

Diese Erzählung handelt von den Erlebnissen einer jungen Frau, der Tochter eines jüdischen Tempelpriesters, die sich zurzeit der ersten Christen in Jerusalem zum Christentum bekehrt.
Sie erlebt das Leid der Christenverfolgung am eigenen Leibe, aber auch die Führungen Gottes und den Segen eines im Glauben und Vertrauen gegründeten Lebens, welches sie durch die Wirren der damaligen Zeit hindurchträgt.

> *„Selig sind, die um der Gerechtigkeit willen*
> *verfolgt werden; denn ihrer ist das Himmelreich."*
> (Mt. 5,10)

94 Seiten, Paperback (19x12 cm), ISBN 978-3-7534-0674-9

Erlebnisse mit Jesus

Diese Erzählung beinhaltet köstliche Szenen aus dem Erdenleben des jungen Jesus vor dem Beginn seiner Lehrtätigkeit.
Von Jesu Kämpfen und Versuchungen und dem Unverständnis seiner Umwelt gegenüber seiner großen Mission wird in anregenden und bewegenden Episoden erzählt.

> *„Und Jesus nahm zu an Gnade und Weisheit*
> *vor Gott und den Menschen und blieb untertänig*
> *und gehorsam seinen Eltern, bis da Er sein*
> *Lehramt antrat."* (Lk. 2,40+52)

88 Seiten, Paperback (19x12 cm), ISBN 978-3-7534-0695-4
Bezug portofrei über Books on Demand Buchshop
oder auch über Amazon und im Buchhandel